◇ 现代经济与管理类系列教材

成本控制与管理

（第 2 版）

杜晓荣　张　颖　陆庆春　编著

清 华 大 学 出 版 社
北 京 交 通 大 学 出 版 社
·北京·

内 容 简 介

本书将企业管理的创新理念融于传统的成本核算和成本管理的内容之中,按照对内深化与对外扩展并举、货币计量与非货币计量相结合的原则,从广度和深度上完善了成本控制与管理的体系结构。全书共分为6章,分别为总论、成本计算、成本预测、成本决策、成本控制和业绩评价,突出成本控制与管理的基本概念、基本理论和基本方法,同时穿插诸多成本控制与管理的案例,并附以思考题和习题,注重培养学生运用成本控制与管理的基本原理和方法以分析现实问题的综合能力。

本书既可用作高等院校财经管理类专业的本科教材,也可用作相关专业研究生、企业管理人员和财会人员在职培训的教学参考用书。

本书封面贴有清华大学出版社防伪标签,无标签者不得销售。
版权所有,侵权必究。侵权举报电话: 010 - 62782989　13501256678　13801310933

图书在版编目(CIP)数据

成本控制与管理/杜晓荣,张颖,陆庆春编著. —2版. —北京:北京交通大学出版社:清华大学出版社,2018.11(2022.6重印)
ISBN 978 - 7 - 5121 - 3763 - 9

Ⅰ. ①成⋯　Ⅱ. ①杜⋯　②张⋯　③陆⋯　Ⅲ. ①成本管理-高等学校-教材　Ⅳ. ①F275.3

中国版本图书馆CIP数据核字(2018)第250547号

成本控制与管理
CHENGBEN KONGZHI YU GUANLI

策划编辑:吴嫦娥		责任编辑:许啸东		

出版发行:清 华 大 学 出 版 社　　邮编:100084　电话:010 - 62776969　http://www.tup.com.cn
　　　　　北京交通大学出版社　　邮编:100044　电话:010 - 51686414　http://press.bjtu.edu.cn
印　刷　者:北京时代华都印刷有限公司
经　　　销:全国新华书店
开　　　本:185mm×260mm　印张:14　字数:350千字
版　　　次:2018年11月第2版　2022年6月第4次印刷
书　　　号:ISBN 978 - 7 - 5121 - 3763 - 9/F・1834
定　　　价:42.00元

本书如有质量问题,请向北京交通大学出版社质监组反映。对您的意见和批评,我们表示欢迎和感谢。投诉电话:010 - 51686043,51686008;传真:010 - 62225406;E-mail:press@bjtu.edu.cn。

前 言

微观经济学是国家教育部 1998 年规定的全国高等学校经济、管理学科各专业 8 门核心课程之一。改革开放以来，我国经济体制和企业机制的转变为成本控制与管理的发展提供了极好的机遇。企业的内部约束和激励机制一旦被日益加剧的外部市场竞争所激活，企业经营者必然会更加关注如何提高企业的内部管理水平，成本管理与控制日益被企业所重视也就成为必然。

国内对企业理财学中成本控制与管理的重视和研究，源于对成本会计、管理会计及相关学科的研究。自 20 世纪 80 年代初，著名学者杨时展教授、余绪缨教授、李天民教授等先后编写了《成本会计》《管理会计》教材，比较系统地引进和介绍了当时西方国家流行的成本管理会计理论，并逐渐为中国经济管理界所了解和接受。

近年来，关于成本管理的学术研究出现了一些新的动向，成本管理的理念、主体及方法等都发生了重大变化，并且这些新动向也在多门课程教材中有所体现，但总体而言还是处于分置状态，关于成本控制与管理的完整体系尚未建立。而对于财务管理、营销管理等非会计专业而言，成本控制与管理的内容又非常重要，但是一方面受学分限制，另一方面为了体现出各专业特色，这些专业无法设置多门与成本管理相关的课程，也就无法全面涉及成本管理的新知识和新动向。所以，按照现代成本管理的理念和框架，单独编写《成本控制与管理》教材显得十分重要和必要。

本书与第 1 版相比，在编写过程中，融合了企业管理的观念创新、技术创新、组织创新、管理创新的成果，按照对内深化与对外扩展并举、计量方式货币化与非货币化相结合的原则，从广度和深度上完善了成本控制与管理的体系结构。此外，本书强调案例教学的重要性，诸多成本控制与管理案例以专栏形式穿插其中，同时附以习题。这一编排将有助于读者开阔视野，开拓思路，提高感悟力和洞察力，综合而灵活地运用成本控制与管理的原理和方法。

全书共分为 6 章，分别阐述了总论、成本计算、成本预测、成本决策、成本控制、业绩评价等内容，突出了成本控制与管理的基本概念、基本理论和基本方法，注重培养学生的基本能力，并适时体现出成本控制与管理领域取得的一系列进展和创新。

本书的上述特点使它具有较广泛的适用性，既可用作高等财经管理类院校相关专业本科教材，也可为相关专业研究生的培养提供重要的教学参考，同时还可用作实务界管理人员、财会人员在职培训的教材及参考用书。

本书的知识结构图如下：

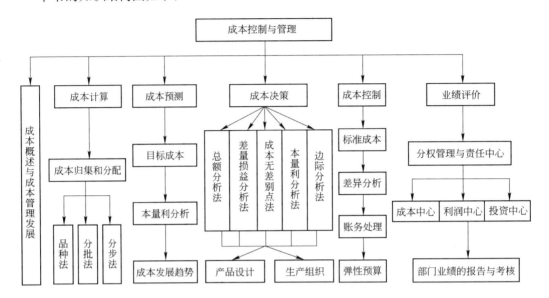

本书由杜晓荣制定大纲和审定终稿，由杜晓荣、张颖、陆庆春负责本书各章节的编写工作。朱义令、李娜、李玉君、黄涛、杨素心参与了本书的资料及案例的收集和整理工作。

由于我们水平有限，本书难免出现疏漏差错，敬请读者指正。

编　者
2018年8月于南京

目　录

第1章　总论 ... 1
学习目标 ... 1
1.1　成本概述与成本管理发展 ... 1
1.1.1　成本概述 ... 1
1.1.2　成本管理理论发展 ... 2
1.2　成本管理体系 ... 8
1.2.1　成本管理的内涵及意义 ... 8
1.2.2　成本管理的理论体系 ... 9
1.2.3　成本管理的基础工作 ... 13
1.2.4　成本管理的制度体系 ... 15
1.2.5　市场经济条件下完善成本管理体系的措施 ... 17
◇　本章小结 ... 19
◇　学习资料 ... 19
◇　中英文关键术语 ... 19

第2章　成本计算 ... 20
学习目标 ... 20
2.1　成本计算概述 ... 20
2.1.1　成本核算中成本的概念 ... 20
2.1.2　成本的分类 ... 21
2.1.3　成本计算的目的和要求 ... 26
2.1.4　成本计算的基本步骤 ... 27
2.1.5　成本计算使用的主要科目 ... 29
2.1.6　成本计算制度的类型 ... 30
2.2　成本的归集和分配 ... 32
2.2.1　生产费用的归集和分配 ... 32
2.2.2　完工产品和在产品的成本分配 ... 43
2.2.3　联产品和副产品的成本分配 ... 50

  2.3 成本计算的基本方法 …………………………………………………… 52
    2.3.1 品种法 ………………………………………………………………… 52
    2.3.2 分批法 ………………………………………………………………… 54
    2.3.3 分步法 ………………………………………………………………… 57
    2.3.4 三种成本计算方法的比较 …………………………………………… 63
  ◇ 案例分析 ………………………………………………………………………… 64
  ◇ 本章小结 ………………………………………………………………………… 66
  ◇ 学习资料 ………………………………………………………………………… 67
  ◇ 中英文关键术语 ………………………………………………………………… 67

第3章　成本预测 ……………………………………………………………… 68
  学习目标 …………………………………………………………………………… 68
  3.1 成本预测概述 …………………………………………………………… 68
    3.1.1 成本预测的意义 ……………………………………………………… 68
    3.1.2 成本预测的内容 ……………………………………………………… 69
    3.1.3 成本预测的原则 ……………………………………………………… 70
    3.1.4 成本预测的程序 ……………………………………………………… 71
    3.1.5 成本预测的基本方法 ………………………………………………… 72
  3.2 目标成本的预测 ………………………………………………………… 78
    3.2.1 目标成本预测的内涵 ………………………………………………… 78
    3.2.2 目标成本预测的方法 ………………………………………………… 79
    3.2.3 目标成本的预测流程及分解 ………………………………………… 82
  3.3 本量利分析在成本预测中的应用 ……………………………………… 85
    3.3.1 本量利分析的概念 …………………………………………………… 85
    3.3.2 本量利分析在成本预测中的具体应用 ……………………………… 86
  3.4 产品成本发展趋势预测 ………………………………………………… 88
    3.4.1 投产前的产品成本趋势预测 ………………………………………… 88
    3.4.2 对于可比产品的成本降低趋势预测 ………………………………… 88
    3.4.3 产品总成本的发展趋势预测 ………………………………………… 89
    3.4.4 功能成本预测 ………………………………………………………… 90
  ◇ 案例分析 ………………………………………………………………………… 90
  ◇ 本章小结 ………………………………………………………………………… 92
  ◇ 学习资料 ………………………………………………………………………… 92
  ◇ 中英文关键术语 ………………………………………………………………… 93

第4章　成本决策 ……………………………………………………………… 94
  学习目标 …………………………………………………………………………… 94

4.1 成本决策概述 … 94
4.1.1 决策分析概述 … 94
4.1.2 成本决策的意义 … 96
4.1.3 与成本决策有关的成本概念 … 96
4.1.4 成本决策的程序及原则 … 99
4.2 成本决策的方法 … 101
4.2.1 本量利分析法 … 102
4.2.2 总额分析法 … 124
4.2.3 差量损益分析法 … 125
4.2.4 相关成本分析法 … 126
4.2.5 成本无差别点法 … 127
4.2.6 边际分析法 … 129
4.3 产品设计中的成本决策 … 131
4.3.1 产品设计阶段成本决策的功效 … 131
4.3.2 产品功能成本决策 … 131
4.4 生产组织中的成本决策 … 136
4.4.1 生产工序的合理安排 … 137
4.4.2 生产批量的合理安排 … 143
4.5 成本决策方法的实际运用 … 149
4.5.1 新产品开发的决策分析 … 149
4.5.2 亏损产品是否应该停产的决策分析 … 150
4.5.3 半成品是否进一步加工的决策分析 … 152
4.5.4 联产品是否进一步加工的决策分析 … 153
4.5.5 合理组织生产的决策分析 … 155
4.5.6 零部件自制或外购的决策分析 … 156
4.5.7 生产设备选择中的成本决策 … 157
- ◇ 案例分析 … 159
- ◇ 本章小结 … 161
- ◇ 学习资料 … 161
- ◇ 中英文关键术语 … 162

第5章 成本控制 … 163
学习目标 … 163
5.1 成本控制概述 … 163
5.1.1 成本控制的意义 … 163
5.1.2 成本控制的原则 … 164

5.1.3 成本控制的程序 ·· 165
5.1.4 成本降低 ··· 166
5.2 标准成本及其制定 ··· 167
5.2.1 标准成本的概念 ··· 168
5.2.2 标准成本的种类 ··· 169
5.2.3 标准成本的功能 ··· 170
5.2.4 标准成本的制定 ··· 170
5.3 标准成本的差异分析 ·· 175
5.3.1 变动成本差异的分析 ··· 175
5.3.2 固定制造费用的差异分析 ·· 179
5.4 标准成本的账务处理 ·· 180
5.4.1 标准成本系统的账务处理特点 ·· 180
5.4.2 标准成本账务处理程序 ··· 181
5.5 弹性预算 ·· 185
5.5.1 预算概述 ··· 185
5.5.2 弹性预算的概念和特点 ··· 186
5.5.3 弹性预算的编制 ··· 187
5.5.4 弹性预算的运用 ··· 189
◇ 案例分析 ·· 190
◇ 本章小结 ·· 192
◇ 学习资料 ·· 192
◇ 中英文关键术语 ·· 193

第6章 业绩评价 ··· 194
学习目标 ··· 194
6.1 分权管理与责任中心 ·· 194
6.1.1 分权管理与责任中心的特点 ··· 194
6.1.2 不同类型的责任中心 ··· 196
6.2 成本中心的业绩评价 ·· 197
6.2.1 成本中心 ··· 197
6.2.2 成本中心的考核指标 ··· 198
6.3 利润中心的业绩评价 ·· 199
6.3.1 利润中心 ··· 199
6.3.2 利润中心的考核指标 ··· 200
6.3.3 部门利润的计算 ··· 200
6.4 投资中心的业绩评价 ·· 202

6.4.1	投资中心	202
6.4.2	投资中心的考核指标	202
6.5	部门业绩的报告与考核	204
6.5.1	成本控制报告	204
6.5.2	差异调查	205
6.5.3	奖励与惩罚	205
6.5.4	纠正偏差	206

◇ 案例分析 ……………………………………………………………… 206
◇ 本章小结 ……………………………………………………………… 209
◇ 学习资料 ……………………………………………………………… 209
◇ 中英文关键术语 ……………………………………………………… 209

参考文献 ……………………………………………………………………… 211

第 1 章 总　论

学习目标

1. 了解成本的含义及分类；
2. 了解成本管理的发展历史，并能预测成本管理的发展趋势；
3. 掌握成本管理的含义、对象、原则和内容；
4. 理解成本管理的基础工作；
5. 理解完善成本管理体系的措施。

1.1 成本概述与成本管理发展

随着科技的变迁与经济的发展，理财环境随之更新。企业的财务管理目标已不再是利润最大化或投资报酬率最大化，而是通过综合利用管理信息、灵活运用会计方法，参与企业的预测、计划、决策、控制、评价等活动并为之提供财务信息，推动企业实现战略管理目标，从而在长期经营活动中取得竞争优势，实现企业价值的最大化。成本管理一直是企业经营管理的一项中心工作，直接关系到企业的生存与发展。在遵循成本效益的原则下，成本管理活动应权衡实施成本和预期效益，合理、有效地推进成本管理的应用。尽管企业可以采用不同的战略来开发其竞争优势，但无论采用哪一种方式，都离不开成本管理。成本管理领域应用的工具方法也有很多种，包括但不限于目标成本管理、标准成本管理、变动成本管理、作业成本管理、生命周期成本管理等。现代成本管理已成为企业管理的重要组成部分，是实现现代企业目标的一个必要途径。

1.1.1 成本概述

成本是商品经济的价值范畴，是商品价值的组成部分。人们要进行生产经营活动或达到一定的目的，就必须耗费一定的资源（人力、物力或财力）。为了达到特定目标所失去或放弃资源的货币表现称之为成本。随着商品经济的不断发展，成本概念的内涵和外延都处于不断的变化发展之中。今天对于成本的定义已不再仅仅局限于产品成本的范畴，例如，美国会计学会与标准委员会就如此定义成本：成本是为了一定目的而付出的（或可能付出的）用货币测定的价值牺牲。从这一定义看，成本的外延除了产品成本的概念与内容外，它还可以包括劳务成本、工程成本、开发成本、资产成本、资金成本、质量成本、环保成本等。它有以下几方面的含义。

① 成本属于商品经济的价值范畴，即成本是构成商品价值的重要组成部分，是商品生产中生产要素耗费的货币表现。

② 成本具有补偿的性质，它是为了保证企业再生产而应从销售收入中得到补偿的价值。

③ 成本本质上是一种价值牺牲。它作为实现一定的目的而付出资源的价值牺牲，可以是多种资源的价值牺牲，也可以是某些方面的资源价值牺牲，甚至从更广的含义看，成本是为达到一种目的而放弃另一种目的所牺牲的经济价值，在经营决策中所用的机会成本就有这种含义。

除此之外，由于成本管理的不同目的，形成了对成本信息的不同需求，使成本有各种各样的组合；同时人们对它的认识也在日趋深化，于是目标成本、可控成本、责任成本、相关成本、可避免成本等新的成本概念源源不断地涌现，形成了多元化的成本概念体系。成本分类如图 1-1 所示。

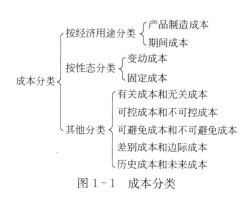

图 1-1　成本分类

1.1.2　成本管理理论发展

1. 国外成本管理理论发展历史

成本管理理论的发展经历了一个较长的时间，其形成与发展和成本管理会计的形成与发展具有密不可分的关系，而企业竞争环境的变化是成本管理理论向前发展的内在动力。成本管理理论的发展经历了从事后管理到事中管理，再到事前管理的逻辑演进过程。

1) 第一阶段——以事后分析利用成本信息为主的成本管理阶段

这一阶段较为漫长，大约从 19 世纪初到 20 世纪初。19 世纪英国的工业革命完成以后，由于机器代替了手工劳动，工厂制代替了手工工场，企业规模逐渐扩大，出现了竞争，生产成本得到普遍重视。在工业革命以前，会计主要是记录企业与企业之间的业务往来。工业革命以后，伴随着大规模生产经营的到来，制造业为了降低每一单位产品所耗费的资源，一方面开始重视成本信息的生成，将成本记录与普通会计记录融合在一起，出现了记录型成本会计；另一方面开始利用成本信息对企业内部各管理层及生产工人的工作业绩进行考评。

美国会计史学家研究发现，制造成本的最早期记录是 19 世纪上半叶新英格兰集中的多步骤的棉纺织企业的成本记录，这些最早期的记录揭示出当时企业应用了一套非常复杂的成本账。或许早期成本管理系统发展的最大动力来自于 19 世纪中叶铁路业的产生和发展。铁路业是当时规模最大的企业组织，其生产经营管理比 19 世纪初的新英格兰纺织工业要复杂得多。铁路业的管理者们为了更好地管理经营成本，发明了许多与成本相关的经济计量指标，如每吨公里成本、每位顾客成本、经营比率（经营成本与收入的比率）等。这些成本管理方法被随后发展起来的钢铁企业所运用。安德鲁·卡内基是一个以重视成本管理而闻名的钢铁企业家，其对成本管理的贡献主要表现为三个方面。一是对成本信息的产生过程做了比较详细的规定，要求企业的每一个部门列出在每一个生产步骤所耗用的原材料和劳工成本，并及时提供有关的报表。二是利用成本信息评价管理人员和生产工人的业绩。他经常询问部门主任有关单位成本变化的原因，全神贯注地观察影响经营比率变化方面的成本，他将每一个经营单位的本月成本同上月成本进行比较，如果可能，他还将本企业的成本资料同其他企业进行比较，从而确定管理人员和生产工人在成本管理方面的业绩。三是利用成本信息进行其他方面的管理，如产品定价及检查原材料的质量等。安德鲁·卡内基的行为表明了在 19 世纪末管理人员利用成本资料对大规模制造企业进行管理的一般状况，使企业管理界认识到，拥有一个良好的成本管理系统对企业是非常重要的。

2) 第二阶段——以事中控制成本为主的成本管理阶段

这一阶段大约从 20 世纪初到 20 世纪 40 年代末，其主要标志是标准成本管理方法的形成和发展。20 世纪初发展起来的从事多种经营的综合性企业和科学管理理论为成本管理系统的进一步创新提供了机会。被誉为"科学管理之父"的美国工程师泰勒在 1911 年发表了《科学管理原理》一书。该书系统地阐明了产品标准操作程序及操作时间的确定方法，建立了详细、准确的原材料和劳动力的使用标准，并以按科学方法确定的工作量为标准来支付工人的报酬。同时该书以此为基础，提出了许多新的成本计量指标，如材料标准成本、人工标准成本等。这些内容为标准成本会计的形成奠定了坚实的理论基础。

1911 年美国会计师查特·哈里森第一次设计出一套完整的标准成本会计制度。他在 1918 年发表了一系列论文，其中对成本的差异分析公式及有关的账务处理叙述得非常详细。从此，标准成本会计就脱离了实验阶段而进入实施阶段。我国管理会计学家余绪缨教授为此指出："成本会计向深度上发展，是从单纯的成本计算发展到成本计算与成本控制（管理）相结合，并且深入生产过程，为挖掘降低成本潜力服务。具体表现为从事后的实际成本计算向标准成本系统发展。"

标准成本控制制度在内容和方法上具有以下几个特点：第一，通过制定各项成本标准来约束成本的发生；第二，成本管理的目的在于实现事先所确定的成本标准；第三，成本管理的重点在于当前成本的发生过程；第四，通过成本差异分析来揭示成本管理水平。因此不难看出，标准成本制度的最大优点是在成本发生的过程中，建立了较好的系统反馈机制，发现差异，及时处理，进一步提高了成本控制的效果。

应该说，标准成本制度的出现使得成本管理的重点从成本事后的核算与分析转向了事中的成本控制，这是人们成本管理观念的第一次重大突破，它对于成本管理理论与方法的进一步发展具有极为重要的意义。标准成本制度作为一种行之有效的成本管理方法被企业管理界接受以后，人们开始对标准成本制度的一些关键环节做进一步的探讨。如成本标准怎样制定才比较科学，成本差异分析的工作该如何开展才比较合理等，以期对标准成本制度进一步完善。在探讨的过程中，理论界又创造性地提出了一些成本管理方法，如定额成本管理法、成本预算（计划）控制法等。

3）第三阶段——以事前控制成本为主的成本管理阶段

这一阶段大约从 20 世纪 50 年代初至今。第二次世界大战后，科学技术迅速发展，生产自动化程度大大提高，企业规模越来越大，市场竞争十分激烈。为了适应社会经济出现的新情况，考虑现代化大生产的客观要求，成本管理也要实现现代化。一方面，高等数学、运筹学、数理统计学中许多科学的数量方法开始引进到现代成本管理工作中；另一方面，以计算机为主流的信息处理技术也能够满足人们对成本数据进行快速处理的需要。在这一背景下，把自然科学、技术科学和社会科学的一系列成就应用到企业成本管理上来，成本管理发展到了一个新阶段。在这一阶段，成本管理的重点已经由如何事中控制成本、事后计算和分析成本转移到如何预测、决策和规划成本，出现了以事前控制成本为主的成本管理新阶段。其具体表现为两方面。一方面，理论界重点讨论如何开展成本预测和决策，即如何运用现代预测理论和方法，建立起数量化的管理技术，对未来成本发展趋势做出科学的估计和测算；如何运用现代决策理论和方法，以各种成本资料为依据，按照成本最优化的要求，研究各种经营方案的可行性，选取最优方案，实现最佳的成本效益。另一方面，理论界更加注重从成本管理工作的实际情况出发，拓宽成本管理研究的思路，提出了一些符合企业实际的成本管理方法，并将其理论化，从而极大地丰富了现代成本管理理论的内容。在这一阶段形成的成本管理理论与方法主要有目标成本管理法、责任成本管理法、质量成本管理法、作业成本管理法等。

2. 我国成本管理改革回顾

党的十一届三中全会以来，在改革开放的总方针指引下，我国成本管理工作得以迅速发展。1980年9月成立的中国成本研究会先后十次组织全国性的成本理论和实践研讨会，多次出版《成本管理文集》，并通过开展学术交流活动，密切结合中国实际对成本管理理论及其改革方向、对策和方法等方面进行了广泛深入的探索，有力地推动了我国成本管理理论研究，进一步提高了我国成本管理工作水平。1984年国务院颁布了《中华人民共和国会计法》《国营企业成本管理条例》；1986年财政部颁布了《国营企业成本核算办法》。这些法律法规的颁布实施，使我国成本管理工作走上了规范化和制度化的道路，对开创我国成本管理的新局面产生了极大的推动作用。

三十余年来，我国成本管理改革取得丰硕成果，标志着我国成本管理已进入历史发展的新阶段。这主要体现在以下几个方面。

（1）首先在观念上发生了很大变化。人们普遍认识到，进行成本管理改革应当认真学习借鉴市场经济发达国家科学有效的管理方法和先进经验，广开思路，博采众长，为我所用，同时要结合国情，加以吸收和深化。

（2）成本管理工作向技术领域扩展，成本控制渗透到成本管理的各个环节。一些企业推行了成本目标管理、价值工程和产品质量成本管理。过去，成本管理只限于生产领域，对产品设计成本没有进行控制。其实，产品成本的高低主要取决于产品设计是否合理。设计不合理、质量过剩会造成先天性浪费和损失。开展了成本目标管理后，在新产品设计之前，根据预期的售价减去目标利润和税金，求得产品的设计目标成本，以此控制产品成本，从而保证新产品不仅在技术上是先进的，而且在经济上也是合理的。我国一些企业在开展成本目标管理时，实行全过程、全部门、全员成本目标管理，把目标成本作为价值工程的奋斗目标，把价值工程作为实现目标成本的手段，从而使成本目标管理不断向广度和深度发展，为降低成本，提高经济效益开辟了新的途径。如今，成本管理是指企业运营过程中实施成本预测、成本决策、成本计划、成本核算、成本分析和成本考核等一系列的管理活动。

（3）对传统产品成本核算做了改革，以充分发挥成本核算的作用。在改革中注意加强成本会计基础工作的力度，并提出成本核算信息主要满足微观经营管理的需要，同时也要适应宏观经济管理的要求；成本核算要更好地满足成本控制和成本分析的需要；区分变动成本与固定成本，使成本核算更好地满足成本预测和成本决策的要求。

（4）成本管理划小核算单位，推行了责任成本制度。责任成本制度是在企业内部通过划分成本责任单位，编制责任预算，组织责任核算，实施责任目标成本控制，提供业绩报告，对企业内部各责任单位的可控成本进行核算、控制、监督与考核的一种内部经济责任制度。但实践中责任会计的职能并没有得到充分的发挥。据相关调查显示，一般的企业均运用了责任会计，多数大中型企业设置了"成本中心"和"费用中心"，但是在对"责任中心运用的效果"调查中回答"较好"的占30%，"不太好"的占40%，

"比较差"的占30%。可见,在很多企业中,责任成本制度形同虚设。

(5) 在成本管理中引入战略管理思想形成战略成本管理。现在企业所处的经济环境已发生了很大的变化:产品的大量生产使需求达到饱和时,也出现了多样化的趋势,顾客对产品的消费在质量、时间、服务等方面提出了新的要求;现代高科技被广泛应用于生产领域,如人工智能、生产自动化设备、机器人、计算机辅助生产等,企业制造环境也从过去的劳动密集型向技术密集型转化;竞争日益激烈,面对激烈的行业竞争,企业开始重视制定竞争战略,并随时根据顾客需求与竞争者情况的变动,做出相应调整,这样就进入了战略成本管理阶段。

(6) 引入先进的成本管理方法和手段,主要包括标准成本法、目标成本法、变动成本法、作业成本法等。企业应结合自身的成本管理目标和实际情况,将不同成本管理工具方法综合运用,以便更好地实现成本管理的目标。不同成本管理工具方法在综合应用时,应以各成本管理工具方法具体目标的兼容性、资源共享性、适用对象的差异性、方法的协调性和互补性为前提,确保成本管理工具方法结合运用效益。

3. 关于战略成本管理

自从20世纪60年代美国经济学家安索夫(H. I. Ansoff)全面提出公司战略概念以来,战略管理日渐成为理论与实践研究的新热点。战略成本管理(strategic cost management)就是战略管理在成本控制与管理领域中的应用和发展,其强调在成本管理过程中,不仅要控制成本,而且要关注提高企业在市场竞争中的战略地位。

战略成本管理是以企业的全局为对象,根据企业总体发展战略而开展。战略成本管理的首要任务是关注成本战略空间、过程、业绩,可表述为"不同战略选择下如何组织成本管理",即将成本信息贯穿于战略管理整个循环过程之中,通过对公司成本结构、成本行为的全面了解、控制与改善,寻求长久的竞争优势。它把企业内部结构和外部环境综合起来,企业的价值链贯穿于企业内部自身价值创造作业和企业外部价值转移作业的二维空间。因此,战略成本管理从企业所处的竞争环境出发,其成本管理不仅包括企业内部的价值链分析,而且包括竞争对手价值链分析和企业所处行业的价值链分析,从而达到知己知彼、洞察全局的目的,并由此形成价值链的各种战略。

区别于传统的成本观念(见表1-1),战略成本管理作为一种全面性和前瞻性相结合的管理技术,在开放竞争的环境下,扩展了成本概念的外延,动态地获取了成本相关信息,这主要包括价值链的分析、战略定位和成本动因分析。

表1-1 传统成本管理与战略成本管理的区别

区别	传统成本管理	战略成本管理
目标不同	以降低成本为目标,局部性,具体性	以实现企业战略为目标,全局性,竞争性
出发点不同	考虑成本效益原则	考虑长期战略效益

续表

区别	传统成本管理	战略成本管理
成本概念不同	指产品的短期成本	多组成本概念：质量成本、责任成本、作业成本、人力资源成本等
成本对象不同	表层面的，直接成本动因	深层次的，质量、时间、服务、技术创新等方面的动因
成本有效期不同	短期的（每月、季、年）	长期的（产品生命周期）
成本重点不同	重视成本结果信息，事后信息	重视成本过程信息，实时信息
效果不同	暂时性，直接性	长期性，间接性

"战略成本分析的主要工具是价值链。"[①] 价值链改造的目的在于控制从原材料购买到产品售出这一过程的全部相关作业成本。具体来说，企业可以利用内部价值链提高成本效能，如改进设计、合理缩短不必要的作业流程、适当增加可以带来高附加值的价值链等。企业也可以通过加强与供应商、销售商、顾客之间的价值链管理，达到成本控制的效果。从战略层面上说，企业还可以分析竞争对手的价值链，从而创造本企业具有相对优势的价值链。

战略定位是指企业利用成本信息来确定自身应该采用怎样的竞争战略在市场环境中取胜。战略成本管理要以企业战略为核心开展，所以确定合适的战略定位很重要。通常企业可能采取的战略有低成本战略、差异化战略和集中优势战略等。

成本动因分析就是分别对企业的结构性成本动因和执行性成本动因加以分析，其最终目的在于发现浪费，找到可以降低成本的作业，从而提高作业活动的效率。结构性成本动因主要是用来反映企业过去的战略决策，指决定企业基础经济结构的成本动因，包括企业的规模、范围、经验、技术、复杂性等；执行性成本动因着眼点在于反映企业现在的管理行为，指决定企业程序的成本动因，如生产力、全面质量管理、企业间网络联系等一些非量化的指标。作业成本管理是战略成本动因分析的具体运用。

战略成本管理的基本范围包括对产品整个经济寿命周期成本的管理，它是一个全员、全面、全过程的统一。战略成本管理程序见图1-2。在进行目标成本管理的过程中，尤其需要注意在设计开发阶段的科学成本规划。从总体上看，战略成本管理遵循的广义循环成本观，符合可持续发展的原则。

例如，邯钢的战略成本管理经验。邯钢从实际出发，制定了低成本发展战略，并充分利用战略管理会计的外向性、整体性等特性进行战略规划，通过密切关注整个市场和竞争对手的动向来发现问题，适当调整和改变自己的战略、战术；实施有效的价值链分析法，实行"模拟市场核算"，即从产品在市场上被承认的价格开始，一个工序一个工

[①] 汤姆森，斯迪克兰德. 战略管理：概念与案例. 段盛华，王智慧，译. 北京：北京大学出版社，1997：125-128.

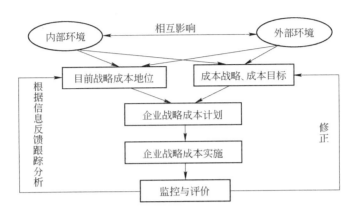

图1-2 战略成本管理程序

序地剖析，使企业成本管理深入到各基本作业层，挖掘各作业层的增值能力，对不必要的和完成质量不佳的作业进行改进或否决；重视成本动因的控制，采用"总成本领先"战略，推行"成本否决"，突出实效、落实责任。邯钢在激烈的市场竞争中运用战略管理成本的基本思想，制定了正确的竞争战略，获得并保持了竞争优势，创造了我国冶金行业的一流佳绩。

当然，对于战略成本管理中供应链成本控制的实施，离不开强大信息技术的支持。随着时代的发展，信息技术的日新月异和信息系统的逐渐完善，必然深刻改变成本控制的广度和深度，在某种程度上甚至可以说决定了成本控制与管理职能的成败。企业资源计划（ERP）作为一种集成化的信息系统为供应链的实施提供了信息化的平台。

1.2 成本管理体系

1.2.1 成本管理的内涵及意义

成本管理是指企业运营过程中实施成本预测、成本决策、成本计划、成本核算、成本分析和成本考核等一系列管理活动的总称，其目的在于在保证产品质量的前提下，挖掘降低成本的途径，达到以最少的生产耗费取得最大的生产成果。

1. 通过成本管理活动可以降低产品成本

企业在生产过程中发生的各项支出称为生产费用。生产费用并不全都形成产品成本。从补偿的角度出发，企业取得的销售收入，应补偿产品生产过程中支出的成本，只有这样，企业才能维持再生产。如果销售收入大于成本，则形成企业的盈利，可用于企业的扩大再生产；若小于成本，则是亏损。如果亏损总额持续扩大，企业不但不能继续经营下去，还面临着破产的危险。成本水平的高低，直接威胁到企业的生存。因此，降低成本，就成为成本管理的重要任务。

2. 通过成本管理活动可以提高企业的经营管理水平

成本指标是一项综合性的经济指标，企业各项工作的好坏，最终都能在成本指标的高低上体现出来。通过企业成本管理工作，能揭示企业在经营管理工作中存在的问题，找出产生问题的原因，提出进一步改进的措施。因此，成本管理工作的开展，可以促使企业改善生产管理、技术管理、质量管理、劳动管理、物资管理等方面的经营管理工作，提高企业的经营管理水平。

3. 通过成本管理活动可以提高企业的经济效益

成本费用是抵减利润的因素。成本费用的降低，则意味着利润的增加。因此，通过成本管理工作的开展，可从不同角度出发，降低成本费用，提高企业整体的经济效益。

4. 通过成本管理活动可以提高企业的竞争能力

企业成本水平的高低，对产品的价格影响很大。若企业的成本水平较低，产品价格就可以定得较低；若成本水平较高，低价格就会使企业处于不利的境地。通过有效的成本管理活动，可以降低企业的成本水平，提高企业在市场中的竞争能力。

5. 通过成本管理活动可以提高企业员工的成本意识

成本管理除了要应用科学的方法外，还要求成本管理人员有强烈的成本意识。这里所说的成本意识，是指应破除"成本降低的潜力已无法挖掘"的思想。应当认为，成本降低的潜力是很大的，它没有尽头，关键在于成本管理人员应重视成本管理。

1.2.2 成本管理的理论体系

1. 成本管理的对象

成本管理的对象是与企业经营过程相关的所有资金耗费。它既包括财务会计计算的历史成本，也包括内部经营管理需要的现在和未来成本；既包括企业内部价值链内的资金耗费，也包括行业价值链整合所涉及的客户和供应商的资金耗费。

成本管理的对象最终是资金流出，但是具体到每个企业的成本管理系统，成本管理的对象还是有所不同。传统的简单加工型小企业的成本管理仅限于进行简单的成本计算，其成本管理对象也就限定在企业内部所发生的资金耗费。而置身处于激烈竞争的大型企业为赢得竞争，必须关注企业的竞争对手和潜在的所有利益相关者，因此其成本管理对象也就突破了企业的界限，凡是和企业经营过程相关的资金消耗都属于成本管理的范围。

2. 成本管理的目标

成本管理的基本目标是提供信息、参与管理，但在不同层面上又可分为总体目标和具体目标两个方面。

1）成本管理的总体目标

成本管理的总体目标是为企业的整体经营目标服务的，具体来说，包括为企业内外部的相关利益者决策提供其所需的各种成本信息和通过各种经济、技术和组织手段实现控制成本水平。在不同的经济环境中，企业成本管理系统总体目标的表现形式也不同，而在竞争性经济环境中，成本管理系统的总体目标主要依竞争战略而定。在成本领先战略指导下，成本管理系统的总体目标是追求成本水平的绝对降低；而在差异化战略指导下，成本管理系统的总体目标则是在保证实现产品、服务等方面差异化的前提下，对产品全生命周期成本进行管理，实现成本的持续性降低。

2）成本管理的具体目标

成本管理的具体目标可分为成本计算的目标和成本控制的目标。

成本计算的目标是为所有信息使用者提供成本信息。外部信息使用者需要的信息主要是关于资产价值和盈亏情况的，因此成本计算的目标是确定盈亏及存货价值，即按照成本会计制度的规定，计算财务成本，满足编制资产负债表的需要。而内部信息使用者利用成本信息除了了解资产及盈亏情况外，主要是用于经营管理，因此成本计算的目标即通过向管理人员提供成本信息，借以提高人们的成本意识；通过成本差异分析，评价管理人员的业绩，促进管理人员采取改善措施；通过盈亏平衡分析等方法，提供管理成本信息，有效地满足现代经营决策对成本信息的需求。

成本控制的目标是降低成本水平。在历史发展过程中，成本控制目标经历了通过提高工作效率和减少浪费来降低成本，通过提高成本效益比来降低成本和通过保持竞争优势来降低成本等几个阶段。成本目标因竞争战略不同而不同。成本领先战略企业成本控制的目标是在保证一定产品质量和服务的前提下，最大限度地降低企业内部成本，表现在对生产成本和经营费用的控制。而差异化战略企业的成本控制目标则是在保证企业实现差异化战略的前提下，降低产品全生命周期成本，实现持续性的成本节省，表现为对产品所处生命周期不同阶段发生成本的控制，如对研发成本、供应商部分成本和消费成本的重视和控制。

3. 成本管理的原则

（1）集中统一与分散管理相结合的原则。

企业的成本管理工作是由各个部门和有关人员共同完成的，各个部门各负其责，在完成各自任务的同时，相互协调也是一个重要的问题。在协调各部门成本管理工作中，应本着集中统一与分散管理相结合的原则。这里的"集中统一"是指成本管理工作应在负责经营管理的厂长（经理）的领导下，由财会部门负责统一管理、统一协调和统一核算；"分散管理"是指由各个生产部门及职能部门根据其自身的职责分工，对应负责的成本进行管理和控制。集中统一与分散管理相结合，能充分调动各方面的积极性，共同完成成本管理工作的任务。

(2) 技术与经济相结合的原则。

在产品成本形成过程中，技术因素占有很重要的地位。要搞好成本管理工作，必须贯彻技术与经济相结合的原则。其实，成本管理工作不能仅仅看成是一项会计工作，它涉及企业的各个部门和全体员工。因此，成本管理工作不应只是财务会计部门的事，也与企业的各个部门都有密切的联系。所以，要克服搞技术的不问成本、搞成本管理工作的不参与技术决策的倾向。成本管理的重要任务就是降低成本，而降低成本涉及产品设计、工艺改革、材料选用等方面的问题。所以，各有关职能部门的设计人员、工程技术人员、材料采购人员都应懂成本、关心成本；成本管理人员则应向生产技术部门的人员学习，要懂技术、了解生产工艺过程，参与成本、技术的决策。只有各方面协同努力，才能做好成本管理工作。

(3) 专业管理与群众管理相结合的原则。

成本管理虽然是一项专业性较强的工作，没有经过专门培训的人员是做不好这项工作的，但是只靠专业成本管理人员来做成本管理工作显然是不够的。从另一个角度看，成本管理工作也是一项群众性的工作，只有依靠全体职工的共同努力，才能做好这项工作。

(4) 成本最低化的原则。

成本管理的主要任务是在一定的条件下，分析影响各种降低成本的因素，制定可能实现的最低的成本目标，通过有效的控制和管理，使实际执行结果达到最低目标成本的要求。在实行最低化成本原则时，首先应注意全面研究降低成本的可能性。在实际工作中，影响成本高低的因素有很多。成本管理的目的是要研究各种降低成本的潜力，使可能变为现实。成本最低化的研究开发工作开始得越早，其受益的时间就越长；在某一个环节取得的成效，就会推动其他环节的改进。同时要研究合理的成本最低化，即一是要从实际出发，二是要注意成本最低化的相对性。

(5) 全面成本管理的原则。

在成本管理的实践中，有许多企业陷入了一个误区，表现在偏重于实际成本的计算、生产成本的计算，而忽视了其他成本管理的工作。其实成本管理是一项系统工程，它涉及企业的所有部门和全体员工。如果某一个部门或某一个员工在成本管理工作中出现问题，都会影响成本管理工作的整体效果。

4. 成本管理的内容

成本管理的内容一般包括成本预测、成本决策、成本计划、成本控制、成本核算、成本分析和成本考核等。

(1) 成本预测。成本预测是以现有条件为前提，在历史成本资料的基础上，根据未来可能发生的变化，利用科学的方法，对未来的成本水平及其发展趋势进行描述和判断的成本管理活动。

(2) 成本决策。成本决策是在充分利用已有资料的基础上，对运营过程中与成本相关问题的各个方案,运用定性和定量的方法,综合经济效益、质量、效率和规模等指标,进而确定运营过程中与成本相关的最优方案的成本管理活动。

(3)成本计划。成本计划是以运营计划和有关成本资料为基础,根据成本决策所确定的目标,通过一定的程序、运用一定的方法进行的针对计划期企业的生产耗费和成本水平具有约束力筹划的成本管理活动。

(4)成本控制。成本控制是成本管理者根据预定的目标,对成本发生和形成过程及影响成本的各种因素条件施加主动的影响或干预,使成本按照预期方向发展的成本管理活动。

(5)成本核算。成本核算是根据成本计算对象,按照法规制度和企业管理的要求,利用会计核算体系,采用适当的成本计算方法,对运营过程中实际发生的各种耗费按照规定的成本项目进行计算、归集与分配,取得不同成本计算对象的总成本和单位成本并将其传递给有关使用者的成本管理活动。

(6)成本分析。成本分析是在成本核算提供的实际成本及其他有关资料的基础上,运用一定的方法,揭示成本变化情况,进一步查明影响成本变动的各种因素、产生的原因,明确相应的责任单位和责任人的责任,并提出建设性的建议,以采取有效措施控制成本的成本管理活动。

(7)成本考核。成本考核是对成本计划及其有关指标实际完成情况进行定期总结和评价,并根据考核结果和责任制的落实情况,进行相应奖励和惩罚,以监督和促进企业加强成本管理责任制,提高成本管理水平的成本管理活动。

成本管理的诸项内容各有其基本特点,同时又相互联系、相辅相成,并贯穿于企业生产经营的全过程,构成了现代成本管理的框架(见图1-3)。成本预测是成本决策的前提;成本决策是成本预测的结果;成本计划是成本决策所确定目标的具体化;成本控制是对成本计划的实施进行监督,保证决策目标的实现;只有通过成本分析,才能对决策正确性做出判断;成本考核是实现决策目标的重要手段。必须指出,在上述各项内容中,成本核算是成本管理中最基本的内容,离开了成本核算,就谈不上成本管理,更谈不上其他内容的发挥。

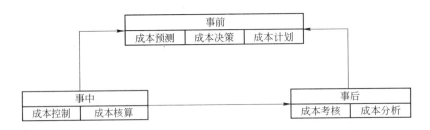

图1-3 成本管理内容关系

1.2.3 成本管理的基础工作

成本管理的基础工作是指为企业各项管理工作提供资料依据、行为规范、基本手段和保证条件的必不可少的先行性工作。企业应建立、健全成本相关原始记录,加强和完善成本数据的收集、记录、传递、汇总和整理工作,确保成本基础信息记录完整。现代成本管理的基础工作同样是企业管理的基础工作。完善基础工作是组织现代化生产、做好成本管理工作的依据。企业管理基础工作的好坏,决定着企业成本水平的高低,决定着企业的经济效益。因此,建立现代成本管理体系,必须重视加强和完善成本管理的基础工作。

1. 成本管理基础工作的要求

为了完善成本管理的基础工作,一般要求做到以下几点。

(1) 规范化。

每个工作岗位都要有明确的岗位责任制,各项工作都要规定业务流程,并要提出定量要求。通常要编制流程图,要规定各个环节的工作内容和业务系统的信息联系。流程图使管理职责范围规范化,业务内容条理化。

(2) 标准化。

生产过程的技术质量和计量检测都有精确的技术标准,一切物化劳动和活劳动消耗都有完整的定额和计划价格目录。成本核算和管理业务也要按照流程图制定工作标准,使整个管理系统工作标准化,相互协调一致。

(3) 统一化。

各种报表、台账和原始记录的格式和内容都要统一,要根据本单位的生产组织、产品结构和核算体制,设计一套统一的核算用表,并进行统一分类和编码。

(4) 程序化。

数据的收集、整理和传递都规定有统一程序和时间要求,并有专人负责,使成本管理工作有秩序地进行。

2. 成本管理基础工作的内容

成本管理的基础工作主要有标准化工作、定额工作、计量工作、信息工作、规章制度和职工教育 6 项。这 6 项工作是当前成本管理最重要的基础工作,这些工作搞不好,成本管理就无从谈起。标准化工作是一项综合性的基础工作,对加强成本管理、提高经济效益具有十分重要的作用。定额是企业对人力、物力和财力的利用所规定的数量标准,定额管理搞不好,成本就很难控制。计量检测也很重要,计量器具不精确,检测手段不完备,物质资源的流动就会混乱,这将直接影响到成本计算的正确性。灵敏准确的信息是现代成本管理的先决条件。规章制度的贯彻和职工教育,对于加强成本核算、搞好成本控制和考核成本责任等都很重要,这都需要加强和充实。

(1) 标准化工作。

标准化工作是一项综合性的基础工作。它包括技术标准和管理标准的制定、执行和管理工作。技术标准是对生产对象、生产条件、生产方法及包装、储运等所规定的应达到的标准。管理标准是关于企业各项管理工作的职责、程序、要求的规定。标准化是一项提高经济效益的技术措施，对加强成本管理、提高经济效益具有十分重要的作用。

（2）定额工作。

定额是企业在一定的生产技术条件下，为合理利用人力、物力、财力所规定的消耗标准、占用标准等数量界限。定额是编制计划的依据，是科学地组织生产经营活动的手段，是进行经济核算、提高经济效益的有效工具。制定定额的方法主要有：劳动定额（包括产量定额、工时定额、看管定额），各种材料消耗定额和储备定额，设备定额（单位产品台时定额、单位时间产量定额、设备利用定额），期量标准（节拍、批量、生产间隔期、投入产出提前期、生产周期、在制品定额），流动资金定额（存货定额），管理费用定额（管理费用各项目定额）。加强定额管理工作，就是要建立和健全完整的、先进的定额体系，要有充分的技术和经济依据，要采用科学的方法来制定，要随着企业生产技术条件的变化，一年修订一次。

（3）计量工作。

计量是指测试、检验、化验分析方面的计量技术和计量管理工作。原始记录反映出来的数和量，都是通过计量等手段产生出来的。如果没有健全的计量工作，就不会有真实可靠的原始记录，就不能为成本管理提供正确的核算资料，也无法分清经济责任。因此，企业必须从原材料、燃料等物资进厂，经过生产过程，一直到产品出厂，在供、产、销各个环节上，都要设置准确可靠的计量器具，认真做好计量工作，建立计量管理机构，配备专业人员，提高计量工作水平。

（4）信息工作。

信息载体一般包括原始记录、资料、报表、图纸、密码等。企业进行生产经营决策和执行决策，必须加强所需资料数据的收集、处理、传递、储存等管理工作。而科学的信息系统由原始记录、统计分析、经济技术情报、科技档案等构成。灵敏准确的信息是现代成本管理的先决条件。原始记录是记载企业生产技术经济活动情况的最初直接记录。例如，验收入库单、限额领料单、补料单、退库单、考勤记录、工时统计表、工作票、废品单等。原始记录是建立各种台账和进行统计分析的依据。搞好统计工作是管理现代企业必不可少的手段。准确、及时、全面地反映企业生产经营情况及其成果，是对原始记录和统计分析工作的要求。

（5）规章制度。

企业的规章制度是用文字的形式对各项管理工作的要求所作的规定，是全体职工的规范和准则。建立和健全各项规章制度，特别是责任制度，是成本管理的一项极其重要的基础工作。企业需要建立的规章制度有三个方面。一是基本制度，如企业领导制度等。二是工作制度，如有关计划、生产、技术、劳动、物资、销售、人事、财务管理、成本管理方面的工作制度等。三是责任制度。它是依据现代化大生产对劳动分工和协作要求制定的，规定着企业每个成员在自己岗位上应承担的任务和责任，以及相应的权力。企业的规章制度很多，但最基础的是岗位责任制，包括工人岗位责任制和干部岗位责任制。建立和健全岗位责任制，应从本企业的实际出发，搞好调查研究，拟订方案，进行试点。然后，总结经验，建立制度，全面推广。规章制度一定要简明扼要，准确易懂，便于执行，切忌烦琐。

（6）职工教育。

企业各项工作任务，必须靠人去完成，因此提高职工素质尤为重要。职工教育对各项工作任务的完成具有先导和保证的作用。企业要定期对各类人员进行思想教育、技术业务教育、职业道德教育，这是提高企业整体素质的关键。

1.2.4 成本管理的制度体系

在市场经济条件下，国家不再对企业进行直接管理，而主要实施间接管理。在成本管理方面，一般是通过制定有关成本方面的法规制度等来进行。由于国家有关部门建立的宏观成本管理体系内容较多，且分散在不同的相关法规制度中，为建立统一的成本管理制度体系带来了不利。因此，在建立宏观成本管理体系时，制定法规管理制度的各部门应相互协调，彼此配合，使宏观成本管理体系更加科学和严密。

1. 国家宏观成本管理体系

国家宏观成本管理体系所包括的法规制度主要有如下几个层次。

（1）中华人民共和国会计法。

《中华人民共和国会计法》中有关成本管理的规定是制定其他成本法规制度的法律依据。在《中华人民共和国会计法》中，虽然没有直接对成本问题做出相应的规定，但其中有关费用开支的规定也是成本管理体系所要遵循的。在制定其他有关的成本法规时，应使其符合《中华人民共和国会计法》的要求。

（2）企业会计准则和企业财务通则。

《企业会计准则》和《企业财务通则》（以下简称"两则"）是制定成本管理规定的具体指导原则。在制定成本管理规定时，应符合"两则"的规定，如果各有关部门制定的成本管理规定与"两则"的规定不符，应对其进行调整，使其符合"两则"的要求。

（3）具体会计准则和会计制度。

具体会计准则和会计制度是成本管理体系中的具体操作规则，据此可制定成本管理的各项具体操作规则、程序和方法，并进行相应的账务处理和成本核算。企业在设计成本管理体系时，特别是其中的具体操作系统时，应根据具体会计准则和会计制度进行。只有这样，成本管理体系输出的成本信息才具有真实性和可比性。如果各企业都不按这样统一的要求进行成本管理，势必影响成本指标的真实性和可靠性。

（4）国家及地方制定的各种税收法规。

企业在制定成本管理的规章制度时，还应注意到各种税收法律法规问题，税法的有关规定对于企业成本管理也有着十分重要的影响。如所得税法,它对企业哪些支出应计入成本费用,哪些不能计入,哪些费用属于收入性支出,哪些支出属于资本性支出都有明确的规定。由于税收的种类较多,不同的税种在企业列支的渠道也不一样,因此税法对企业成本管理体系有着十分重要的影响。

(5) 其他相关法规政策。

《中华人民共和国会计法》、"两则"、具体会计准则和会计制度、税法等法规对企业成本管理体系的影响是直接的,但除此之外,国家有关部门还根据经济建设发展的实际情况,制定各项有关的法规,其调整的范围可能较广,但其中有许多都是与成本管理关系较大的,因此,在企业的成本管理工作中,也应遵守这些相关的法规政策。

2. 企业内部成本管理体系

成本管理的重点在企业内部,因此企业内部成本管理体系是否完善,直接关系到成本管理体系能否真正发挥作用、能否达到成本管理的目的。在一般情况下,企业内部成本管理体系应包括以下几个层次。

(1) 成本管理制度。

企业内部应根据国家有关部门颁布的成本管理法规和制度,结合本企业的具体情况,制定出适用于本企业的成本管理制度,并以适当的形式发布,要求有关部门和人员遵照执行。由于企业成本管理工作涉及的部门和人员较多,因而需制定的成本管理制度也比较多。从重要性的角度出发,可将费用比重较大的项目制定出相关的制度,其余的可作总体说明。

(2) 成本核算制度。

企业应根据其生产的特点及管理的要求,制定出适合于本企业的成本核算制度,包括成本费用归集的基础工作、费用的归集方法、费用归集的程序、费用的分配方法、成本计算方法等,据此计算出产品的总成本和单位成本,以及期间费用,为计算企业的盈利及进行成本预测、决策和分析等提供成本费用资料。

(3) 成本费用的责任制度。

在现代企业制度的企业内,建立责任制度是非常重要的,即通常所说的权责利相结合的原则。以企业内部各单位为基础,建立责任成本制度,将成本费用指标分解,落实到各责任单位,并将其与各责任单位和责任人的经济利益挂钩。企业内部除要有各项规章制度外,还应将其落实到具体的责任单位。如果企业内部只有各项规章制度而没有责任制度,则各项规章制度只能是一句空话,得不到具体的贯彻落实。

(4) 成本费用的考核制度。

对各责任单位成本费用的执行情况应进行考核,考核制度是建立成本费用考核体系的重要内容,应采用各项指标对各责任单位的成本费用执行情况进行考核,并据此对各责任单位的工作业绩进行评价。成本费用的考核制度与成本费用的责任制度是密切相关的,考核其实就是将各责任单位实际完成的各项指标与其责任指标相对比,考核各项责任指标的完成情况。

(5) 成本管理的分析评价体系。

为了充分发挥成本管理体系的作用，检查成本管理体系运行的效果，应定期和不定期地对成本管理体系运行的结果进行分析，并且利用考核所得到的各种指标，评价该系统的优劣。为了便于评价，可制定出考核指标或标准，如计算产值成本率、成本利润率、主要产品单位成本、全部产品总成本、可比产品成本降低率等指标，并据此对成本管理体系进行评价，发现系统存在的问题及不足，应及时提出解决问题的办法和措施，使成本管理体系得到进一步的完善。

1.2.5 市场经济条件下完善成本管理体系的措施

成本管理体系是一个复杂的系统工程，这一体系的建立较难，但建立后的管理和完善其实更困难。这是因为在市场经济条件下，外界条件处于剧烈变化之中，而企业要在市场中立足，应适应这种变化，随时调整自己的管理模式，这也正是市场经济条件下成本管理体系的特点。

完善市场经济条件下成本管理体系所应采取的措施如下。

1. 经常对成本管理体系进行维护，使之渐趋完善，充分发挥成本管理体系应有的作用

成本管理体系在实际运行过程中，可能会遇到各种各样的问题，有许多情况在设计成本管理体系时未能考虑周全。当发现问题和不足时，应随时对该系统进行相应的调整。建立成本管理体系比较难，当该系统建立起来后，在运行过程中会遇到各种各样意想不到的问题，若不能及时解决，成本管理系统的正常运行就会遇到困难，甚至瘫痪。因此，建立成本管理系统的维护机制是很重要的。成本管理体系的维护主要应从以下几个方面进行。

(1) 深入实际调查研究。

由于成本管理工作的大部分是在基层完成的，因此对于成本管理系统的运作是否顺利，存在什么样的问题，都需要及时掌握；否则，就会影响该项工作的效果。因此，成本管理系统的管理部门及人员，应经常深入基层，调查研究，发现问题，及时研究相应的对策。对于成本管理工作中存在的问题有时通过各基层单位报送的相关报表可以了解，但有些问题仅通过报表是不能做到全面了解的，因此应深入下去，认真调查研究，掌握第一手材料，才能找出真正存在的问题，并进而提出解决问题的办法。

(2) 召开成本管理工作会议。

由于成本管理系统涉及的单位和人员比较多，因此成本管理是一项复杂的系统工程。对于调查研究中发现的问题，由于涉及的面较广，按单位逐个解决非常麻烦，有时各单位之间还有相关的问题需要在一起解决。因而，应通过定期或不定期地召开成本管理工作会议的形式，将各部门存在的问题提出来，统筹解决。由于各单位都在场，因而

能提出一个相互协调、切实可行的可操作的方案。

（3）提出成本管理系统的维护方案。

成本管理系统的维护方案应具有较强的可操作性，并具体落实到相关的部门和人员。成本管理系统的维护方案包括日常自动维护、定期维护等。由于成本管理体系的系统性较强，任何一个环节出现问题，都可能导致整个系统的运行受到影响。因此，在成本管理系统建立时，就应使其具有自动维护的功能，出现问题时可自动调节。在该系统运行一段时间后，应根据运行过程中出现的问题，提出解决问题的办法。

2. 积极吸收成本管理最新的科研成果，使成本管理方法更加先进和科学

成本管理体系的完善还依赖于成本管理方面科研成果的推广。同时，还应研究其他相关学科的科研成果，将其运用于成本管理工作当中，使成本管理体系中的各种方法能体现出当前的科研水平。

成本管理手段的现代化，是做好成本管理工作的重要条件。随着市场经济的逐渐完善，竞争的日趋激烈，只有采用新的观念、新的方法，才可能取得比较好的成本管理效果。对于成本管理研究中出现的新的理论和方法，应当认真学习，消化理解，结合本单位的具体情况加以运用。同时，成本管理工作又是一个比较综合的工作，相关学科的发展对其也有重要的影响，如统计学、管理学等，应将这些学科的新内容、新方法吸收进来，丰富成本管理的理论与实践。

计算机的广泛运用，为成本管理工作注入了新的手段，它不仅提高了工作效率和准确程度，还带来了新的气息和新的观念，对成本管理人员是一个很好的促进。因此，成本管理人员要认真学习有关计算机的知识，从而提高自己的综合工作能力。

3. 建立完善的成本管理体系的运转程序

在成本管理体系建立后，如何将它投入运转、保证其运转畅通，是一个重要的问题。由于成本管理体系涉及企业的各个方面，因此成本管理体系的运转也应在各部门的协同配合下进行。如果成本管理体系在运转过程中受阻，则会影响整个成本管理体系的运行。所以，一个完善的成本管理体系应当有一个保证该系统有效运行并对发生的问题进行自动清除的机制。

要使成本管理体系运转自如，应有相应的组织体系和相关人员的参与。成本管理组织体系应包括企业职能部门、分厂、工段、班组等，层层建立责任制；参与的人员应当是专业和兼职人员相结合，环环相扣，层层把关，确保成本管理体系的运行。

4. 调整成本管理系统

针对企业生产条件、产品销路、市场条件等方面的变化，适时地调整成本管理体系，使该系统能随时反映市场经济条件的变化及其对企业的影响。

成本管理体系的建立不是一朝一夕就能完成的，随着内外部环境的改变，特别是成本管理理论和方法的发展，原先所设计的成本管理体系已不能满足成本管理的需求，因而应随着外界条件的变化对成本管理系统进行调整，使其符合现有的各项管理体制的要求。

本章小结

成本管理是企业获得长期竞争优势的重要战略之一。本章较为系统地介绍了成本的相关概念、成本管理理论内容和管理体系。1.1 节介绍了成本的内涵,以及多元化的成本概念体系;介绍了国外成本管理理论的发展历程和我国成本管理改革的发展历史及取得的丰硕成果。1.2 节介绍了成本管理的内涵及意义,阐述了成本管理理论的体系构成,包括成本管理对象、目标、原则及内容,并对成本管理的基础工作和成本管理的制度体系做了全面介绍,最后提出了市场经济体系下完善成本管理体系的措施。

本章的重点是掌握成本管理的对象、目标、原则及内容。

本章的难点是如何科学地完善成本管理体系。

学习资料

[1] 中国注册会计师协会. 财务成本管理. 北京:经济科学出版社,2006.

[2] 陈良华,韩静. 成本管理. 北京:中信出版社,2006.

中英文关键术语

1. 成本　　　　　　cost
2. 成本管理　　　　cost management
3. 控制　　　　　　controlling
4. 成本与效益原则　cost-effectiveness
5. 决策　　　　　　decision making
6. 主要成本　　　　prime cost
7. 相关性　　　　　relevance
8. 适时性　　　　　timeliness
9. 可被了解性　　　understandability
10. 战略性规划　　　strategic planning

第 2 章 成本计算

学习目标

1. 理解成本核算中成本的分类；
2. 理解成本核算的目的、要求和程序；
3. 掌握产品成本核算使用的主要科目；
4. 掌握生产费用的归集和分配；
5. 掌握完工产品和在产品的成本分配；
6. 了解联产品和副产品的成本分配；
7. 掌握完工产品成本核算。

2.1 成本计算概述

2.1.1 成本核算中成本的概念

成本是商品经济的产物，是商品经济中的一个经济范畴，是商品价值的主要组成部分。马克思在《资本论》中指出：产品的价值（W）由三个部分组成，即生产中消耗的生产资料的价值（C）、劳动者为自己的劳动所创造的价值（V），以及劳动者为社会创造的价值（M），其中，产品成本是由 $C+V$ 构成。因此，从理论上说，产品成本是企业在生产过程中已经耗费的用货币表现的生产资料的价值与相当于工资的劳动者为自己所创造的价值的总和。事实上，产品成本属于成本，但成本并不等于产品成本。由于成本与管理结合密切，因而成本的内容往往要服从管理的需要。此外，由于从事经济活动的内容不同，成本含义也不同。

成本会计具有广义与狭义之分。狭义的成本会计是指进行成本核算与分析的成本会计；广义的成本会计则指进行成本预测、决策、计划、控制、核算、分析及考评的成本会计，即成本管理。

成本是按一定对象所归集的费用，成本和费用的区别在于：费用是资产的耗费，它与一定的会计期间相联系，与生产哪一种产品无关；而成本则与一定种类和数量的产品或商品相联系，而不论发生在哪一个会计期间。因此，企业生产费用通常与一定期间相联系，而产品成本与特定产品相联系。生产费用是形成产品成本的基础，产品成本则是生产费用的对象化。

2.1.2 成本的分类

随着商品经济的不断发展，成本概念的内涵和外延都处于不断的变化发展之中。

1. 成本按经济性质分类

企业的生产经营过程也是劳动对象、劳动手段和活劳动的消耗过程。因此，生产经营成本按其经济性质可以分为劳动对象的耗费、劳动手段的耗费和活劳动的耗费三大类。前两类是物化劳动耗费，后一类是活劳动耗费，它们构成了生产经营成本的三大要素。

在实务中，为了便于分析和利用，生产经营成本按经济性质划分为以下类别。

① 外购材料：指耗用的一切从外部购入的原料及主要材料、半成品、辅助材料、包装物、修理用备件、低值易耗品和外购商品等。

② 外购燃料：指耗用的一切从外部购入的各种燃料。

③ 外购动力：指耗用的从外部购入的各种动力。

④ 职工薪酬：指企业为获得职工提供的服务或解除劳动关系而给予的各种形式的报酬或补偿。

⑤ 折旧费：指企业提取的固定资产折旧。

⑥ 税金：指应计入生产经营成本的各项税金，如土地使用税、房产税、印花税、车船使用税等。

⑦ 其他支出：指不属于以上各要素的耗费，如邮电通信费、差旅费、租赁费、外部加工费等。

上述生产经营成本的各要素称为"费用要素"，按照费用要素反映的费用称为"要素费用"。

按照费用要素分类反映的成本信息可以反映企业在一定时期内发生了哪些生产经营耗费，数额各是多少，用以分析企业耗费的结构和水平；还可以反映物质消耗和非物质消耗的结构和水平，有助于统计工业净产值和国民收入。

2. 成本按经济用途分类

生产经营成本按其经济用途分为以下类别。

① 研究与开发成本：指为创造新产品、新服务和新生产过程而发生的成本。

② 设计成本：指为了产品、服务或生产过程的详细规划、设计而发生的成本。

③ 生产成本：指为了生产产品或提供服务而发生的成本。
④ 营销成本：指为了让人们了解、评估和购买产品而发生的成本。
⑤ 配送成本：指为将产品或服务递交给顾客而发生的成本。
⑥ 客户服务成本：指向客户提供售后服务的成本。
⑦ 行政管理成本：指企业为组织和管理企业生产经营活动所发生的成本。

在实务中，按照现行财务会计制度规定，生产经营成本分为生产成本、营业费用和管理费用三大类。

(1) 生产成本。

生产成本包括 4 个成本项目。

① 直接材料：指直接用于产品生产、构成产品实体的原料及主要材料、外购半成品、有助于产品形成的辅助材料及其他直接材料。

② 直接人工：指参加产品生产的工人工资，以及按生产工人工资总额和规定的比例计算提取的职工福利费。

③ 燃料和动力：指直接用于产品生产的外购和自制的燃料及动力费。

④ 制造费用：指为生产产品和提供劳务所发生的各项间接费用。

为了使生产成本项目能够反映企业生产的特点，满足成本管理的要求，会计制度允许企业根据自己的特点和管理要求，对以上项目做适当的增减调整。如果直接用于产品生产的外购半成品成本比重较大，可以将"外购半成品"单独列为一个成本项目；外部加工费比较多的产品，可以将"外部加工费"单独列为一个成本项目；如果产品成本中燃料和动力费所占比重很小，也可以将其并入"制造费用"成本项目中。

(2) 营业费用。

营业费用包括营销成本、配送成本和客户服务成本。

(3) 管理费用。

管理费用包括研究与开发成本、设计成本和行政管理成本。

成本按经济用途的分类反映了企业不同职能的耗费，也叫成本按职能的分类，这种分类有利于成本的计划、控制和考核。

3. 成本按转为费用的方式分类

为了贯彻配比原则，生产经营成本按其转为费用的不同方式分为产品成本和期间成本。

1) 成本转为费用的方式

费用是指应从营业收入中扣除的已耗用成本。企业发生的全部成本转为费用的方式（即与收入配比的方式）分为三类。

(1) 按"因果关系原则"可计入存货的成本。

可计入存货的成本是按照"因果关系原则"确认为费用的。可计入存货的成本是指在发生时首先计入存货，在其流出企业时转为费用的成本。例如，生产耗用的材料成本、人工成本和制造费用等，先按产品核算对象计入成本，产品未出售前作为"资产"列入企业的资产负债表。本期销售成本与本期营业收入存在因果关系，因此要在确认产品销售收入时将有关的产品成本转为费用。待产品销售时一次转为费用，按配比原则从收入中扣减，同时在利润表中予以反映。

（2）按"合理的和系统的分配原则"资本化成本。

资本化成本是按照"合理的和系统的分配原则"确认为费用的。资本化成本是指先记为资产，然后逐步分期转为费用的成本。例如，无形资产的购置支出，先记为无形资产成本，在资产负债表中列为"资产"，该项资产在合理的年限内分摊、陆续转为转入利润表作为费用与当期收入配比。

尽管长期资产成本的耗费与本期收入没有直接因果关系，但是可以合理地预计这些长期资产能使企业在若干个会计期内受益。因此，应按照特定的程序和标准假定这些长期资产和收入之间的受益关系，系统地将其分配给各会计期。

（3）费用化成本。

费用化成本，是指在成本发生的当期就转为费用的成本。例如，公司管理人员工资和广告费等，在发生时立即确认为当期费用。

费用化成本包括两种类型。一种是仅使当期受益的费用，根据因果关系原则，在费用发生的当期直接进入利润表，确认为费用。例如，公司管理人员的工资，其效用在本期已经全部消失，应在本期确认为费用。另一种是不能按"因果关系"和"合理的和系统的分配原则"确认的费用。例如，广告成本、研发成本等，尽管这些成本的发生可以为企业取得长期的效益，但很难确定哪一个会计期获得多少效益，因此不得不立即确认为费用。

2）生产经营成本

（1）产品成本。

作为期间成本的对称，产品成本是指可计入存货价值的成本，包括按特定目的分配给一项产品的成本总和。

划分产品成本和期间成本，是为了贯彻配比原则。按照配比原则的要求，收入和为换取收入的费用要在同一会计期间确认。产品成本在产品出售前与当期收入不能配比，应按"存货"报告，是"可储存的成本"；只有产品出售时才能与当期收入配比，因此在出售时将其成本转为费用。

"产品"在这里是广义的，不仅指工业企业的产成品，还包括提供的劳务，实际上是指企业的产出物，即最终的成本计算对象。

"分配"给产品的成本，可能是全部生产经营成本，也可能是其中的一部分。将哪些生产经营成本分配给产品，取决于成本计算的目的和对信息的利用方法。

对内报告使用的产品成本，其范围因目的而异。为短期决策和本量利分析计算的产品成本，仅包括生产成本中随产量变动的部分，即变动制造成本；为政府订货（如军用品订货）确定价格计算的产品成本，不仅包括生产成本，还包括政府允许补偿的部分研究与开发成本和设计成本；为定价和选择产品线等决策计算的产品成本，应包括从研究与开发成本到行政管理成本的全部成本。因此，产品成本可以分为全部产品成本和部分产品成本两类。全部成本是指为取得一定的产出物所发生的全部成本的总和，部分成本是指仅就其中一部分进行归集和计算的成本。随着生产的发展和科学技术的进步，制造成本在全部成本中的比重越来越小，因此，制造成本法受到越来越多的批评。将非制造成本分配于产品的主要问题是分配的合理性与经济性较差。由于作业成本法和计算机技术的发展，这个困难逐渐被克服，全部成本法正日益受到重视。对外财务报告使用的产品成本内容，由统一的会计制度规定。我国过去的会计制度，曾规定工业企业的"企业管理费"和"销售费用"要分配给产品，是一种全部成本法；1993年改为目前的"制造成本法"，只将生产成本分配给产品，是一种"部分成本法"。

(2) 期间成本。

期间成本，作为产品成本的对称，是指不计入产品成本的生产经营成本，包括除产品成本以外的一切生产经营成本。

期间成本不能经济合理地归属于特定产品，因此只能在发生当期立即转为费用，是"不可储存的成本"。正因为期间成本不可储存，在发生时就转为费用，因此也称之为"期间费用"。

无论是产品成本还是期间成本，都是生产经营的耗费，都必须从营业收入中减除，但它们减除的时间不同。期间成本直接从当期收入中减除，而产品成本要待产品销售时才能减除。

产品成本和期间成本的划分是相对的。所有生产经营成本，如果不列入产品成本，就必须列入期间成本。计入产品的成本范围越大，期间成本的范围就越小；反之亦然。

按照我国目前的财务会计制度规定，属于期间成本的是销售费用、管理费用和财务费用。一般认为，财务费用不是生产经营活动的成本而属于筹资活动的成本。筹资成本包括借款利息和股利两部分，其中借款利息成本转为费用的方式有两种：一种是资本化借款成本，如为购置固定资产所借款项的利息，应当计入固定资产的成本，将来在使用中陆续分期转为费用；另一种是费用化借款成本，如生产经营所需的短期借款利息，在发生的当期作为费用处理，称为财务费用。也有人认为，为筹集生产经营资金而发生的借款利息，也可以作为生产经营成本的一部分看待，甚至主张应将其计入产品成本。还有人认为，权益资本的成本（股利）也应计入产品成本，才能准确计量企业的经营成果。但是，这些观点并未在国际范围内获得广泛认同。

4. 成本按其计入成本对象的方式分类

产品成本按其计入成本对象的方式分为直接成本和间接成本。这种分类是为了经济合理地把成本归属于不同的成本对象。

(1) 成本对象。

成本对象是指需要对成本进行单独测定的一项活动。成本对象可以是一件产品、一项服务、一项设计、一个客户、一种商标、一项作业或者一个部门等。

成本对象，可以分为中间成本对象和最终成本对象。最终成本对象是指累积的成本不能再进一步分配的成本归集点。最终成本对象通常是一件产品或一项服务，是企业的最终产出物。中间成本对象是指累积的成本还应进一步分配的归集点，有时也称成本中心。成本中心是企业中与成本相关联的某个可识别的部门，它们是将共同成本按某个分配基础进一步分配给成本对象之前的一个成本归集点，如机械加工车间、维修车间、地区销售部等。设置多少个中间对象及中间对象之间的联系取决于生产组织的特点和管理的要求。

（2）直接成本。

直接成本是直接计入各种、类、批产品等成本对象的成本。一种成本是否属于直接成本，取决于它与成本对象是否存在直接关系，并且是否便于直接计入。因此，直接成本也可以说是与成本对象直接相关的成本中可以用经济合理的方式追溯到成本对象的那一部分成本。例如，大部分构成产品实体的原材料的成本、某产品专用生产线的工人工资等。对于只有一种产品的企业来说，所有产品成本都是直接成本。

所谓"与成本对象直接相关"，是指该成本与某一特定的成本对象存在直接关系，它们之间存在明显的因果关系或受益关系。

所谓"追溯"，是指在成本发生后，寻找引起成本发生的特定对象。例如，构成产品主要实体的某种材料成本，很容易找到被用于何种产品。

所谓"经济合理的方式追溯"，是指将某项成本直接分派给该对象是合乎逻辑的、有道理的，并且追溯到对象的代价不能过高，不得超过所能得到的好处。

（3）间接成本。

间接成本是指与成本对象相关联的成本中不能用一种经济合理的方式追溯到成本对象的那一部分产品成本。例如，辅助车间工人的工资、厂房的折旧等大多属于间接成本。

所谓"不能用经济合理的方式追溯"，有两种情况：一种是不能合理地追溯到成本对象；另一种是不能经济地追溯到成本对象。例如，总经理的工资很难分辨出每种产品应分担的数额，属于不能合理地追溯到成本对象；又如，润滑油的成本可以通过单独计量追溯到个别产品，但是单独计量的成本较高，而其本身数额不大，更准确地分配实际意义有限，不如将其列入间接制造费用，统一进行分配更经济。

一项成本可能是直接成本，也可能是间接成本，要根据成本对象的选择而定。例如，一个企业设有一个维修车间、若干个按生产工艺划分的生产车间，生产若干种产品，它们都是需要单独计算成本的成本对象。维修车间的工人工资直接计入维修车间成本，随后维修成本要分配给各生产车间成本，生产车间成本还要分配给各种最终产品成本。此时，维修车间工人工资对于"维修车间成本"来说是直接成本，而对于"生产车间成本"和"最终产品成本"来说是间接成本。

2.1.3 成本计算的目的和要求

1. 成本计算的目的

在成本会计发展史上，成本计算的目的是逐渐得以丰富与完善的。起初，成本核算是为了正确确定企业存货价值及其利润，为编制对外的会计报表服务。因此，生产成本计算，必然要以生产要素费用的正确核算为前提，这样形成了成本核算的基本流程。20世纪20年代后，受科学管理思想的影响，控制成本的观念得以强化，成本计算开始关注各级经营管理人员的责任及其履行情况，期望能对经营活动产生积极的作用。成本计算的目的拓展，不仅需要定期计算成本，还表现为适应管理需要随时提供发生成本高低的信息，以便能动地促进企业生产经营。成本计算目的发展的最高阶段，是有效地服务于经营决策。确定盈亏及存货价值或提供成本差异的信息，这些都是事后性质，只能反映事实，不能做到事前控制。而管理实践发展已十分迫切地提出事前控制要求。由此可见，成本计算的目的可以概括为以下几个方面。

（1）有助于管理者提高决策水平。成本计算可以向管理当局提供许多重要信息，帮助他们作出较好的决策，如定价、自制和外购的选择、项目评价等。

（2）有利于计划、控制和业绩评价。在预算编制过程中，可靠的成本信息是预算质量的保证。通过预算成本和实际成本的比较，分析差异，才能达到控制目的。

（3）衡量资产和收益。编制财务报表要使用存货成本和已销产品成本信息，这些成本信息是股东、债权人和税务当局所需要的，它们必须按照会计准则或会计制度的要求来报告。

（4）确定应补偿的金额。有些销售价格以成本为定价基础，为了确定价格需要计算产品成本。例如，军工产品订货合同经常使用"成本加成价"；有些咨询费按成本节约额的一定比率收取；有些公用事业收费以成本增加为提价依据。不同的目的需要不同的成本信息。一个特定的成本计算系统，应尽可能同时满足多方面的需要，如果不能同时满足多种需要，就需要在账外提供补充的成本信息。

2. 成本计算的要求

为了正确计算成本，要分清以下费用界限。

1）正确划分应计入产品成本和不应计入产品成本的费用界限

企业的活动是多方面的，企业耗费和支出的用途也是多方面的，其中只有一部分费用可以计入产品成本。

首先，非生产经营活动的耗费不能计入产品成本。只有生产经营活动的成本才可能计入产品成本。筹资活动和投资活动不属于生产经营活动，它们的耗费不能计入产品成本，而属于筹资成本和投资成本。过去，财政部颁布成本开支范围，明确规定哪些成本可以列入生产经营成本，哪些成本不能列入生产经营成本。近年来，财务会计规范发生很大变化而没有重新规定成本开支范围，使许多人误以为凡是耗费都可以计入产品成本。其实，这种认识是不对的，成本开支范围仍然存在，只不过它散见于有关的会计制度之中，而没有集中于一个规范文件。按照我国现行会计制度规定，下列与生产经营活动无关的耗费不能计入产品成本：对外投资的支出、耗费和损失；对内长期资产投资的支出、耗费和损失，包括有价证券的销售损失、固定资产出售损失和报废损失等；捐赠支出；各种筹资费用，包括应计利息、贴现费用、证券发行费用等。

其次，生产经营活动的成本分为正常的成本和非正常的成本，只有正常的生产经营活动成本才可能计入产品成本，非正常的经营活动成本不计入产品成本。非正常的经营活动成本包括：灾害损失、盗窃损失等非常损失；滞纳金、违约金、罚款、损害赔偿等赔偿支出；短期投资跌价损失、坏账损失、存货跌价损失、长期投资减值损失、固定资产减值损失等不能预期的原因引起的资产减值损失，以及债务重组损失等。

最后，正常的生产经营活动成本又被分为产品成本和期间成本。按财务会计制度规定，正常的生产成本计入产品成本，其他正常的生产经营成本列为期间成本。

2) 正确划分各会计期成本的费用界限

应计入生产经营成本的费用，还应在各月之间进行划分，以便分月计算产品成本。应由本月产品负担的费用，应全部计入本月产品成本；不应由本月负担的生产经营费用，则不应计入本月的产品成本。

为了正确划分各会计期的费用界限，要求企业不能提前结账，将本月费用作为下月费用处理；也不能延后结账，将下月费用作为本月费用处理。

为了正确划分各会计期的费用界限，还要求贯彻权责发生制原则，正确核算待摊费用和预提费用。本月已经支付但应由以后各月负担的费用，应作为待摊费用处理；本月尚未支付但应由本月负担的费用，应作为预提费用处理。

3) 正确划分不同成本对象的费用界限

对于应计入本月产品成本的费用还应在各种产品之间进行划分：凡是能分清应由某种产品负担的直接成本，应直接计入该产品成本；各种产品共同发生、不易分清应由哪种产品负担的间接费用，则应采用合理的方法分配计入有关产品的成本，并保持一贯性。

4) 正确划分完工产品和在产品成本的界限

月末计算产品成本时，如果某产品已经全部完工，则计入该产品的全部生产成本之和，就是该产品的"完工产品成本"；如果这种产品全部尚未完工，则计入该产品的生产成本之和，就是该产品的"月末在产品成本"；如果某种产品既有完工产品又有在产品，已计入该产品的生产成本还应在完工产品和在产品之间分配，以便分别确定完工产品成本和在产品成本。

2.1.4 成本计算的基本步骤

成本核算的一般程序就是对生产过程中发生的各项要素费用，按经济用途归类计入产品成本的过程。成本计算的基本步骤如下（见图2-1）。

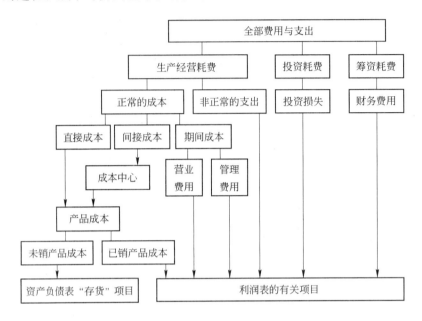

图2-1 成本计算的基本步骤

1. 根据成本开支范围规定，审核生产费用支出

根据成本开支范围的规定，对各项费用支出进行严格审核，确定应计入产品成本的费用和不应计入产品成本的期间费用。

2. 编制要素费用分配表

对生产中产品所耗用的材料，可以根据领料凭证编制材料费用分配表；发生的人工费用，可根据产量通知单等产量工时记录凭证编制工资费用分配表等。凡是能直接计入成本计算对象的费用，根据各要素费用分配表可直接记入"基本生产成本""辅助生产成本"账户及其有关明细账户；不能直接计入成本计算对象的费用，先进行归集，记入"制造费用"账户及其有关明细账户。

3. 辅助生产费用的归集和分配

归集在"辅助生产成本"账户及其明细账户的费用，除对完工入库的自制工具等产品的成本转为存货成本外，应按受益对象和所耗用的劳务数量，编制辅助生产费用分配表，据以登记"基本生产成本""制造费用"等账户及其明细账户。

4. 制造费用的归集和分配

各基本生产车间的制造费用归集后，应分别不同车间，于月终编制制造费用分配表，分配计入本车间的产品成本中，记入"基本生产成本"账户及其明细账户。

5. 完工产品成本的确定和结转

经过以上费用分配，各成本计算对象应负担的生产费用已全部记入有关的产品成本明细账。如果当月产品全部完工，所归集的生产费用即为完工产品成本；如果全部未完工，则为期末在产品成本；如果只有部分完工，则需要采用一定的方法在完工产品与期末在产品之间进行分配，以确定本期完工产品成本，并将完工验收入库的产成品成本从"基本生产成本"账户及其明细账户结转至"产成品"账户及有关明细账户。

6. 已销售产品成本结转

已销售产品的成本要从"产成品"账户及其明细账户转到"主营业务成本"账户及其明细账户。

2.1.5 成本计算使用的主要科目

为了按照用途归集各项成本，划清有关成本的界限，正确计算产品成本，应设置"生产成本""制造费用""待摊费用""预提费用"等科目。

1. 生产成本科目

"生产成本"科目核算企业进行生产活动所发生的各项产品成本，包括生产各种产成品、自制半成品、提供劳务、自制材料、自制工具及自制设备等所发生的各项成本。

"生产成本"科目应设置"基本生产成本"和"辅助生产成本"两个二级科目。"基本生产成本"二级科目核算企业为完成主要生产目的而进行的产品生产而发生的成本，计算基本生产的产品成本；"辅助生产成本"二级科目核算企业为基本生产服务而进行的产品生产和劳务供应而发生的直接成本，计算辅助生产的产品和劳务的成本。在这两个二级科目下，还应当按照成本计算对象开设明细账，账内按成本项目设专栏进行明细核算。

企业发生的直接材料和直接人工费用，直接记入本科目及"基本生产成本"和"辅助生产成本"两个二级科目及其所属明细账的借方；发生的其他间接成本先在"制造费用"科目归集，月终分配记入本科目及所属二级科目和明细账的借方；属于企业辅助生产车间为基本生产车间生产产品提供的动力等直接成本，先在本科目所属二级科目"辅助生产成本"中核算后，再分配转入本科目所属二级科目"基本生产成本"及其所属明细账的借方。企业已经生产完成并已验收入库的产成品及自制半成品的实际成本，记入本科目及所属二级科目"基本生产成本"及其所属明细账的贷方；辅助生产车间为基本生产车间、企业管理部门和其他部门提供的劳务和产品，月终应按照一定的分配标准分配给各受益对象，按实际成本记入本科目及"辅助生产成本"二级科目及其所属明细账的贷方。本科目的借方期末余额反映尚未完成的各项在产品的成本。

2. 制造费用科目

"制造费用"科目核算企业为生产产品和提供劳务而发生的各项间接费用。该科目应按不同的车间、部门设置明细账，账内按制造费用的内容设专栏，进行明细核算。发生的各项间接费用记入本科目及所属明细账的借方；月终将制造费用分配到有关的成本计算对象时，记入本科目及所属明细账的贷方。本科目月末一般应无余额。

2.1.6　成本计算制度的类型

成本计算制度是指为编制财务报表、进行日常的计划和控制等不同目的所共同完成的一定的成本计算程序。

成本计算制度不是会计系统之外临时的和分散的成本统计、技术计算和调查分析，而是与财务会计系统有机结合在一起的。周期性进行的常规成本计算，是有稳定程序的、制度化的成本计算。

成本计算制度中的成本种类与财务会计体系结合的方式不是唯一的。从总体上看，成本计算制度可以做以下分类。

1. 实际成本计算制度和标准成本计算制度

（1）实际成本计算制度。

实际成本计算制度是计算产品的实际成本，并将其纳入财务会计主要账簿体系的成本计算制度。在实际成本计算制度中，产品的实际成本成为资产负债表"存货"项目的计价依据，并成为利润表"相关项目"的计量依据，从而与财务会计有机地结合起来。在成本管理需要时，可以在账外设定成本标准，并分析实际成本与标准成本的差异，以及做出成本分析报告。

（2）标准成本计算制度。

标准成本计算制度是计算产品的标准成本，并将其纳入财务会计的主要账簿体系的成本计算制度。在标准成本计算制度中，产品的标准成本和成本差异列入财务报表，与财务会计有机地结合起来。标准成本制度可以在需要时计算出实际成本（用于编制财务报告），分析实际成本与标准成本的差异并定期提供成本分析报告（用于成本计划和控制）。

2. 完全成本计算制度和变动成本计算制度

（1）完全成本计算制度。

完全成本计算制度，是指在计算产品成本和存货成本时，把一定期间内在生产过程中所消耗的直接材料、直接人工、变动制造费用和固定制造费用的全部成本都归纳到产品成本和存货成本中去。在完全成本计算制度下，单位产品成本受产量的直接影响，产量越大，单位产品成本越低，能刺激企业提高产品生产的积极性。但该法不利于成本管理和企业的短期决策。

（2）变动成本计算制度。

变动成本计算制度，是指只将生产制造过程的变动成本计入产品成本，而将固定制造成本列为期间费用的成本计算制度。变动成本计算制度可以在需要时提供产品的全部制造成本，以便编制对外发布的财务报告。

随着柔性生产线、适时生产制度和全面质量管理等新的制造技术和新的管理实务的出现，人们认识到产品的价值形成涉及研发、设计、生产、推销、配送和售后服务等各个环节。在成本计算时把哪些成本计入产品成本，把哪些成本排除在产品成本之外，实际上存在多种选择。真正意义上的全部成本不仅限于生产过程的成本，还应包括研发、设计、推销、配送和售后服务过程的成本。随着技术的进步，生产成本占全部成本中的比重越来越小，而其他成本的比重在加大。在新制造环境下全部成本计算制度具有了新的含义，它是指把所有与产品增值有关的成本都计入产品成本的计算制度，而把其他成本计算制度都称为"部分成本计算制度"。

按照我国最近发布的《企业会计准则第1号——存货》规定，存货成本包括采购成本、加工成本和其他成本。存货的采购成本，包括购买价款、相关税费、运输费、装卸费、保险费以及其他可归属于存货采购成本的费用。存货的加工成本，包括直接人工以及按照一定方法分配的制造费用。制造费用，是指企业为生产产品和提供劳务而发生的各项间接费用。企业应当根据制造费用的性质，合理地选择制造费用分配方法。在同一生产过程中，同时生产两种或两种以上的产品，并且每种产品的加工成本不能直接区分的，其加工成本应当按照合理的方法在各种产品之间进行分配。存货的其他成本，是指除采购成本、加工成本以外的，使存货达到目前场所和状态所发生的其他支出。

3. 产量基础成本计算制度和作业基础成本计算制度

传统的成本计算制度，以产量作为分配间接费用的基础，如产品数量，或者与产品数量有密切关系的人工成本、人工工时等。这种成本计算制度往往会夸大高产量产品的成本，而缩小低产量产品的成本，并导致决策错误。为了克服这个缺点，人们提出了作业基础成本计算制度。

（1）产量基础成本计算制度。

产量基础成本计算制度的特点在于，首先整个工厂仅有一个或几个间接成本集合（如制造费用、辅助生产等），它们通常缺乏同质性（包括间接人工、折旧及电力等各不相同的项目）；其次间接成本的分配基础是产品数量，或者与产量有密切关系的直接人工成本或直接材料成本等，成本分配基础（直接人工成本）和间接成本集合（制造费用）之间缺乏因果联系。产量基础成本计算制度的优点就是简单，主要适用于产量是成本主要驱动因素的传统加工业。

（2）作业基础成本计算制度。

作业基础成本计算制度的一个特点是建立众多的间接成本集合，这些成本集合应具有"同质性"，即被同一个成本动因所驱动。所谓成本动因，是指促使成本增加的驱动因素，如开工准备、机器插件、手工插件、焊接等作业，分别建立同质的间接成本集合，如开工准备成本、机器插件成本、手工插件成本、焊接成本等。另一个特点是间接成本的分配应以成本动因为基础。如手工插件成本的动因是插件个数，开工准备成本的动因是品种或批次。作业基础成本计算制度可以更准确地分配间接费用，尤其是在新兴

2.2 成本的归集和分配

成本计算的目的引导着成本的归集和分配，使生产经营成本通过一系列中间对象，最终计算出产品总成本和完工产品的单位成本。

2.2.1 生产费用的归集和分配

1. 材料费用的归集和分配

在企业的生产活动中要大量消耗各种材料，如各种原料及主要材料、辅助材料及燃料。不论外购材料还是自制材料，其材料核算的方法基本相似。应计入产品成本的生产用料按照成本项目归集，如用于构成产品实体的原料及主要材料和有助于产品形成的辅助材料，列入"直接材料"科目；用于生产的燃料列入"燃料和动力"科目；用于维护生产设备和管理生产的各种材料列入"制造费用"科目；不应计入产品成本而属于期间费用的材料费用则应列入"管理费用""销售费用"科目；用于购置和建造固定资产、其他资产方面的材料费用则不得列入产品成本，也不得列入期间费用。

1) 材料费用计入产品成本和期间费用的方法

用于产品生产的原料及主要材料，如纺织用的原棉、铸造用的生铁、冶炼用的矿石、造酒用的大麦、制皂用的油脂等，通常是按照产品分别领用的，属于直接费用，应根据领料凭证直接记入各种产品成本的"直接材料"科目。但是，有时一批材料为几批产品共同耗用，如某些化工生产的用料，属于间接费用，则要采用简便的分配方法，分配计入各种产品成本。在消耗定额比较准确的情况下，通常采用材料定额消耗量比例或材料定额成本的比例进行分配，计算公式为：

$$\text{分配率} = \frac{\text{材料实际总消耗量（或实际成本）}}{\text{各种产品材料定额消耗量（或定额成本）之和}}$$

$$\text{某种产品应分配的材料数量（费用）} = \text{该种产品的材料定额消耗量（或定额成本）} \times \text{分配率}$$

例 2-1 领用某种原材料 21 060 千克，单价 20 元/千克，原材料费用合计 421 200 元，生产甲产品 8 000 件，乙产品 6 000 件。甲产品消耗定额 1.2 千克/件，乙产品消耗定额 1.1 千克/件。分配结果为：

$$\text{分配率} = \frac{421\ 200}{8\ 000 \times 1.2 + 6\ 000 \times 1.1} = \frac{421\ 200}{9\ 600 + 6\ 600} = 26(\text{元/千克})$$

应分配的材料费用：

甲产品：8 000×26×1.2＝249 600（元）

乙产品：6 000×26×1.1＝171 600（元）

合计：421 200 元

原料及主要材料费用除按以上方法分配外，还可以采用其他合理的方法分配。例如，不同规格的同类产品，如果产品的结构大小相近，也可以按产量或重量比例分配。具体的计算可以比照例2－1进行。

辅助材料费用计入产品成本的方法，与原材料及主要材料基本相同。凡用于产品生产、能够直接计入产品成本的辅助材料，如专用包装材料等，其费用应根据领料凭证直接计入，但在很多情况下，辅助材料是由几种产品共同耗用的，这就要求采用间接分配的方法。

上述耗用的基本生产产品的材料费用，应记入"生产成本"科目及其所属明细账的借方，在明细账中还要按"直接材料""燃料和动力"科目分别反映。此外，用于辅助生产的材料费用、用于生产车间和行政管理部门为管理和组织生产所发生的材料费用，应分别记入"生产成本——辅助生产成本""制造费用""管理费用"等科目及其明细账的借方；至于用于非生产用的材料费用，则应记入其他有关科目。

2）材料费用分配表的编制

在实际工作中，材料费用的分配一般是通过"材料费用分配表"进行的。这种分配表应该按照材料的用途和材料类别，根据归类后的领料凭证编制。其格式内容举例见表2－1。

表2－1 材料费用分配表

应借科目			共同耗用原材料的分配					直接领用的原材料/元	耗用原材料总额/元
总账及二级科目	明细科目	成本或费用项目	产量/件	单位消耗定额/千克	定额消耗用量/千克	分配率	应分配材料费/元		
生产成本——基本生产成本	甲产品	直接材料	8 000	1.2	9 600		249 600	300 400	550 000
	乙产品	直接材料	6 000	1.1	6 600		171 600	128 400	300 000
	小计				16 200	26	421 200	428 800	850 000
生产成本——辅助生产成本	供电车间	直接材料						12 000	12 000
	锅炉车间	直接材料						16 000	16 000
	小计							28 000	28 000
制造费用	基本车间	机务料消耗						25 000	25 000
管理费用		其他						27 000	27 000
合计							421 200	508 800	930 000

根据"材料费用分配表"分配材料费用记入有关科目,其会计分录如下:

借:生产成本——基本生产成本　　　　　　　　　　　　850 000
　　　　　　——辅助生产成本　　　　　　　　　　　　 28 000
　　制造费用——基本车间　　　　　　　　　　　　　　 25 000
　　管理费用　　　　　　　　　　　　　　　　　　　　 27 000
　　贷:原材料　　　　　　　　　　　　　　　　　　　　　　　　930 000

2. 职工薪酬的归集和分配

职工薪酬,包括企业为职工在职期间和离职后提供的全部货币性薪酬和非货币性薪酬。企业提供给职工配偶、子女或其他被赡养人的福利等,也属于职工薪酬。职工薪酬的分配要划清计入产品成本与期间费用和不计入产品成本与期间费用的职工薪酬的界限。例如,有些职工薪酬应计入固定资产或无形资产成本,有些薪酬应计入销售费用和管理费用。应计入产品成本的职工薪酬,应按成本项目归集:凡属于生产车间直接从事产品生产人员的职工薪酬,记入产品成本的"直接人工费"项目;企业各生产车间为组织和管理生产所发生的管理人员的职工薪酬,记入产品成本的"制造费用"项目;企业各生产车间为组织和管理生产所发生的管理人员的职工薪酬,记入产品成本的"制造费用"项目;企业行政管理人员的职工薪酬,作为期间费用列入"管理费用"科目。

为方便阐述,以下"职工工资"与"职工薪酬"如无特别说明,不作严格区分,视为基本含义相同,均指人工费用。

1) 直接从事产品生产人员的职工工资费用计入产品成本的方法

由于工资制度的不同,生产工人工资费用计入产品成本的方法也不同。在计件工资制下,生产工人工资费用通常是根据产量凭证计算工资费用并直接计入产品成本;在计时工资制下,如果只生产一种产品,生产人员工资费用属于直接费用,可直接计入该种产品成本;如果生产多种产品,这就要求采用一定的分配方法在各种产品之间进行分配。工资费用的分配,通常采用按产品实用工时比例分配的方法。其计算公式如下:

分配率＝某种产品应分配的工资费用＝该种产品实用工时×分配率

按产品生产实用人工工时比例分配工资费用时,需要注意从人工工时上划清应计入与不应计入产品成本的工资费用界限。例如,生产工人若为安装固定资产提供了服务,那么这部分人工工时应该划分出来,所分配的费用应计入固定资产的成本,不应计入产品成本。

按照规定工资总额的一定比例从产品成本中计提的职工福利、社会保险、工会经费和职工教育经费,与工资费用一起分配。

2) 工资费用分配表的编制

为了按工资的用途和发生地点归集并分配工资及其他职工薪酬,月末应根据工资结算单和有关的生产工时记录,分别编制各生产部门"工资费用分配表",然后汇总编制"工资及其他职工薪酬分配汇总表"。该表的格式及内容如表2-2所示。

表 2-2 工资及其他职工薪酬分配汇总表   单位：元

应借科目		工资				其他职工薪酬	职工薪酬合计
总账及二级科目	明细科目	分配标准（工时）	直接生产人员（0.5）	管理人员工资	工资合计		
生产成本——基本生产成本	甲产品	56 000	28 000		28 000	3 920.00	31 920.00
	乙产品	32 000	16 000		16 000	2 240.00	18 240.00
	小计	88 000	44 000		44 000	6 160.00	50 160.00
生产成本——辅助生产成本	供电车间		17 520		17 520	2 452.80	19 972.80
	锅炉车间		12 000		12 000	1 680.00	13 680.00
	小计		29 520		29 520	4 132.80	33 652.80
制造费用	基本车间			600	600	84.00	684.00
	供电车间			350	350	49.00	399.00
	锅炉车间			320	320	44.80	364.80
小计				1 270	1 270	177.80	1 447.80
管理费用				3 600	3 600	504.00	4 104.00
合计					78 390	10 974.60	89 364.60

例 2-2 根据上表即可登记总账和有关的明细账，其会计分录如下：

工资费用：

借：生产成本——基本生产成本　　　　　　　　　　　　50 160
　　　　　　——辅助生产成本　　　　　　　　　　　　33 652.8
　　制造费用——基本车间　　　　　　　　　　　　　　684
　　　　　　——供电车间　　　　　　　　　　　　　　399
　　　　　　——锅炉车间　　　　　　　　　　　　　　364.8
　　管理费用　　　　　　　　　　　　　　　　　　　　4 104
　　贷：应付职工薪酬　　　　　　　　　　　　　　　　　　　89 364.6

3. 外购动力费的归集和分配

企业发生的外购动力（如电力、蒸汽），有的直接用于产品生产，有的用于照明、取暖等其他用途。

支付外购动力费用，一般通过"应付账款"账户核算。在实际工作中，每月下旬支付动力费用时，按实际支付数借记"应付账款"账户，贷记"银行存款"账户，作为暂时动力费用处理。月末分配计算全月的应付动力费时，再作借记"基本生产成本"等账户，贷记"应付账款"账户，分配后如"应付账款"账户是借方余额，表示当月支付数大于应付数的多付动力费，如"应付账款"账户是贷方余额，则表示当月应付数大于支付数的应付未付的动力费。这样，每月只需分配、登记一次外购动力费用，简化了支付日到月末之间的扣除已付和应付未付的核算工作。

动力费用应按用途和使用部门分配,也可以按仪表记录、生产工时、定额消耗量比例进行分配。分配时,可编制"动力费用分配表",据以进行明细核算和总分类核算。直接用于产品生产的动力费用,列入"燃料和动力费用"成本项目,记入"生产成本"科目及其明细账;属于照明、取暖等用途的动力费用,则按其使用部门分别记入"制造费用""管理费用"等科目。

4. 制造费用的归集和分配

制造费用是指工业企业为生产产品或提供劳务而发生的、应该计入产品成本但没有专设成本项目的各项生产费用。它包括三部分内容:间接生产费用,这是制造费用的主要组成部分,如机物料消耗、辅助工人工资、车间或分厂的房屋及建筑物的折旧费、修理费、租赁费和保险费等;没有专设成本项目的直接生产费用,如机器设备的折旧费、修理费、租赁费和保险费、生产工具的摊销费、设计制图费等;车间或分厂用于组织和管理生产的费用,如车间管理人员工资、车间管理用的照明费、水费、取暖费、差旅费和办公费等。如果企业的组织机构分为车间、分厂和总厂等若干层次,由于分厂也作为生产单位,其组织和管理生产的费用也应并入制造费用核算。

企业发生的各项制造费用,是按其用途和发生地点通过"制造费用"科目进行归集和分配的。根据管理的需要,"制造费用"科目可以按生产车间开设明细账,账内按照费用项目开设专栏,进行明细核算。费用发生时,根据支出凭证借记"制造费用"科目及其所属有关明细账,但材料、工资、折旧及待摊和预提费用等,要在月末时根据汇总编制的各种费用分配表记入;材料、产品等存货的盘盈、盘亏数,则应根据盘点报告表登记,归集在"制造费用"科目借方的各项费用,月末时应全部分配转入"生产成本"科目,计入产品成本,"制造费用"科目一般月末没有余额。

在生产一种产品的车间中,制造费用可直接计入其产品成本;在生产多种产品的车间中就要采用既合理又简便的分配方法,将制造费用分配计入各种产品成本。制造费用分配计入产品成本的方法,常用的有按生产工时、定额工时、机器工时、直接人工费等比例分配的方法。

在具有产品实用工时统计资料的车间里,可按生产工时的比例分配制造费用,如果企业没有实用工时统计资料,而有比较准确的产品工时定额,也可采用按产品定额工时的比例进行分配,在机械化程度较高的车间中,制造费用也可按机器工时比例分配。其计算公式为:

$$制造费用分配率 = \frac{制造费用总额}{各种产品实用(定额、机器)工时之和}$$

$$某产品应负担的制造费用 = 该种产品实用工时数 \times 分配率$$

会计分录如下:

借：生产成本
　　贷：制造费用

制造费用的大部分支出，属于产品生产的间接费用，因而不能按照产品制定定额，而只能按照车间、部门和费用项目编制制造费用计划加以控制，通过制造费用的归集和分配，反映和监督各项费用计划的执行情况，并将其正确及时地计入产品成本。

例 2-3 假设某基本生产车间甲产品生产工时为 56 000 小时，乙产品生产工时为 32 000 小时，本月发生制造费用 360 800 元。要求在甲、乙产品之间分配制造费用，并编制会计分录。

$$制造费用分配率 = \frac{360\ 800}{56\ 000 + 32\ 000} = 4.1(元/小时)$$

甲产品制造费用 = 56 000 × 4.1 = 229 600(元)

乙产品制造费用 = 32 000 × 4.1 = 131 200(元)

按生产工时比例法编制制造费用分配表，见表 2-3。

表 2-3　制造费用分配表

借方科目	生产工时	分配金额（分配率4.1）
生产成本——基本生产成本		
——甲产品	56 000	229 600
——乙产品	32 000	131 200
合计	88 000	360 800

借：生产成本——基本生产成本（甲产品）　　229 600
　　　　　　　　　　　　　　　　　（乙产品）　　131 200
　　贷：制造费用　　　　　　　　　　　　　　　　360 800

通过以上各种费用的分配和归集，应计入本月产品成本的各种产品的费用都已记入"生产成本——基本生产成本"科目的借方，并已在各种产品之间划分清楚，而且按成本项目分别登记在各自的产品成本计算单（基本生产成本明细账）中了。

5. 辅助生产费用的归集和分配

辅助生产是指为基本生产车间、行政管理部门等单位服务而进行的产品生产和劳务供应。这些为基本生产车间、行政管理部门提供产品和劳务的部门称为辅助生产车间。辅助生产车间在提供产品或劳务过程中发生的各项耗费称为辅助生产费用。

辅助生产产品或劳务成本的高低，影响企业制造成本的水平。及时地组织辅助生产费用的归集与分配，对节约费用、降低产品制造成本都有积极的作用。为正确反映各部门耗用辅助生产产品或劳务的情况，就必须将辅助生产费用在各受益单位之间进行合理分配。

(1) 辅助生产费用的归集。

企业的辅助生产，主要是为基本生产服务的。有的只生产一种产品或提供一种劳务，如供电、供气、运输等辅助生产；有的则生产多种产品或提供多种劳务，如从事工具、模型、备件的制造及机器设备的修理等辅助生产。辅助生产提供的产品和劳务，有时也对外销售，但这不是辅助生产的主要目的。

辅助生产费用的归集和分配与基本生产费用归集的程序相类似，是通过"生产成本——辅助生产成本"科目进行的。该科目应按车间和产品品种设置明细账，进行明细核算，辅助生产发生的直接材料、直接人工费用，分别根据"材料费用分配表""工资及福利费用分配汇总表"和有关凭证，记入该科目及其明细账的借方；辅助生产发生的间接费用，应先记入"制造费用"科目的借方进行归集，然后再从该科目的贷方直接转入或分配转入"生产成本——辅助生产成本"科目及其明细账的借方；辅助生产车间完工的产品或劳务成本，应从"生产成本——辅助生产成本"科目及其明细账的贷方转出。"生产成本——辅助生产成本"科目的借方余额表示辅助生产的在产品成本。

(2) 辅助生产费用的分配。

归集在"生产成本——辅助生产成本"科目及其明细账借方的辅助生产费用，由于所生产的产品和提供的劳务不同，其所发生的费用分配转出的程序方法也不一样。制造工具、模型、备件等产品所发生的费用，应计入完工工具、模型、备件等产品的成本，完工时作为自制工具或材料入库，从"生产成本——辅助生产成本"科目及其明细账的贷方转入"低值易耗品"或"原材料"科目的借方；领用时，按其用途和使用部门，一次或分期摊入成本。提供水、电、气和运输、修理等劳务所发生的辅助生产费用，多按受益单位耗用的劳务数量在各单位之间进行分配，分配时借记"制造费用"或"管理费用"等科目，贷记"生产成本——辅助生产成本"科目及其明细账。在结算辅助生产明细账之前，还应将各辅助车间的制造费用分配转入各辅助生产明细账，归集辅助生产成本。

辅助生产提供的产品和劳务，主要是为基本生产车间和管理部门使用和服务的。但在某些辅助生产车间之间也有相互提供产品和劳务的情况。例如，锅炉车间为供电车间供气取暖，供电车间也为锅炉车间提供电力。这样，为了计算供气成本，就要确定供电成本；为了计算供电成本，又要确定供气成本。这里就存在一个辅助生产费用在各辅助生产车间交互分配的问题。辅助生产费用的分配通常采用直接分配法、交互分配法和计划成本分配法等。

1) 直接分配法

直接分配法是指各辅助生产车间发生的费用，直接分配给辅助生产以外的各受益单位，而辅助生产车间之间相互提供的产品和劳务不相互分配费用的一种方法。采用直接分配法，不考虑辅助生产内部相互提供的劳务量，即不经过辅助生产费用的交互分配，直接将各辅助生产车间发生的费用分配给辅助生产以外的各受益单位或产品。分配计算公式为：

$$\text{辅助生产的单位成本} = \frac{\text{辅助生产费用总额}}{\text{辅助生产的产品或劳务总量(不包括对辅助生产车间提供的产品或劳务量)}}$$

例 2-4 某企业有锅炉和供电两个辅助生产车间,这两个车间的辅助生产明细账所归集的费用分别是:供电车间 890 000 元,锅炉车间 210 000 元;供电车间为生产甲乙产品,各车间管理部门和企业行政管理部门提供 362 000 kW·h 电,其中锅炉车间耗电 6 000 kW·h;锅炉车间为生产甲乙产品,各车间及企业行政管理部门提供 5 370 吨蒸汽,其中供电车间耗用 120 吨。采用直接分配法分配此项费用,并编制"辅助生产费用分配表"(见表 2-4)。

表 2-4 辅助生产费用分配表(直接分配法)
201×年 5 月

借方科目		生产成本——基本生产成本			制造费用（基本车间）	管理费用	合计
		甲产品	乙产品	小计			
供电车间	耗用量/度	220 000	130 000	350 000	4 200	1 800	356 000
	分配率/(元/kW·h)						(890 000÷356 000) 2.5
	金额/元	550 000	325 000	875 000	10 500	4 500	890 000
锅炉车间	耗用量/吨	3 000	2 200	5 200	30	20	5 250
	分配率/(元/吨)						(210 000÷5 250) 40
	金额/元	120 000	88 000	208 000	1 200	800	210 000
金额合计		670 000	413 000	1 083 000	11 700	5 300	1 100 000

根据辅助生产费用分配表编制会计分录,将锅炉车间及供电车间的费用分配记入有关科目及所属明细账。

借:生产成本——基本生产成本(甲产品)　　670 000
　　生产成本——基本生产成本(乙产品)　　413 000
　　制造费用——基本车间　　　　　　　　 11 700
　　管理费用　　　　　　　　　　　　　　　5 300
　贷:生产成本——辅助生产成本(供电车间)　890 000
　　　生产成本——辅助生产成本(锅炉车间)　210 000

2) 交互分配法

交互分配法是指企业各辅助生产车间之间有相互服务的情况下,先将各辅助生产车间之间发生的费用进行一次交互分配,然后再进行一次直接的追加分配的一种辅助生产费用分配方法。在这一分配方法下,先将各辅助生产车间直接发生的费用,按照提供服务数量的比例,分配给所有受益的基本生产车间、管理部门及辅助生产车间,各辅助生产车间为本车间服务的,亦得同样分配。经过分配后,各辅助生产车间直接发生的费用虽然已全数分配出去,但同时又接受了其他辅助生产车间及本车间分配来的成本,所以还要将各该辅助生产车间接受分配的成本合计数,分别追加分配于各有关基本生产车间和管理部门,但不再分配给各有关辅助生产车间。一次交互分配法在一定程度上反映了各辅助生产车间之间的相互服务关系。

采用交互分配法,需要进行两次分配。首先,根据各辅助生产车间相互提供劳务的数量和交互分配前的单位成本(费用分配率),在各辅助生产车间进行一次交互分配;然后,将各辅助生产车间交互分配的实际费用(即交互分配前的费用加上交互分配转入的费用,减去交互分配转出的费用),再按提供劳务的数量和交互分配后的单位成本(费用分配率),在辅助生产车间以外的各受益单位进行分配。

采用交互分配法,由于辅助生产内部相互提供劳务全部进行了交互分配,因而提高了分配结果的正确性;但由于各种辅助生产费用要计算两个费用分配率(单位成本),进行两次分配,因而增加了核算工作量;由于交互分配的费用分配率,是根据交互分配前的待分配费用计算的,所以据此计算的分配结果仍不十分准确。在各月辅助生产费用水平相差不大的情况下,为了简化计算工作,可以用上月的辅助生产费用分配率作为交互分配的分配率。具体操作如下。

(1) 将已归集的辅助生产费用在辅助生产车间内部进行交互分配。

计算分配前的费用分配率,计算公式为:

$$交互分配前费用分配率 = \frac{该辅助生产车间的生产费用}{该辅助生产车间提供产品或劳务的总数量}$$

进行交互分配,计算公式为:

交互分配转出费用 = 本车间交互分配前费用分配率 ×
　　　　　　　　　　本车间为其他辅助生产车间提供产品或劳务的总数量

交互分配转入费用 = 其他辅助生产车间交互分配前费用分配率 ×
　　　　　　　　　　其他辅助生产车间供应本车间的产品或劳务的总数量

(2) 直接对外分配费用。

计算交互分配后的实际费用,计算公式为:

交互分配后的实际费用 = 交互分配前的费用 + 交互分配转入费用 −
　　　　　　　　　　　交互分配转出费用

计算交互分配费用分配率,计算公式为:

$$交互分配后费用分配率 = \frac{交互分配后的实际费用}{为辅助生产车间以外的受益单位提供产品或劳务的总数量}$$

将交互分配后的实际费用分配给其他各受益单位,计算公式为:

辅助生产车间以外各受益单位应负担的费用＝交互分配后的费用分配率×
各受益单位受益劳务的总数量

下面举例说明交互分配法的核算过程。

例2-5 某企业设有供电和锅炉两个辅助生产车间,两个车间的辅助生产明细账所归集的费用分别是：供电车间89 000元,锅炉车间21 000元；供电车间为生产甲乙产品、各车间管理部门和企业行政管理部门提供362 000kW·h电,其中锅炉车间耗电6 000kW·h；锅炉车间为生产甲乙产品、各车间及企业行政管理部门提供5 370吨热力蒸汽,其中供电车间耗用120吨。采用交互分配辅助生产费用,并编制"辅助生产费用分配表",如表2-5所示。

表2-5 辅助生产费用分配表（交互分配法）

201×年5月　　　　　　　　　　　　　　　　　　　　　　　　　　　单位：元

借方科目		生产成本——基本生产成本			制造费用（基本车间）	管理费用	合计
		甲产品	乙产品	小计			
供电车间	耗用量（kW·h）	220 000	130 000	350 000	4 200	1 800	356 000
	分配率						0.25
	金额	55 000	32 500	87 500	1 050	450	89 000
锅炉车间	耗用量（吨）	3 000	2 200	5 200	30	20	5 250
	分配率						4
	金额	12 000	8 800	20 800	120	80	21 000
金额合计		67 000	41 300	108 300	1 170	530	110 000

根据表2-5,将锅炉车间及供电车间的费用分配记入有关科目及所属明细账,其会计分录如下：

```
借：生产成本——基本生产成本（甲产品）        67 000
                    （乙产品）              41 300
    制造费用——基本生产车间                  1 170
    管理费用                                   530
  贷：生产成本——辅助生产成本（供电车间）    89 000
                    （锅炉车间）              21 000
```

在各辅助生产费用只是对外分配的情况下,采用直接分配法的计算工作简便。当辅助生产车间相互提供产品或劳务量差异较大时,如果使用直接分配法,其分配结果往往与实际不符。因此,直接分配法只适宜在辅助生产内部相互提供产品或劳务不多、不进行费用的交互分配,对辅助生产成本和产品制造成本影响不大的情况下采用。

交互分配法考虑了辅助生产车间相互之间提供劳务而发生的费用结转情况，计算结果较为准确，而且便于考核各辅助生产车间的耗费水平，因此这种方法在企业中得到广泛运用。但采用这种方法计算过程较为复杂，在实际工作中，对于辅助生产车间的费用进行交互分配，可直接在明细账中登记，而不需要编制会计分录。

3）计划成本分配法

采用这种分配方法，辅助生产为各受益单位（包括受益的其他辅助生产车间、部门在内）提供的劳务，都按劳务的计划单位成本进行分配；辅助生产车间实际发生的费用（包括辅助生产车间内部交互分配转出的费用在内）与按计划单位成本分配转出的费用之间的差异，可以再分配给辅助生产车间以外各受益单位负担，但为了简化计算工作，一般全计入管理费用。

例 2-6 某企业有供电、机修两个辅助生产车间，本月供电车间直接费用 64 000 元，计划单位成本 0.10 元/kW·h；机修车间直接费用 100 000 元，计划单位成本 0.52 元/工时，两车间提供的产品、劳务如表 2-6 所示。要求：按计划成本法分配辅助生产费用。

表 2-6 某企业两车间提供的产品与劳务

受益单位	供电 kW·h	修理工时
供电车间		20 000
机修车间	100 000	
基本生产车间甲产品	260 000	
基本生产车间乙产品	200 000	
基本生产车间制造费用	160 000	150 000
全部管理费用	80 000	30 000
合 计	800 000	200 000

根据以上资料，编制辅助生产费用分配表见表 2-7。

表 2-7 辅助生产费用分配表

摘要		供电车间		机修车间		合计/元
		数量/kW·h	金额/元	数量/工时	金额/元	
提供产品和劳务数量计划单位成本		800 000	0.10	200 000	0.52	
供电车间				20 000	10 400	
机修车间		100 000	10 000			
生产成本——基本生产成本	甲产品	260 000	26 000			26 000
	乙产品	200 000	20 000			20 000
制造费用		160 000	16 000	150 000	78 000	94 000
管理费用		80 000	8 000	30 000	15 600	23 600

续表

摘要	供电车间		机修车间		合计/元
	数量/kW·h	金额/元	数量/工时	金额/元	
按计划成本分配合计		80 000		104 000	184 000
原待分配费用		64 000		100 000	164 000
分配转入费用		10 400		10 000	20 400
实际费用合计		74 400		110 000	184 400
实际费用与计划费用差异额		−5 600		6 000	400

账务处理如下：

借：生产成本——辅助生产成本（供电车间）　　　　10 400
　　生产成本——辅助生产成本（机修车间）　　　　10 000
　　生产成本——基本生产成本（甲产品）　　　　　26 000
　　生产成本——基本生产成本（乙产品）　　　　　20 000
　　制造费用　　　　　　　　　　　　　　　　　　94 000
　　管理费用　　　　　　　　　　　　　　　　　　23 600
　贷：生产成本——辅助生产成本（供电车间）　　　　　　80 000
　　　生产成本——辅助生产成本（机修车间）　　　　　　104 000
借：管理费用　　　　　　　　　　　　　　　　　　400
　　生产成本——辅助生产成本（供电车间）　　　　5 600
　贷：生产成本——辅助生产成本（机修车间）　　　　　　6 000

采用计划成本分配法，各种辅助生产费用只分配一次，且劳务的计划单位成本已事先确定，因而简化和加速了计算分配工作；通过辅助生产成本节约或超支数额的计算，还能反映和考核辅助生产成本计划的执行情况。此外，按照计划单位成本分配，排除了辅助生产实际费用的高低对各受益单位成本费用的影响，便于考核和分析各受益单位的经济责任。但是采用这种方法，必须具备比较准确的计划成本资料。

2.2.2　完工产品和在产品的成本分配

通过上述各项费用的归集和分配，基本生产车间在生产过程中发生的各项费用，已经集中反映在"生产成本——基本生产成本"科目及其明细账的借方，这些费用都是本月发生的产品的费用，并不是本月完工产成品的成本，要计算出本月产成品成本，还要将本月发生的生产费用，加上月初在产品成本，然后再将其在本月完工产品和月末在产品之间进行分配，以求得本月产成品成本。

本月发生的生产费用和月初、月末在产品及本月完工产成品成本 4 项费用的关系可用公式表示为：

月初在产品成本＋本月发生生产费用＝本月完工产品成本＋月末在产品成本

或　　月初在产品成本＋本月发生生产费－月末在产品成本＝本月完工产品成本

由于公式中前两项是已知数，所以在完工产品与月末在产品之间分配费用的方法有两类：一是将前两项之和按一定比例在后两项之间进行分配，从而求得完工产品与月末在产品的成本；二是先确定月末在产品成本，再计算求得完工产品的成本，但无论采用哪一类方法，都必须取得在产品数量的核算资料。

1. 在产品收发结存的核算

企业的在产品是指没有完成全部生产过程、不能作为商品销售的在产品，包括正在车间加工中的在产品和已经完成一个或几个生产步骤，但还需继续加工的半成品两部分。对外销售的自制半成品，属于商品产品，验收入库后不应列入在产品之内。以上在产品的含义，是从广义的或者就整个企业来说的在产品。从狭义的或者就某一车间或某一生产步骤来说，在产品只包括该车间或该生产步骤正在加工中的那部分在产品，车间或生产步骤完工的半成品不包括在内。

在产品结存的数量，同其他材料物资结存的数量一样，应同时具备账面核算资料和实际盘点资料。企业一方面要做好在产品收发结存的日常核算工作，另一方面要做好在产品的清查工作。做好这两项工作，既可以从账面上随时掌握在产品的动态，又可以清查在产品的实际数量。这不仅对正确计算产品成本、加强生产资金管理及保护财产有着重要意义，而且对保证账实相符有重要意义。

车间在产品收发结存的日常核算，通常是通过在产品收发结存账进行的。在实际工作中，这种账簿也叫在产品台账，应分车间并且按照产品的品种和在产品名称（如零部件的名称）设立，以便用来反映车间各种在产品的转入、转出和结存的数量。各车间应认真做好在产品的计量、验收和交接工作，并在此基础上根据领料凭证、在产品内部转移凭证、产成品检验凭证和产品交库凭证，及时登记在产品收发结存账。该账簿由车间核算人员登记。

为了核实在产品的数量，保证在产品的安全完整，企业必须认真做好在产品的清查工作。在产品应定期进行清查，也可以不定期轮流清查。有的车间没有建立在产品的日常收发核算，则每月末都必须清查一次在产品，以便取得在产品的实际盘存资料。清查后，应根据盘点结果和账面资料编制在产品盘点表，填明在产品的账面数、实存数和盘存盈亏数，以及盈亏的原因和处理意见。对于报废和毁损的在产品，还要登记残值。

在产品发生盘盈时，应按盘盈在产品的成本（一般按计划成本计价）借记"生产成本"科目，并记入相应的生产成本明细账各成本项目，贷记"待处理财产损溢"科目。经过审批进行处理时，则借记"待处理财产损溢"科目，贷记"管理费用"等科目。

在产品发生盘亏和毁损时，应借记"待处理财产损溢"科目，贷记"生产成本"科目，并从相应的产品成本明细账各成本项目中转出，冲减在产品成本。毁损在产品的残值，应借记"原材料"科目，贷记"待处理财产损溢"科目，冲减损失。经过审批进行处理时，应根据不同的情况分别将损失从"待处理财产损溢"科目的贷方转入"管理费用""其他应收款""营业外支出"等有关科目的借方。

如果在产品的盘亏是由于没有办理领料或交接手续，或者由于某种产品的零件为另一种产品挪用，则应补办手续，及时转账更正。

2. 完工产品与在产品的成本分配方法

生产成本在完工产品与在产品之间的分配，在成本计算工作中是一个重要而又比较复杂的问题。企业应当根据在产品数量的多少、各月在产品数量变化的大小、各项费用比重的大小及定额管理基础的好坏等具体条件，选择既合理又简便的分配方法。常用的方法有以下 6 种。

(1) 不计算在产品成本（即在产品成本为零）法。

不计算在产品成本法，是指虽然月末有结存在产品，但月末在产品数量很少，价值很低，并且各月份在产品数量比较稳定，从而可对月末在产品成本忽略不计的一种分配方法。这是因为若月初与月末在产品数量很少，月初在产品成本和月末在产品成本之差就更小。另外，各月份在产品数量相差也不大，算不算各月在产品成本对计算完工产品成本的影响不大。因此，为简化产品成本计算工作，根据重要性原则，可以不计算月末在产品成本，本月生产费用全部视为完工产品成本，将本月各产品发生的生产耗费全部由完工产品负担。例如，自来水生产企业、采掘企业就可采用该方法。

(2) 月末在产品成本按年初数固定计算。

按年初数固定计算在产品成本法，是对各月在产品按年初在产品成本计价的一种方法。这种方法适用于各月月末在产品结存数量较少，或者虽然在产品结存数量较多，但各月月末在产品数量稳定、起伏不大的产品。采用这种方法是因为月初、月末在产品成本的差额不大，算不算各月在产品成本，对计算完工产品成本的影响不大，基于简化核算的考虑，同时为了反映在产品占用的资金，各月在产品成本按年初数固定计算。采用在产品按年初数固定计算的方法，对于每年年末的在产品，则需要根据实际盘存资料，采用其他方法计算在产品成本，以免在产品以固定不变的成本计价延续时间太长，使在产品成本与实际出入过大而影响产品成本计算的正确性和导致企业存货资产反映失实。例如，炼铁企业和化工企业的产品，由于高炉和化学反应装置的容积固定，在产品数量较稳定，可采用该方法。

(3) 在产品成本按其所耗用的原材料费用计算。

这种方法是在产品成本按所耗用的原材料费用计算，其他费用全部由完工产品成本负担。这种方法适合于原材料费用在在产品成本中所占比重较大，而且原材料是在生产开始时一次就全部投入的情况下使用。为了简化核算工作，月末在产品可以只计算原材料费用，其他费用全部由完工产品负担。

(4) 约当产量法。

约当产量是指月末在产品数量按其完工程度折算为相当于完工产品的数量。例如，在产品10件，平均完工40%，则约当于完工产品4件。按完工产品产量与月末在产品约当产量的比例分配计算完工产品成本与月末在产品成本的方法，称为约当产量法。由于约当产量法只要在正确统计月末在产品结存数量和正确估计月末在产品完工程度的前提下，就可以比较客观简便地划分完工产品与月末在产品的成本，因此约当产量法适用范围较广，特别适用于月末在产品数量较大，各月末在产品数量变化也较大，产品成本中原材料费用和工资及福利费等加工费用所占的比重相差不多的产品。

这种方法的计算公式为：

$$在产品约当产量＝在产品数量×完工程度$$

$$单位成本＝\frac{月初在产品成本＋本月发生生产费用}{产成品产量＋月末在产品约当产量}$$

$$产成品成本＝单位成本×产成品产量$$

$$月末在产品成本＝单位成本×月末在产品约当产量$$

例2-7 某产品本月完工26件，在产品10件，平均完工程度为40%，发生生产费用共30 000元。则分配结果为：

$$分配率＝\frac{30\ 000}{26＋10×40\%}＝1\ 000(元/件)$$

$$完工产品成本＝26×1\ 000＝26\ 000(元)$$

$$在产品成本＝10×40\%×1\ 000＝4\ 000(元)$$

采用约当产量法的问题在于在产品完工程度的确定比较复杂。一般是根据月末在产品的数量，用技术测定或其他方法计算在产品的完工程度。例如，在具备产品工时定额的条件下，可按每道工序累计单位工时定额除以单位产品工时定额计算求得。因为存在于各工序内部的在产品加工程度不同，有的正在加工之中，有的已加工完毕，有的还尚未加工，为了简化核算，所以在计算各工序内在产品完工程度时，按平均完工50%计算。

例2-8 某产品单位工时定额500小时，经两道工序制成。各工序单位工时定额为：第一道工序200小时，第二道工序300小时。在产品完工程度计算结果为：

第一道工序： $\frac{200×50\%}{500}×100\%＝20\%$

第二道工序： $\frac{200＋300×50\%}{500}×100\%＝70\%$

有了各工序在产品完工程度和各工序在产品盘存数量，即可求得在产品的约当产量。各工序产品的完工程度可事先制定，产品工时定额不变时可长期使用。如果各工序在产品数量和单位工时定额都相差不多，在产品的完工程度也可按50%计算。

应当指出，在很多加工生产中，原材料是在生产开始时一次性投入的。这时，在产品无论完工程度如何,都应和完工产品同样负担材料费用,因而不需计算在产品的约当产量。如果原材料是随着生产过程陆续投入的,则应按照各工序投入的材料费用在全部材料费用中所占的比例计算在产品的约当产量。

例 2-9 假如甲产品本月完工产品产量 600 件,在产品 100 件,完工程度按平均 50% 计算。原材料在开始时一次性投入,其他费用按约当产量比例分配。甲产品本月月初在产品和本月耗用直接材料费用共计 707 000 元,直接人工费用 385 580 元,燃料动力费用 854 750 元,制造费用 292 500 元。

甲产品各项费用的分配计算如下:因为材料是在生产开始时一次性投入,所以按完工产品和在产品的数量作比例分配,不必计算约当产量。

① 直接材料费的计算。

$$完工产品负担的直接材料费 = \frac{707\,000}{600+100} \times 600 = 606\,000(元)$$

$$在产品负担的直接材料费 = \frac{707\,000}{600+100} \times 100 = 101\,000(元)$$

直接人工费用、燃料和动力费、制造费用均按约当产量作比例分配,在产品 100 件折合约当产量 50 件(100×50%)。

② 直接人工费用的计算。

$$完工产品负担的直接人工费用 = \frac{385\,580}{600+50} \times 600 = 355\,920(元)$$

$$在产品负担的直接人工费用 = \frac{385\,580}{600+50} \times 50 = 29\,660(元)$$

③ 燃料和动力费的计算。

$$完工产品负担的燃料和动力费 = \frac{854\,750}{600+50} \times 600 = 789\,000(元)$$

$$在产品负担的燃料和动力费 = \frac{854\,750}{600+50} \times 50 = 65\,750(元)$$

④ 制造费用的计算。

$$完工产品负担的制造费用 = \frac{292\,500}{600+50} \times 600 = 270\,000(元)$$

$$在产品负担的制造费用 = \frac{292\,500}{600+50} \times 50 = 22\,500(元)$$

通过以上按约当产量法分配计算的结果,可以汇总甲产品完工产品成本和在产品成本。

甲产品本月完工产品成本 = 606 000 + 355 920 + 789 000 + 270 000 = 2 020 920(元)

甲产品本月末在产品成本＝101 000＋29 660＋65 750＋22 500＝218 910(元)

根据甲产品完工产品总成本编制完工产品入库的会计分录如下：

借：库存商品　　　　　　　　　　　　　　　　　　　2 020 920
　　贷：生产成本——基本生产成本　　　　　　　　　　　　2 020 920

(5) 在产品成本按定额成本计算。

这种方法是事先经过调查研究、技术测定或按定额资料，对各个加工阶段上的在产品直接确定一个定额单位成本，月终根据在产品数量，分别乘以各项定额单位成本，即可计算出月末在产品的定额成本。将月初在产品成本加上本月发生费用，减去月末在产品的定额成本，即为产成品的总成本。产成品总成本除以产成品产量，即为产成品单位成本。这种方法的计算公式为：

月末在产品成本＝月末在产品数量×在产品定额单位成本

产成品总成本＝(月初在产品成本＋本月发生费用)－月末在产品成本

$$产成品单位成本=\frac{产成品总成本}{产成品产量}$$

例 2-10 某公司 C 产品本月完工产品产量 3 000 个，在产品数量 400 个；在产品单位定额成本为：直接材料费 400 元，直接人工费 100 元，制造费用 150 元。C 产品本月月初在产品和本月耗用直接材料成本共计 1 360 000 元，直接人工成本 640 000 元，制造费用 960 000 元。按定额成本计算在产品成本及完工产品成本。计算结果如表 2-8 所示。

表 2-8　生产成本分配表　　　　　　　　　　　　　　　　　　　单位：元

项目	在产品定额成本	完工产品成本
直接材料费	400×400＝160 000	1 360 000－160 000＝1 200 000
直接人工费	100×400＝40 000	640 000－40 000＝600 000
制造费用	150×400＝60 000	960 000－60 000＝900 000
合计	260 000	2 700 000

根据 C 产品完工产品总成本编制完工产品入库的会计分录如下：

借：库存商品——C 产品　　　　　　　　　　　　　　2 700 000
　　贷：基本生产成本　　　　　　　　　　　　　　　　　2 700 000

(6) 按定额比例分配完工产品和月末在产品成本的方法（定额比例法）。

如果各月末在产品数量变动较大，但制定了比较准确的消耗定额，生产费用可以在完工产品和月末在产品之间用定额消耗量或定额费用作比例分配。通常材料费用按定额消耗量比例分配，而其他费用按定额工时比例分配。

计算公式（以按定额成本比例分配为例）为：

$$\text{材料费用分配率} = \frac{\text{月初在产品实际材料成本} + \text{本月投入的实际材料成本}}{\text{完工产品定额材料成本} + \text{月末在产品定额材料成本}}$$

完工产品应分配的材料成本＝完工产品定额材料成本×材料费用分配率

月末在产品应分配的材料成本＝月末在产品定额材料成本×材料费用分配率

$$\text{工资费用分配率} = \frac{\text{月初在产品实际工资（费用）} + \text{本月投入的实际工资（费用）}}{\text{完工产品定额工时} + \text{月末在产品定额工时}}$$

完工产品应分配的工资（费用）＝完工产品定额工时×工资（费用）分配率

月末在产品应分配的工资（费用）＝月末在产品定额工时×工资（费用）分配率

完工产品应分配的材料成本＝完工产品定额材料成本×材料费用分配率

企业的完工产品包括产成品、自制材料及自制工具、模型等低值易耗品，以及为在建工程生产的专用设备和提供的修理劳务等。本月完工产品的成本应从"生产成本"科目的贷方转入有关科目，其中：完工入库的产成品的成本，转入"产成品"科目的借方；完工自制材料、工具、模型等的成本，转入"原材料"等科目的借方；为企业在建工程提供的劳务费用，月末不论是否完工，都应将其实际成本转入"在建工程"科目的借方。"生产成本——基本生产成本"科目月末余额，就是基本生产车间在产品的成本。

例 2-11 某公司 D 产品本月完工产品产量 300 个，在产品数量 40 个；单位产品消耗定额为：材料 400 千克/个、100 小时/个。单位在产品材料定额 400 千克，工时定额 50 小时。有关成本资料如表 2-9 所示。要求按定额比例法计算在产品成本及完工产品成本。

表 2-9　生产成本分配表　　　　　　　　　　　　　　　　单位：元

项目	直接材料费	直接人工费	制造费用	合计
期初在产品成本	400 000	40 000	60 000	500 000
本期发生成本	960 000	600 000	900 000	2 460 000
合计	1 360 000	640 000	960 000	2 960 000

（1）按完工产品定额与在产品定额各占总定额的比例分配成本：

完工产品直接材料定额消耗＝400×300＝120 000（千克）

完工产品直接人工定额消耗＝100×300＝30 000（小时）

完工产品制造费用定额消耗＝100×300＝30 000（小时）

在产品直接材料定额消耗＝400×40＝16 000（千克）

在产品直接人工定额消耗＝50×40＝2 000（小时）

在产品制造费用定额消耗＝50×40＝2 000（小时）

（2）计算定额比例：

在产品直接材料定额消耗比例＝[16 000/(120 000＋16 000)]×100%≈11.76%

在产品直接人工定额消耗比例=[2 000/(30 000+2 000)]×100%≈6.25%
在产品制造费用定额消耗比例=[2 000/(30 000+2 000)]×100%≈6.25%
完工产品直接材料定额消耗比例=[120 000/(120 000+16 000)]×100%≈88.24%
完工产品直接人工定额消耗比例=[30 000/(30 000+2 000)]×100%≈93.75%
完工产品直接材料定额消耗比例=[30 000/(30 000+2 000)]×100%≈93.75%

（3）分配成本：

完工产品应负担的直接材料成本=1 360 000×88.24%=1 200 064(元)
在产品应负担的直接材料成本=1 360 000×11.76%=159 936(元)
完工产品应负担的直接人工成本=640 000×93.75%=600 000(元)
在产品应负担的直接人工成本=640 000×6.25%=40 000(元)
完工产品应负担的制造费用=960 000×93.75%=900 000(元)
在产品应负担的制造费用=960 000×6.25%=60 000(元)

通过以上按定额比例法分配计算的结果，可以汇总 D 产品完工产品成本和在产品成本。

D 产品本月完工产品成本=1 200 064+600 000+900 000=2 700 064(元)
D 产品本月在产品成本=159 936+40 000+60 000=259 936(元)

根据 D 产品完工产品总成本编制完工产品入库的会计分录如下：

借：库存商品——D 产品　　　　　　　　　　　2 700 064
　　贷：基本生产成本　　　　　　　　　　　　　　　　2 700 064

2.2.3 联产品和副产品的成本分配

1. 联产品加工成本的分配

联产品是指使用同种原料、经过同一生产过程同时生产出来的两种或两种以上的主要产品。如炼油厂，通常是投入原油后，经过某个加工过程，可以生产出汽油、轻柴油、重柴油和气体 4 种联产品。

在分离点以前发生的成本，称为联合成本。分离点是指在联产品生产中投入相同原料，经过同一生产过程分离为各种联产品的时点。分离后的联产品，有的可以直接销售，有的还需进一步加工才可供销售。

联产品成本的计算，通常分为两个阶段进行。

① 联产品分离前发生的生产费用即联合成本，可按一个成本核算对象设置一个成本明细账进行归集，然后将其总额按一定分配方法（如售价法、实物数量法等）在各联产品之间进行分配。

② 分离后按各种产品分别设置明细账，归集其分离后所发生的加工成本。

（1）售价法。

在售价法下，联合成本是以分离点上每种产品的销售价格为比例进行分配的。采用这种方法，要求每种产品在分离点时的销售价格能够可靠地计量。如果联产品在分离点上即可供销售，则可采用销售价格进行分配；如果这些产品尚需进一步加工后才可供销售，则要对分离点上的销售价格进行估计。此外，也可采用可变现净值进行分配。

例 2-12 某公司生产联产品 A 和 B，1 月份发生加工成本 400 万元。A 和 B 在分离点上的销售价格总额为 3 000 万元，其中 A 产品的销售价格总额为 1 800 万元，B 产品的销售价格总额为 1 200 万元，采用售价法分配联合成本为：

$$A 产品成本 = \frac{1\,800}{3\,000} \times 400 = 240（万元）$$

$$B 产品成本 = \frac{1\,200}{3\,000} \times 400 = 160（万元）$$

（2）实物数量法。

采用实物数量法时，联合成本是以产品的实物数量为基础分配的。这里的"实物数量"可以是数量、重量。实物数量法通常适用于所生产的产品的价格很不稳定或无法直接确定。

$$单位数量（或重量）成本 = \frac{联合成本}{各联产品的总数量（或总重量）}$$

例 2-13 资料同例 2-12，假定 A 产品为 560 件，B 产品为 440 件。采用实物数量法分配联合成本为：

$$A 产品成本 = \frac{400}{560+440} \times 560 = 224（万元）$$

$$B 产品成本 = \frac{400}{560+440} \times 440 = 176（万元）$$

（3）可实现净值法。

可实现净值法基于产品在分离点的可实现净值将联合成本分配给产品。可实现净值是指各种产品在分离点的估计销售价值。如果联产品可以在分离点销售，那么就应该采用市场价值或销售价格分配；如果产品需要进一步加工才能销售，那么就有必要估计分离点的可实现净值。

例 2-14 假定某企业生产甲、乙两种产品，80 000 元联合生产成本生产出 1 500 千克甲产品和 2 500 千克乙产品。运用可实现净值法分配联合成本，其计算结果如表 2-10 所示。

表 2-10 联合成本分配表

产品	产量/千克	单价/元	销售价值/元	可分成本/元	可实现净值/元	分配率	应负担成本/元	单位成本/元	毛利/元	毛利率/%
甲	1 500	20	30 000	—	30 000	0.9	27 000	18	3 000	10
乙	2 500	33	82 500	12 500	70 000	0.9	63 000	30.20	7 000	8.48
合计	4 000		112 500		100 000		90 000		10 000	

2. 副产品加工成本的分配

副产品是指在同一生产过程中，使用同种原料、在生产主要产品的同时附带生产出来的非主要产品。它的产量取决于主产品的产量，随主产品产量的变动而变动，如甘油是生产肥皂这个主产品时的副产品。由于副产品价值相对较低，而且占全部产品生产中所占的比重较小，因而可以采用简化的方法确定其成本，然后从总成本中扣除，其余额就是主产品的成本。例如，副产品可以按预先规定的固定单价确定成本。在分配主产品和副产品的加工成本时，通常先确定副产品的加工成本，然后确定主产品的加工成本。

2.3 成本计算的基本方法

生产成本归集分配完毕后，应按成本计算对象编制成本计算单，并选择一定的成本计算方法，计算各种产品的总成本和单位成本。企业可以根据生产经营特点、生产经营组织类型和成本管理要求，具体确定成本计算方法。成本计算的基本方法有品种法、分批法和分步法三种。

2.3.1 品种法

成本计算的品种法，是以产品品种作为成本计算对象归集生产费用和计算产品成本的一种方法。品种法是基本方法中最基本的产品成本计算方法。采用这种方法，既不要求按照产品批别计算成本，也不要求按照产品生产步骤计算成本。

品种法主要适用于大量、大批的单步骤生产，如发电、采掘、铸造、供水等生产。在大量、大批的多步骤生产中，如果生产规模较小，管理上不要求分步骤提供产品成本信息，也可采用品种法计算产品成本，如小型水泥厂、糖果厂、玻璃制品厂等企业内的供水、供电、供气等辅助生产车间；为基本生产车间或其他部门的产品和劳务，其成本计算也可以采用品种法。

1. 品种法成本计算的主要特点

（1）以企业最终完工的产品作为成本计算对象。

单步骤生产是生产技术不可间断的生产，不划分生产步骤，只需要计算企业最终完工产品的成本。如果企业只生产一种产品，那么本月发生的各项生产费用可直接记入按产品设置的基本生产成本明细账；如果企业生产多种产品就必须进行生产费用的分配。除了可明确划到某一种产品的直接费用外，生产产品的间接费用都要选择合适的标准分别计入各产品的成本。

（2）成本计算定期按月进行。

由于大量大批的生产总是连续不断地进行，无法在产品制造完工时，立即计算其生产成本，所以成本计算一般按月进行，以日历月份确定的会计报告期作为成本计算期，即成本计算期与会计报告期一致。

(3) 区分不同情况处理在产品成本。

在单步骤生产企业，产品的生产周期较短，在会计期末一般没有在产品，或在产品数量比较少而且稳定，可以不计算月末在产品成本。按成本项目归集于各产品成本明细账中的生产费用，构成当月各种产品的生产成本。如果月末在产品数量比较多，或在多步骤生产但不需分步骤计算成本的企业，由于生产步骤较多，月末一般会有一定数量的在产品。这时，就要将生产费用在各种产品间分配后，再将其产品应负担的费用在完工产品与月末在产品之间进行分配。

2. 品种法成本计算程序

品种法作为成本计算的一种最基本的方法，其成本计算程序（见图2-2）如下。

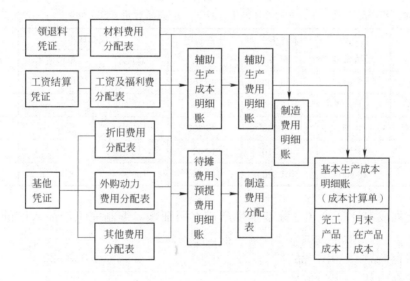

图2-2 成本计算程序

① 按产品品种设置基本生产成本明细账，并按成本项目分别设置专栏。

② 根据各种费用分配表，将费用分别按产品记入有关成本项目。对于各种产品的直接费用，直接记入基本生产成本总账及明细账；对于间接费用，应采用不同的分配方法记入。按一定标准分配记入各种产品成本明细账中。

③ 月末根据各种产品成本明细账所归集的生产费用，计算完工产品成本和月末在产品成本。

2.2节所讲的成本计算的基本步骤中，所举的例子就是按照品种法的主要计算程序来说明的，现将其所列举的各种费用的归集和分配的数字按品种法的要求显示在甲、乙两种产品的成本计算单中，见表2-11和表2-12。

表 2-11　产品成本计算单

产品名称：甲产品　　　　　201×年5月　　　产成品数量：600件　　　　　单位：元

成本项目	月初在产品成本	本月生产费用	生产费用合计	产成品成本 总成本	产成品成本 单位成本	月末在产品成本
直接材料费	157 000	550 000	707 000	606 000	1 010	101 000
直接人工费	77 580	308 000	385 580	355 920	593.2	29 660
燃料和动力费	184 750	670 000	854 750	789 000	1 315	65 750
制造费用	62 900	229 600	292 500	270 000	450	22 500
合计	482 230	1 757 600	2 239 830	2 020 920	3 368.2	218 910

表 2-12　产品成本计算单

产品名称：乙产品　　　　　201×年5月　　　产成品数量：500件　　　　　单位：元

成本项目	月初在产品成本	本月生产费用	生产费用合计	产成品成本 总成本	产成品成本 单位成本	月末在产品成本
直接材料费	9 500	30 000	39 500	29 900	59.80	9 600
直接人工费	1 900	17 400	19 300	17 320	34.64	1 980
燃料和动力费	4 300	41 300	45 600	41 100	82.20	4 500
制造费用	1 200	13 120	14 320	12 010	24.02	2 310
合计	16 900	101 820	118 720	100 330	200.66	18 390

根据上列成本计算单（也称基本生产成本明细账）编制完工产品入库的会计分录如下：

借：库存商品——甲产品　　　　　　　　　　　　　　2 020 920
　　库存商品——乙产品　　　　　　　　　　　　　　100 330
　贷：生产成本——基本生产成本（甲产品）　　　　　2 020 920
　　　生产成本——基本生产成本（乙产品）　　　　　100 330

2.3.2　分批法

分批法又称订单法，是指按照产品的批别或购货单位的订单来归集生产费用，计算产品成本的一种方法。在单件、小批生产的企业，生产是根据与购买者签订的购销合同或订单来进行的。因为各订单所订产品种类不同，规格不一，所用原材料和制造方法各异，生产的重复性比较少，即使重复，也是不定期的。所以一张订单的成本，必须与其他各张订单的成本分别进行计算。分批法主要适用于单件、小批生产的企业和车间，如重型机械、船舶、精密仪器制造及新产品试制、修理作业等企业和车间。

按照产品批别组织生产时,生产计划部门要开出生产任务通知单或工作令号,通知车间、供应、会计等部门。生产车间按工作令号组织生产,供应部门按工作令号储备、发放材料,会计部门按工作令号归集每件或每批产品的生产费用。因此,在单件、小批生产企业,工作令号起着核心作用。但是,工作令号与购货单位的订单不一定完全一致。如果一张订单中虽然只有一件产品,但属于由许多部件装配而成的大型产品,生产周期长,如大型船舶的制造,这就要求生产部门按产品的组成部分开出工作令号,分别组织生产。如果几张订单所订购的产品规格相同,为了更加经济合理地组织生产,也可以将不同的订单集中起来,开出一张工作令号来组织生产。采用分批法计算产品成本。

1. 分批法成本计算的主要特点

(1) 以产品的批别作为成本计算对象。

所有的生产费用都要按产品的批别或购货单位的订单归集,为每一批产品开设产品成本明细账,计算各批产品的成本。原材料和生产工人工资都必须按工作令号归集,制造费用应选择合适的标准分配入本月生产的工作令号中。

(2) 成本计算期是生产周期。

采用分批法计算产品成本时,要按月归集各订单或批次的实际生产费用,但由于产品成本要在各批产品完工后才能计算出来,所以成本计算是不定期的。也就是说,采用分批法时,成本计算期与产品的生产周期一致,而与会计报告期不同。

(3) 一般不存在在批内完工产品和月末在产品之间分配生产费用的问题。

企业生产各批产品归集的生产费用,如果各订单或批次的产品全部完工,则构成该批完工产品的总成本;如果各订单或批次的产品全部未完工,则构成该批产品的月末在产品成本。因而,通常只有费用在各批产品之间的分配问题,而不存在费用在完工产品和在产品之间的分配。但在实际工作中,如果是小批量生产,有时会出现少量跨月完工的情况。为了在月份会计报表中提供已完工产品的生产成本,可先按定额单位成本、计划单位成本或最近时期相同产品的实际单位成本计算,并从产品成本明细账转出,费用余额即为在产品成本。待该批产品全部完工,再计算全部产品的实际总成本和单位成本。

2. 分批法成本计算程序

下面以小批量生产的某企业的产品成本计算为例,说明分批法成本计算程序。

例 2-15 某企业按照购货单位的要求小批生产某些产品,采用分批法计算产品成本。该厂 4 月份投产甲产品 100 件,批号为 401,5 月份全部完工;5 月份投产乙产品 50 件,批号为 501,当月完工 30 件,并已交货,还有 20 件尚未完工。401 批和 501 批产品成本计算单见表 2-13 和表 2-14(各种费用的归集和分配过程省略)。

表 2-13　甲产品成本计算单

批号：401　产品名称：甲产品　　　　开工日期：2017 年 4 月 15 日
委托单位：东方公司　批量：100 件　　完工日期：2017 年 5 月 20 日　　单位：元

项　目	直接材料费	直接人工费	制造费用	合计
4 月末余额	12 000	900	3 400	16 300
5 月发生费用：				
据材料费用分配表	4 600			4 600
据工资费用分配表		1 700		1 700
据制造费用分配表			8 000	8 000
合计	16 600	2 600	11 400	30 600
结转产成品（100 件）成本	16 600	2 600	11 400	30 600
单位成本	166	26	114	306

表 2-14　乙产品成本计算单

批号：501　产品名称：乙产品　　　　开工日期：5 月 5 日
委托单位：佳丽公司　批量：30 件　　完工日期：　　　　　　　　单位：元

项　目	直接材料费	直接人工费	制造费用	合计
5 月发生费用：				
据材料费用分配表	18 000			18 000
据工资费用分配表		1 650		1 650
据制造费用分配表			4 800	4 800
合计	18 000	1 650	4 800	24 450
结转产成品（30）件成本	10 800	1 237.5	3 600	15 637.5
单位成本	360	41.25	120	521.25
月末在产品成本	7 200	412.5	1 200	8 812.5

此例中，401 批产品 5 月份全部完工，所以发生的产品生产费用合计即为完工产品总成本；501 批产品月末部分完工，而且完工产品数量占总指标的比重较大，应采用适当的方法将产品生产费用在完工产品与在产品之间进行分配。本例由于原材料费用在生产开始时一次投入，所以原材料费用按完工产品和在产品的实际数量作比例分配，而其他费用则按约当产量法进行分配。

① 材料费用按完工产品产量和在产品数量作比例分配。

$$产成品应负担的材料费用 = \frac{18\ 000}{30+20} \times 30 = 10\ 800(元)$$

在产品应负担的材料费用 $= \dfrac{18\,000}{30+20} \times 20 = 7\,200(元)$

② 其他费用按约当产量分配。

计算 501 批乙产品在产品约当产量,见表 2-15。

表 2-15 乙产品约当产量计算表

工序	完工程度 ①	在产品/件 ②	③=①×②	完工产品/件 ④	产量合计/件 ⑤=③+④
1	15%	4	0.6		
2	25%	4	1		
3	70%	12	8.4		
合 计	—	20	10	30	40

直接人工费用按约当产量法分配:

$$产成品应负担的直接人工费用 = \dfrac{1\,650}{30+10} \times 30 = 1\,237.5(元)$$

$$在产品应负担的直接人工费用 = \dfrac{1\,650}{30+10} \times 10 = 412.5(元)$$

制造费用按约当产量法分配:

$$产成品应负担的制造费用 = \dfrac{4\,800}{30+10} \times 30 = 3\,600(元)$$

$$在产品应负担的制造费用 = \dfrac{4\,800}{30+10} \times 10 = 1\,200(元)$$

将各项费用分配结果记入 501 批乙产品成本计算单即可计算出乙产品的产成品成本和月末在产品成本。

2.3.3 分步法

产品成本计算的分步法是按照产品的生产步骤计算产品成本的一种方法,它适用于大量大批的多步骤生产,如纺织、冶金及大量大批的机械制造企业。在这类企业中,产品生产可以分为若干个生产步骤的成本管理,往往不仅要求按照产品品种计算成本,而且还要求按照生产步骤计算成本,以便为考核和分析各种产品及各生产步骤的成本计划的执行情况提供资料。

1. 分步法成本计算的主要特点

(1) 成本计算对象为各种产品的生产步骤和产品品种。

在大批量多步骤重复生产的情况下,为了加强对成本的管理和核算,成本的计算通常按生产步骤归集生产成本，并以产品作为成本计算对象。因此，在计算产品成本时，应按照产品的生产步骤设立产品成本明细账。如果只生产一种产品，成本计算对象就是该种库存商品及其所经过的各生产步骤，产品成本明细账应该按照产品的生产步骤开设；如果生产多种产品，成本计算对象则是各种库存商品及其所经过的各生产步骤。产品成本明细账应该按照每种产品的各个步骤开设。在进行成本计算、分配和归集生产费用时，单设成本项目的直接计入费用，直接计入各成本计算对象；单设成本项目的间接计入费用，分配计入各成本计算对象；不单设成本项目的费用，一般先按车间、部门或者费用用途归集，期末再直接计入或分配计入各成本计算对象。

（2）产品成本计算期间与会计报告期相一致。

在分步法下，以产品与步骤作为成本计算对象，而产品又是大量重复生产，所以成本计算无法和生产周期一致，而是和会计报告期相一致，每个会计报告期都要进行产品成本计算。

（3）生产费用在完工产品与在产品之间分配。

在大量大批的多步骤生产中由于生产过程较长且可以间断，产品往往都是跨月陆续完工。因此，成本计算一般都是按月、定期地进行，从而与生产周期不一致。在月末计算产品成本时，各步骤一般都存在未完工的在产品。这样，为了计算完工产品成本和月末在产品成本，还需要采用适当的分配方法，将汇集在生产成本明细账中的生产费用在完工产品与在产品之间进行分配。

（4）各步骤之间结转成本。

由于产品生产是分步骤进行的，上一步骤生产的半成品是下一步骤的加工对象。因此，为了计算各种产品的产成品成本，还需要按照产品品种结转各步骤成本。也就是说，与其他成本计算方法不同，采用分步法计算产品成本时，各步骤之间还需进行成本结转，这是分步法的一个重要特点。

2. 分步法成本计算程序

在实际工作中，根据成本管理对各生产步骤成本资料的不同要求（是否要求计算半成品成本）和简化核算的要求，各生产步骤成本的计算和结转，一般采用逐步结转和平行结转两种方法，分别称为逐步结转分步法和平行结转分步法。

1）逐步结转分步法

逐步结转分步法是指按照产品加工的顺序，逐步计算并结转半成品成本，直到最后加工步骤才能计算产成品成本的一种方法。它是按照产品加工顺序先计算第一个加工步骤的半成品成本，然后结转给第二个加工步骤，这时，第二步骤把第一步骤转来的半成品成本加上本步骤耗用的材料和加工费用，即可求得第二个加工步骤的半成品成本。如此顺序逐步转移累计，直到最后一个加工步骤才能计算出产成品成本。逐步结转分步法就是为了分步计算半成品成本而采用的一种分步法，也称计算半成品成本分步法。

逐步结转分步法在完工产品与在产品之间分配费用，是指各步骤完工产品与在产品之间的分配。其优点是：能提供各个生产步骤的半成品成本资料；为各生产步骤的在产品实物管理及资金管理提供资料；能够全面地反映各生产步骤的生产耗费水平，更好地满足各生产步骤成本管理的要求。其缺点是：成本结转工作量较大，各生产步骤的半成品成本如果采用逐步综合结转方法，还要进行成本还原，增加核算的工作量。

这种方法适用于大量大批连续式复杂生产的企业。在这类企业中，有的不仅将产成品作为商品对外销售，而且生产步骤所产半成品也经常作为商品对外销售。例如，钢铁厂的生铁、钢锭，纺织厂的棉纱等，需要计算半成品成本。逐步结转分步法按照成本在下一步骤成本计算单中的反映方式，还可以分为综合结转和分项结转两种方法。这里仅就综合结转加以介绍。

综合结转法，是指上一步骤转入下一步骤的半成品成本，以"直接材料"或专设的"半成品"项目综合列入下一步骤的成本计算单中。如果半成品通过半成品库收发，由于各月所生产的半成品的单位成本不同，因而所耗半成品的单位成本可以如同材料核算一样，采用先进先出或加权平均等方法计算。综合结转可以按照半成品的实际成本结转，也可以按照半成品的实际成本结转。这里仅就按实际成本综合结转进行举例说明。

例 2-16 假定甲产品生产分两步在两个车间内进行，第一车间为第二车间提供半成品，半成品收发通过半成品库进行。两个车间的月末在产品均按定额成本计价，成本计算程序如下。

① 根据各种费用分配表、半成品产量月报和第一车间在产品定额成本资料（这些费用的归集分配同品种法一样，故过程均省略，下同），登记甲产品第一车间（半成品）成本计算单，见表 2-16。

根据第一车间甲产品（半成品）成本计算单（表 2-16）和半成品入库单，编制会计分录如下：

借：自制半成品　　　　　　　　　　　　　　　　　　　　　15 120
　　贷：生产成本——基本生产成本（第一车间甲）　　　　　　15 120

表 2-16　甲产品（半成品）成本计算单

第一车间　　　　　　　　　　　　201×年5月　　　　　　　　　　　　单位：元

项目	产量/件	直接材料费	直接人工费	制造费用	合计
月初在产品成本（定额成本）		6 100	700	540	7 340
本月生产费用		8 950	1 250	1 250	11 450
合计		15 050	1 950	1 790	18 790
完工半成品转出	800	12 000	1 600	1 520	15 120
月末在产品定额成本		3 050	350	270	3 670

② 根据第一车间甲产品（半成品）成本计算单、半成品入库单，以及第二车间领用半成品的领用单，登记半成品明细账，见表 2-17。

表 2-17 半成品明细账

月份	月初余额		本月增加		合计			本月减少	
	数量/件	实际成本/元	数量/件	实际成本/元	数量/件	实际成本/元	单位成本/元	数量/件	实际成本/元
5	300	5 560	800	15 120	1 100	20 680	18.8	900	16 920
6	200	3 760							

根据半成品明细账所列半成品单位成本资料和第二车间半成品领用单，编制会计分录如下：

　　借：生产成本——基本生产成本（第二车间甲）　　16 920
　　　　贷：自制半成品　　　　　　　　　　　　　　　　16 920

③ 根据各种费用分配表、半成品领用单、产成品产量月报，以及第二车间在产品定额成本资料，登记第二车间（产成品）成本计算单，见表2-18。

表 2-18 甲产品（产成品）成本计算单

第二车间　　　　　　　　201×年5月　　　　　　　　单位：元

项目	产量/件	直接材料费	直接人工费	制造费用	合计
月初在产品（定额成本）		3 740	100	110	3 950
本月费用		16 920	1 985	3 145	22 050
合计		20 660	2 085	3 255	26 000
产成品转出	500	18 900	1 950	3 000	23 850
单位成本		37.8	3.9	6	47.7
月末在产品（定额成本）		1 760	135	255	2 150

根据第二车间甲产品（产成品）成本计算单和产成品入库单编制会计分录如下：

　　借：库存商品　　　　　　　　　　　　　　　　　　23 850
　　　　贷：生产成本——基本生产成本（第二车间甲）　　23 850

2）平行结转分步法

平行结转分步法是指在计算各步骤成本时，不计算各步骤所产半成品成本，也不计算各步骤所耗上一步骤的半成品成本，而只计算本步骤发生的各项其他费用，以及这些费用中应计入产成品成本的份额，将相同产品的各步骤成本明细账中的这些份额平行结转、汇总，即可计算出该种产品的产成品成本。这种结转各步骤成本的方法，称为平行结转分步法,也称不计算半成品成本分步法。

(1) 成本计算对象和成本结转程序。

采用平行结转分步法的成本计算对象是各种产成品及其经过的各生产步骤中的成本"份额",而各步骤的产品生产费用并不伴随着半成品实物的转移而结转。其成本结转程序见图2-3。

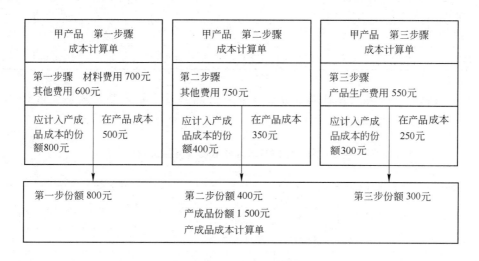

图2-3 成本结转计算程序

从图2-3可以看出,各生产步骤不计算本步骤的半成品成本,尽管半成品的实物转入下一生产步骤继续加工,但其成本并不结转到下一生产步骤的成本计算单中去,只是在产品最后完工入产成品库时,才将各步骤费用中应由完工产成品负担的份额从各步骤成本计算单中转出,平行汇总计算产成品的成本。

(2) 产品生产费用在完工产品和在产品之间的分配。

采用平行结转分步法,每一生产步骤的生产费用也要在其完工产品与月末在产品之间进行分配,但这里的"完工产品"是指企业最后完工的产成品;这里的"在产品"是指各步骤尚未加工完成的在产品和各步骤已完工但尚未最终完成的产品。

例2-17 某公司生产M产品,生产分两个步骤在两个车间内进行,第一车间为第二车间提供半成品,第二车间加工完成为产成品。有关生产成本资料如表2-19、表2-20和表2-21所示。产成品和月末在产品之间分配生产成本的方法采用定额比例法;材料成本按定额材料成本比例分配,其他成本按定额工时比例分配。

(1) 定额资料,如表2-19所示。假定该公司月末没有盘点在产品,月末在产品的定额资料要根据月初在产品定额资料加上本月投产的定额资料减去产成品的定额资料计算求出。

表2-19 M产品定额资料

201×年5月   单位：元

生产步骤	月初在产品		本月投入		产成品				
	材料费用	工时	材料费用	工时	单件定额		产量	总定额	
					材料费用	工时		材料费用	工时
第一车间份额	87 945	1 350	127 985	3 150	380	7	500	190 000	3 500
第二车间份额		1 200		4 800	—	10	500	—	5 000
合计	87 945	2 550	127 985	7 950	—	17	—	190 000	8 500

（2）根据定额资料、各种成本分配表和产成品产量月报，登记第一、第二车间成本计算单，如表2-20和表2-21所示。

表2-20 M产品成本计算单（第一车间）

201×年5月   单位：元

项目	产成品产量/件	直接材料费		定额工时	直接人工费	制造费用	合计
		定额	实际				
月初在产品		87 945	80 146	1 350	9 256	13 000	102 402
本月生产成本		127 985	116 350	3 150	16 250	16 250	148 850
合计		215 930	196 496	4 500	25 506	29 250	251 252
分配率			0.91		5.668	6.5	
产成品中本步骤份额	500	190 000	172 900	3 500	19 838	22 750	215 488
月末在产品		25 930	23 596	1 000	5 668	6 500	35 764

表2-21 M产品成本计算单（第二车间）

201×年5月   单位：元

项目	产成品产量/件	直接材料费		定额工时	直接人工费	制造费用	合计
		定额	实际				
月初在产品				1 200	11 167	10 595	21 762
本月生产成本				4 800	25 805	40 885	66 690
合计				6 000	36 972	51 480	88 452
分配率					6.162	8.58	
产成品中本步骤份额	500			5 000	30 810	42 900	73 710
月末在产品				1 000	6 162	8 580	1 442

(3) 根据第一、第二车间成本计算单,平行汇总产品成本,如表 2-22 所示。

表 2-22　M 产成品成本汇总计算表

201×年 5 月　　　　　　　　　　　　　　　　　　　　单位:元

生产车间	产成品数量/件	直接材料费用	直接人工费用	制造费用	合计
一车间		172 900	19 838	22 750	215 488
二车间			30 810	42 900	73 710
合计	500	172 900	50 648	65 650	289 198
单位成本		345.8	101.30	131.3	578.40

这种方法的优点是:各步骤可以同时计算产品成本,平行汇总计入产成品成本,不必逐步结转半成品成本;能够直接提供按原始成本项目反映的产成品成本资料,不必进行成本还原,因而能够简化和加速成本计算工作。缺点是:不能提供各个步骤的半成品成本资料;在产品的费用在产品最后完成以前不随实物转出而转出,即不按其所在的地点登记,而按其发生的地点登记,因而不能为各个生产步骤在产品的实物和资金管理提供资料;各生产步骤的产品成本并不包括所耗半成品费用,因而不能全面地反映各该步骤产品的生产耗费水平(第一步除外),不能更好地满足这些步骤成本管理的要求。

2.3.4　三种成本计算方法的比较

品种法、分批法和分步法是成本分配计算的基本方法。由于各企业生产经营的特点不同,管理要求不同,应选择不同的方法计算成本。

品种法的特点表现在以产品品种作为成本计算的对象,适用于大量、大批的单步骤生产。其主要特点为:

① 成本计算对象是产品品种;
② 品种法下一般定期(每月月末)计算产品成本;
③ 如果月末有在产品,要将生产费用在完工产品和在产品之间进行分配。

分批法以产品批别作为成本计算对象,产品批别的确定既与订单有关,又不完全等同,它适用于单件、小批生产。其主要特点为:

① 成本计算对象是产品的批别;
② 成本计算期与产品生产周期基本一致,而与核算报告期不一致;
③ 一般不存在完工产品与在产品之间分配费用的问题。

分步法是基本方法中最复杂的一种方法,根据成本管理对各生产步骤成本资料的不同要求和对简化成本计算工作的考虑,分为逐步结转分步法和平行结转分步法。

三种成本计算方法的具体比较详见表 2-23。

表 2-23 品种法、分批法和分步法比较

方法 \ 项目	特点	适用范围	计算产品成本期间
品种法	以产品品种作为成本计算的对象	适用于大量、大批的单步骤生产	一般定期（每月月末）计算产品成本
分批法	以产品批别作为成本计算对象	适用于单件、小批生产	仅按产品批次计算产品成本，不定期计算产品成本
分步法	以产品的生产步骤作为成本计算对象	适用大量、大批的多步骤生产	按产品的生产步骤计算产品成本，不定期计算产品成本

【案例分析】

模拟市场　实施成本核算——邯郸钢铁股份公司成本管理经验

邯郸钢铁股份公司始建于1958年，属河北省特大型联合钢铁企业。邯钢从一个装备落后、只能生产普通建筑钢材、经营处于亏损边缘的企业，发展为一个装备一流、主要生产薄板和中厚板、经济效益位于全国冶金行业前列的现代化特大型企业。

在全国推广的邯钢经验，归纳起来有三条：模拟市场、倒推法、成本否决。

1. 模拟市场

邯钢推出的模拟市场核算的经营机制，具体就是用模拟的办法在企业内部管理中抓住成本这个关键，依据客观规律价值，从产品在市场上被接受的价格开始，用倒推的办法，通过和本企业先进水平或同行业先进水平对比挖掘潜力，然后层层分解落实，直到每一个职工。模拟市场的核心是企业把提高经济效益放在第一位，通过对成本指标的层层分解，使生产资源的管理、使用落实到每个职工身上。模拟市场是邯钢的核心竞争力建立的开始，是它现代管理的基础。随着社会技术的进步，邯钢在"深化模拟市场核算的经营机制中，摆脱了过去那种传统的、脱离实际的内部结算价格"静态会计核算模式，将二级生产厂引入到市场竞争机制中，将市场价格动态体系作为转变企业经营机制的突破口，对价格进行模拟市场核算，通过成本的传递，把市场对企业的压力变成内部每个职工的压力，促使他们按市场导向决定厂内生产资源的配置，并最终做到树立市场观念，关心市场，主动参与市场竞争。

2. 倒推法

"倒推"指的是要按市场经济的要求，建立起一套类似企业编制作业计划的"倒推法"，这是一种管理企业的方法，是通过管理企业各个环节的成本，形成一套管理整个企业的方式方法，即把企业各环节的计划目标成本，换成为市场所要求的市场目标成

本，由成本直接面对市场。没有"推倒"也就没有"倒推"，企业要想真正得到发展就只能有自己的管理方式，不破除旧的经营思路就很难在现代的市场竞争中立足，邯钢的经验就是运用自己的核心竞争力去适应变幻莫测的市场。

"倒推法"的目的是通过能够控制的各项消耗指标和费用指标与确定的目标成本比较的成本差异值推算出上一生产步骤的目标成本和进厂原材料目标采购成本，是按生产流程的逆方向，从引入市场价格开始，对各项物耗和费用支出按同行业先进水平或最高水平和企业生产经营奋斗目标等先进合理的原则，分析测定潜在效益，提出挖潜措施。对整个过程进行全面有效的管理和监督。依据"倒算法"原理，在对成本指标进行细化分解的基础上，形成了目标成本管理网络。

3. 成本否决

"成本否决"是指无论其他指标完成得再好，只要突破了分配给分厂、班组或个人的目标成本，工资和奖金就要受到影响。这样，邯钢就树立起了"成本权威"，并将成本作为影响、诱导和矫正人的行为的杠杆。成本核算机制就是企业真正把提高经济效益放在首位，同时通过科技优势推动降耗增效。邯钢通过成本指标的层层分解，责任落实到每一个职工身上，让贡献大的职工先富起来。

目标成本规划从本质上看，就是一种对企业的未来利润进行战略性管理的技术。其做法就是首先确定待开发产品的生命周期成本，然后由企业在这个成本水平上开发生产拥有特定功能和质量且若以预计的价格出售就有足够盈利的产品。目标成本规划使得"成本"成为产品开发过程中的积极因素，而不是事后消极结果。企业只要将待开发产品的预计售价扣除期望边际利润，即可得到目标成本，然后的关键便是：设计能在目标成本水平上满足顾客需求并可投产制造的产品。

"成本否决"制是指只要没有完成目标成本指标，不管考核指标完成得好不好，所有的奖金均被否决。为了充分调动大家降低成本的积极性，邯钢还将成本否决制分成了不同档次，并实行当月考核、累计计算管理办法，让大家有目标可求，能够更好地完成企业的整体目标。邯钢在实行模拟市场核算的过程中，并不完全依赖于成本核算。为了确保目标成本的完整性、准确性和可靠性，邯钢进一步对成本核算进行了完善：搞好物料投入产出平衡分析，对计划外开支须在公司总经理办公会上通过后列支，建立健全摊提费用，应收应付款项管理制度，实行定期检查或不定期检查，保证核算结果，确定一系列奖惩考核办法，严格实行成本否决制度。

点评：

邯钢的成本管理，从企业的各个角度进行推广，将成本的概念在职工的心中形成一个深刻的印象。通过成本否决制将奖金和成本挂钩，让职工体会到成本在现代市场中的重要地位，这样也就由以前的个人管理模式转化为人人管理模式，增强了职工的主人翁精神，让企业成为一个整体，集体的力量在竞争中的作用铸就了邯钢的成功。

通过成本倒推将企业成本分解到企业每一个职工的身上，让每一个职工都感受到来自外界的压力；通过成本否决将成本与职工的工资、奖金联系起来。模拟市场是一种经营机制，又是一种管理思路，是一种摆脱计划经营旧框框的崭新的市场经济管理思路。靠一种有效的激励约束机制来调动起企业全员的积极性，是邯钢管理的一个突出特点。这就是内涵式扩大再生产的道路，是集约经营之路。成功地诠注了成本管理的新含义。

习 题

某企业设有供电和动力两个辅助生产车间。供电车间本月发生费用 132 000 元，提供电力 330 000kW·h，其中：动力车间耗用 30 000kW·h，第一基本生产车间生产甲产品耗用 120 000kW·h，一般耗用 36 000kW·h，第二基本生产车间生产乙产品耗用 90 000kW·h，一般耗用 30 000kW·h，行政管理部门耗用 24 000kW·h。动力车间本月发生费用 45 000 元，提供蒸汽 7 500 吨，其中：供电车间耗用 1 500 吨，第一基本生产车间甲产品耗用 2 400 吨，一般耗用 480 吨，第二基本生产车间生产乙产品耗用 1 800 吨，一般耗用 420 吨，行政管理部门耗用 900 吨。假设供电车间计划分配率 0.45 元/kW·h，动力车间计划分配率 5.5 元/吨。

要求：分别采用直接分配法、交互分配法和计划分配法分配辅助生产费用，并编制会计分录。

本 章 小 结

本章在遵循成本计算原理与成本计算方法的前提下，通过对各种要素费用、综合费用的归集与分配，最终形成了完工成品成本与在产品成本。另外，还着重介绍了三种基本的成本计算方法——品种法、分批法和分步法。在各种计算方法中，关键是确定成本计算对象，不同的成本计算对象采取不同的成本计算方法，开设不同的成本计算单，并以此确定成本计算期的基础。每种方法都遵循着"归集与分配该成本计算对象发生的费用，最终计算出完工产品成本、月末在产品成本"这一核算程序。

本章的重点在于成本项目的核算，包括成本中生产费用的归集和分配以及成本在完工产品和在产品之间的分配。

本章的难点在于成本计算的分步法，在计算成本时要注意题目要求，区分平行结转分步法和逐步结转分步法之间的区别。

学习资料

[1] 都甲和幸，白士英成. 图解成本计算. 侯庆轩，侯林，译. 北京：科学出版社，2003.

[2] 王卫平. 成本会计学. 北京：经济科学出版社，2000.

[3] HORNGREN. 成本会计学：以管理为重心. 姚海鑫，译. 9版. 北京：机械工业出版社，2000.

[4] MAHER M. 成本会计：为管理创造价值. 姚海鑫，译. 北京：机械工业出版社，1999.

[5] 张涛. 管理成本会计. 北京：经济科学出版社，2001.

[6] http：//www.chinaqg.cn.

[7] http：//www.51kj.com.cn.

中英文关键术语

1. 产成品　　　　　　　　finished goods
2. 在产品　　　　　　　　work in process
3. 产品成本　　　　　　　cost of goods manufactured; product cost
4. 成本　　　　　　　　　cost
5. 成本标准　　　　　　　cost standard
6. 成本核算（会计）　　　cost accounting
7. 成本计算　　　　　　　calculation of cost
8. 成本计算方法　　　　　costing method
9. 成本科目　　　　　　　cost account
10. 制造费用　　　　　　　overhead
11. 直接人工　　　　　　　direct labor
12. 直接材料　　　　　　　direct materials
13. 间接成本　　　　　　　indirect cost
14. 约当产量　　　　　　　equivalent units of output
15. 分批成本法　　　　　　job costing
16. 分步成本法　　　　　　process costing

第 3 章 成本预测

学习目标

1. 了解成本预测的含义、意义、内容基本知识,掌握成本预测的方法;
2. 掌握目标成本预测的内涵、方法及目标成本的分解;
3. 掌握本量利分析在成本预测中的应用;
4. 理解产品成本发展趋势预测。

3.1 成本预测概述

3.1.1 成本预测的意义

我国有句古语,"凡事预则立,不预则废",说的就是预测的重要性。追溯到理论上来说,预测作为一门学科,是从 20 世纪中期开始逐步发展起来的。长久以来,对预测的解释,有这样一些观点:从字面上看,预测是一种预先的推测、估计和推断,即根据已知求未知;或者认为,探索未来、了解未来的都是预测;还有学者认为,根据事物过去和现在的状况科学的推断未来就是预测。当然,这几种说法还不完全正确,因为预测是一个多环节、多层次的问题,在这个问题上,需要强调时间性、科学性和可测性。也就是说,预测是一种与未来和不确定性(或随机性)相联系的广义的、特殊的分析。具体来说,预测是在科学的理论指导下,占有信息,对特定的对象进行分析,掌握其发展的趋势、规律,然后运用一定的方法,对事物的未来的不确定性进行推测和预估,以求得更好的决策和计划的一种分析过程。

西方国家不仅重视对自然现象变化的预测,也同样重视对社会现象变化的预测。目前,国外大型企业内部都设有预测机构,主要关注于预测企业的竞争能力、产品的销售价格、销售数量、发展方向、市场潜力,以及企业的目标利润和成本水平等,目的就在于从对未来的预测中找到企业在竞争中发展的道路。

1. 成本预测的含义

成本预测是以现有条件为前提，在历史成本资料的基础上，根据未来可能发生的变化，利用科学的方法，对未来的成本水平及其发展趋势进行描述和判断的成本管理活动。

2. 成本预测的意义

从整个成本控制与管理的体系来看，进行成本决策和编制成本计划时的依据，需要成本预测；降低产品成本采取的重要措施，离不开成本预测；希望增强企业竞争力和提高企业经济效益，成本预测同样是主要手段之一。所以说，成本预测具有十分重要的意义。

① 成本预测是前提条件。为了正确制定成本计划和保证成本计划的实施，为了明确降低成本的方向和途径，为了论证和评价各种成本方案可能产生的经济效果，都必须进行成本预测。成本预测是提供编制成本计划科学依据的前提条件。

② 成本预测是重要工具。成本预测有利于企业面向未来，及时关注影响成本降低的不利因素，从而加强预防性管理，以利于改善企业的生产经营活动。

③ 成本预测是科学依据。随着经济的发展，企业成本控制与管理活动需要进行决策性的转变，而正确的决策需要以科学的预测为依据。

④ 成本预测是重要手段。通过成本预测，可以调动广大职工的积极性，明确奋斗目标，增强职工的主人翁意识。

3.1.2 成本预测的内容

成本预测的内容包括所耗用的总成本预测、经济要素预测、管理费预测。

1. 选择方案时作为决策依据的成本预测

企业在选择生产项目的过程中，往往需要根据不同方案是否盈利、利润大小等诸因素确定未来是否进行生产或生产哪个项目。这样在方案决策时就要预测项目成本的情况；通过与方案预算的比较，才能分析出方案的孰优孰劣等。

2. 编制成本计划时作为基础环节的成本预测

计划是管理活动关键的第一步，因此编制可靠的计划具有十分重要的意义。在编制成本计划阶段，成本预测活动的目的是为企业编制成本计划和选择最优方案的决策提供依据。它主要包括根据企业产销量发展情况和生产消耗水平的变化，以限定的目标利润为前提，预测目标成本；根据计划期各项技术组织措施实现的可能性，测算出未来年度内可比产品的成本降低情况；根据产量与成本之间的线性规律，预测产品成本的发展趋势。

3. 实施成本计划时作为保障措施的成本预测

在成本计划执行过程中，需要进行期中成本预测，即通过分析前一阶段成本计划的完成情况，考虑下一阶段生产技术经济措施的预计效果，然后预测下一阶段成本计划完成情况，从而查明实际与计划成本的差距，以便加强有效的控制，保证完成成本计划或能达到在成本计划基础上的进一步节约。

4. 根据本量利关系预测目标固定成本和目标单位变动成本

通过对成本、数量和利润之间规律性的联系进行分析，预测保本点和实现目标利润时的销售量水平，以及预测符合目标利润要求的目标固定成本和目标单位变动成本。

5. 预测技术经济指标对单位成本的影响

主要分析关键技术经济指标变动与单位成本之间的关系，探索其变化发展的规律和因果联系，在建立一定的预测模型等基础上，预测出可能由于技术经济指标的变化而影响期末单位产品的成本水平。

3.1.3　成本预测的原则

1. 连贯性原则

因为预测是基于过去和现在而对未来的分析，所以连贯性原则承认事物发展的连续性和稳定性，认为已观察到的现象将按照一定的发展规律继续下去，由此可以预测未来成本的变化趋势。它着重从成本自身入手，从内因角度探索成本的发展轨迹。这种预测原则主要适用于时间序列预测。

2. 结构分析原则

结构分析原则实际上是取时间序列的一个横截面进行预测的方法，认为找出因果关系，就有可能预测出事物变化的规律，主要是指截面预测。这种原则主要从外因角度推断成本的未来发展趋势。

3. 系统性原则

进行预测时需要把成本看成是一个系统，观察其作为系统的内外相互联系，如企业生产经营过程中各方面的因素，从中寻找本质联系，分析评判这些因素之间的内在联系及其与成本的关系，并对它们的变动趋势及性质做出合理的分析和取舍，进而找到成本的发展趋势。

4. 时间性原则

成本预测是一项规律性活动，预测期限的长短会对预测结果精确性产生必然的影响。成本预测可以预测几个月的成本情况，也可以预测三年五年，甚至十年八年的成本情况，也就是说，既可以是短期、中期，也可以是长期的，因此需要关注成本预测的时间性原则。在具体实践操作中，对于较短期的成本预测和较长期的成本预测可以分别采用不同的预测模型和预测方法，相对来说，前者更简单一些，考虑的因素变化也少。

3.1.4 成本预测的程序

在进行成本预测的过程中，科学的、准确的预测必须遵循合理的预测程序。

1. 确定预测目标和制定预测计划

预测目标即预测所要达到的目的。只有根据预测的对象和内容明确规定预测所要达到的目标和范围，才能有目的地收集资料，选择合适的预测方法，规定预测的期限，从而保证预测工作有效进行，使得最终预测的结果符合未来的变化趋势。

由于成本对象的具体内容不会完全相同，故而对成本预测的要求也不尽相同，所以每次成本预测的目标也不会是完全一致的。但总体上看，成本预测的根本目标肯定是为了提高企业生产经营效益。在确定预测目标时，还要确定预测期限的长短，以及对预测进行反复修正的频率。

制定预测计划是预测工作顺利进行的保证。预测计划的内容主要包括组织领导及工作布置、配合的部门、时间进度、搜集材料范围等。如果在预测过程中发现新情况和发现计划有缺陷，则可修订预测计划，以保证预测工作顺利进行，并获得较好的预测质量。

2. 收集和分析预测资料

因为预测是根据过去和现在推断未来，所以需要涉及各种资料。有效地收集和分析资料是进行成本预测的基础性工作之一。根据已经确定的预测目标和预测计划，利用多样化的手段收集相关的历史数据和现实资料是进行预测的重要条件。预测资料一般有纵向和横向两个方面的信息。纵向资料是企业各类材料的消耗及价格的历史数据，据以分析其发展趋势；横向资料是指同类企业的成本资料，据以分析所预测项目与同类项目的差异，并做出估计。进行分析时还要对这些数据加工运用，在鉴别和取舍的基础上，整理出为我所用的有用信息。

预测资料的真实与正确，决定了预测工作的质量，因此对所收集的资料进行细致的检查和整理是很有必要。例如，各项指标的口径、单位、价格等是否一致；核算、汇集的时间资料是否完整，如有残缺，应采用估算、换算、查阅等方法进行补充；有没有可比性或重复的资料，要去伪存真，进行筛选，以保证预测资料的完整性、连续性和真实性。

3. 提出假设，建立模型进行预测

在成本预测的过程中，需要借助数字语言来对客观事物的发展变化情况进行高度概括和抽象模拟，也就是说，需要引入适当的数学模型进行预测活动。首先，建立成本预测的数学模型，也就是用数学方程式表示成本与各个影响因素或相关事件之间数量依存关系；然后，利用收集到的有关信息，计算出预测公式中的参数值；最后，根据计算出来的参数值进行预测分析。在此过程中，需要注意数学模型的假设性，因为预测结果与客观实际必然会有一定幅度的误差和一定概率的不可实现性，因此需要不断地检验和修正成本预测数学模型，以使得误差结果尽可能小。

4. 分析预测误差，修正预测结果

成本预测是对项目实施之前的成本预计和推断，这往往与实施过程中及其以后的实际成本有出入，因而产生预测误差。因为成本预测的数学模型存在假设，所以不可能涵盖所有对成本有影响的复杂因素，因此有必要检查预测过程中产生的误差。预测误差的大小，反映预测的准确程度。如果误差较大，就应分析产生误差的原因，并积累经验。在误差较大的情况下，还应当变更假设、完善模型从而改进预测方法。只有对预测结果进行修正，才能使得其结果更加接近实际。根据预测来看，定量与定性的方法有机结合，更有利于提高预测的准确性。

3.1.5 成本预测的基本方法

成本预测的基本方法包括定量预测法和定性预测法。

1. 定量预测法

定量预测法又叫数量分析法，它是运用现代数学方法对历史资料进行科学的加工处理，并建立经济预测模型，借以充分提示各有关变量之间的规律性联系，以此作为预测分析的依据。按照具体做法的不同，定量预测法可分为两种类型：一类可称作趋势预测分析法，就是以某一指标过去的、按时间顺序排列的变化趋势，运用一定的数学方法进行加工计算，借以预测未来发展趋势，其实质就是把未来看作是过去的延伸；另一类可归为因果预测分析法，即以一个指标的变动为基础，根据其和相关指标之间的规律性联系，来推断另一个指标的变动程度，体现了指标之间内在的相互依存、相互制约关系，是建立数学模型实现预测的分析方法。

定量预测法中运用比较广泛的有高低点法、回归分析法、时间序列法、非线性回归模型、学习曲线法和投入-产出法等。

1) 高低点法

高低点法就是以历史成本资料中产量最高和最低两个时期的产品总成本数据为依据，计算出系数 a 和 b，利用 $y=a+bx$，推算出计划产量下的总成本水平和单位成本的预测方法。

高低点法计算步骤如下。

① 将最高产量下的总成本和最低产量下的总成本进行比较，确定系数 b，计算公式为：

$$b = \frac{最高点的成本 - 最低点的成本}{最高点产量 - 最低点产量} \tag{3-1}$$

② 将最高点成本（或最低点成本）、最高点产量（或最低点产量）、已求得的 b 代入 $y=a+bx$，求出 a，计算公式为：

$$a = 最高点成本 - b \times 最高点产量$$

或

$$a = 最低点成本 - b \times 最低点产量 \qquad (3-2)$$

③ 将计划产量及 a、b 代入 $y = a + bx$，计算出计划年度的产品总成本。

例 3-1 某公司近几年有关产量和间接人工成本资料见表 3-1。要求利用高低点法预测 2018 年的间接人工成本。

表 3-1 产量人工成本表

年份	2012	2013	2014	2015	2016	2017
产量/件	148	100	115	120	160	130
间接人工成本/元	10 800	8 500	9 750	10 000	12 100	10 500

首先，确定间接人工成本中的单位变动成本。

$$b = \frac{最高点的成本 - 最低点的成本}{最高点产量 - 最低点产量}$$

$$= \frac{12\,100 - 8\,500}{160 - 100} = 60(元)$$

然后，确定间接人工成本中的固定成本。将最低点或最高点的产量代入 $a = y - bx$ 中，即得：

$$a = 8\,500 - 60 \times 100 = 2\,500(元)$$

最后，预测 2018 年的间接人工成本。假如 2018 年的计划产量为 150 件，则 2018 年的间接人工成本预测为：

$$y = 2\,500 + 60 \times 150 = 11\,500(元)$$

需要注意的是，高点与低点的选择既可以成本为依据，也可以产量为依据。当产量的最高点与成本的最高点不在同一月份，产量的最低点与成本的最低点也不在同一月份时，必须或以产量为依据确定最高点和最低点，或以成本为依据确定最高点和最低点。确定最高点和最低点后，产量与成本必须是同一月份的数据。所以，在有些情况下，所用的高点成本（或产量）不一定是最高成本（或产量），同样，所用的低点成本（或产量）也不一定是最低成本（或产量）。

2）回归分析法

回归分析法运用数理统计中最小平方法的原理，对所观测到的全部数据加以统计计算，从而勾画出最能代表全部平均成本水平的直线。这条通过回归分析而得到的直线就被称为回归线。它的截距就是固定成本 a，斜率就是单位变动成本 b。这种分解方法也称作回归直线法。

回归分析法的公式为:

$$\left.\begin{array}{l}\sum y = na + b\sum x \\ \sum xy = a\sum x + b\sum x^2\end{array}\right\} \quad (3-3)$$

例 3-2 某公司 2018 年 1—6 月份有关产量和成本资料见表 3-2。要求试建立产量和成本之间的预测模型。

表 3-2 产量成本表

月份	1	2	3	4	5	6
产量/件	400	200	300	500	400	600
成本/元	3 000	1 600	2 900	4 000	3 200	4 500

根据以上资料,先计算有关数据,如表 3-3 所示。

表 3-3 某公司有关数据计算表　　　　　　　　　　　单位:元

月份	x	y	xy	x^2	y^2
1	400	3 000	1 200 000	16 000 000	9 000 000
2	200	1 600	320 000	4 000 000	2 560 000
3	300	2 900	870 000	9 000 000	8 410 000
4	500	4 000	2 000 000	250 000	16 000 000
5	400	3 200	1 280 000	160 000	10 240 000
6	600	4 500	2 700 000	360 000	20 250 000
合计	2 400	19 200	8 370 000	1 060 000	66 460 000

将有关数据: $\sum x = 2\,400$, $\sum y = 19\,200$, $\sum x^2 = 1\,060\,000$, $\sum xy = 8\,370\,000$, $n = 6$ 代入式(3-3)得:

$$\begin{cases} 19\,200 = 6a + 2\,400b \\ 8\,370\,000 = 2\,400a + 1\,060\,000b \end{cases}$$

解方程组得:

$$\begin{cases} b = 6.9 \\ a = 440 \end{cases}$$

所建立的预测模型为:

$$y = 440 + 6.9x$$

需要指出的是，采用回归直线法分解混合成本，混合成本总额与产量之间必须具有线性联系，如果没有这种线性联系，分解出来的结果也就失去意义。

相关程度分析以相关系数 R 来表示，相关系数 R 的取值范围在 0 与 ± 1 之间。当 $R=1$ 时，说明混合成本总额与产量之间完全相关；当 $R=0$ 时，说明两者之间没有关系。在成本管理中，一般当 $R \geqslant 0.8$，就表明混合成本总额与产量之间有密切联系，这样就可运用回归直线法进行分解。

根据例 3-2 资料，相关系数 R 的计算为：

$$R = \frac{6 \times 8\,370\,000 - 2\,000 \times 19\,200}{\sqrt{(6 \times 1\,060\,000 - 2\,400^2) \times (6 \times 66\,460\,000 - 19\,200^2)}} = 0.973\,9$$

由于相关系数接近于 1，相关程度较高，因此可使用回归直线法。

3）时间序列法

（1）简单平均法。

简单平均法是通过计算以往若干时期成本的简单平均数作为对未来的成本预测数，其计算公式为：

$$预计成本值 = \frac{各期成本值之和}{期数} \tag{3-4}$$

例 3-3 某企业 2018 年 1—6 月的各月成本数资料如表 3-4 所示。

表 3-4 各月成本表 单位：元

月份	1	2	3	4	5	6	合计
实际成本数	270	305	295	300	325	335	1 830

根据上述资料，如果要求运用简单平均法预测 7 月份的成本数，则可计算为：

$$预计 7 月份的成本数 = 1\,830 \div 6 = 305（元）$$

（2）移动平均法。

移动平均法是通过计算以往若干时期成本的移动平均数，作为对未来成本的预测数。它是将统计资料按时间顺序划分为若干个数据点相等的组，并依次向前平行移动一个数据，计算各组的算术平均数，并组成新的时间序列进行预测。

例 3-4 仍用例 3-3 的资料，假定该企业确定的移动平均期数为 3，则见表 3-5。

表 3-5 产品成本移动平均值

月份	序列	成本/元	3 期移动平均	变动趋势
1	1	270		
2	2	305		

续表

月份	序列	成本/元	3期移动平均	变动趋势
3	3	295		
4	4	300	290=[(270+305+295)/3]	
5	5	325	300=[(305+295+300)/3]	+10(300−290)
6	6	335	306.67=[(295+300+325)/3]	+6.67(306.67−300)
7	7		320=[(300+325+335)/3]	+13.33(320−306.67)

(3) 加权移动平均法。

这是一种在平均移动法的基础上,对所用资料分别确定不同的权数进行加权以后,算出加权平均数,作为预计成本数的预测方法。这一方法在权数上通常按照这样的原则确定:近期资料的权数大一些,远期资料的权数小一些。这是因为在一般情况下,预测数受近期实际成本的影响程度较大。

例 3-5 仍用例 3-3 的资料,假设移动期数仍为 3,权数按资料距预测期的远近分别确定为 1、2、3,则 4、5、6、7 月份的成本数如表 3-6 所示。

表 3-6 成本表

月份	序列	成本/元	3期移动平均	变动趋势
1	1	270		
2	2	305		
3	3	295		
4	4	300	294.17=[(270×1+305×2+295×3)/6]	
5	5	325	299.17=[(305×1+295×2+300×3)/6]	+5(299.17−294.17)
6	6	335	311.67=[(295×1+300×2+325×3)/6]	+12.5(311.67−299.17)
7	7		325.83=[(300×1+325×2+335×3)/6]	+14.16(325.83−311.67)

(4) 指数平滑法。

指数平滑法也称指数修匀法,它是通过导入平滑系数对本期实际成本和本期的预测成本进行加权平均,并将其作为下期的预测成本。

其计算公式为:

$$M_{t+1} = \alpha X_t + (1-\alpha) M_t \quad (0 \leqslant \alpha \leqslant 1) \quad (3-5)$$

式中:M_{t+1} 为下期预测值;M_t 为本期预测值;X_t 为本期实际数;α 为平滑系数。

α 越小，则下期的预测数就越接近于本期的预测数；反之，则下期的预测数越接近于本期的实际数。在实际运用时，一般采用试误法，选用不同的 α 值进行试算，选用预测误差最小的 α 值。

例 3-6 仍沿用例 3-5 表的资料，假定该企业对 1 月份的预计成本数为 280 万元，$\alpha = 0.3$，则以后各月的成本预测值计算见表 3-7。

表 3-7 成本预测计算表

t	X_t	αX_t	$(1-\alpha)M_t$	M_t
1	270	0.3×270=81	0.7×280=196	280
2	305	0.3×305=91.5	0.7×277=193.9	277
3	295	0.3×295=88.5	0.7×285.4=199.78	285.4
4	300	0.3×300=90	0.7×288.28=201.80	288.28
5	325	0.3×325=97.5	0.7×291.80=204.26	291.80
6	335	0.3×335=100.5	0.7×301.76=211.23	301.76
7				311.73

2. 定性预测法

定性预测法是指预测者依靠熟悉业务知识、具有丰富经验和综合分析能力的人员与专家，根据已掌握的历史资料和直观材料，运用个人的经验和分析判断能力，对事物的未来发展做出性质和程度上的判断，然后再通过一定形式综合各方面的意见，作为预测未来的主要依据。定性预测法也称作直观判断预测法或简称直观法。

成本的定性预测法——判断分析法，是预测人员采用调查研究、分析判断等方法对成本的发展性质和趋势加以估计和推测的方法。其主要形式包括调查法、主观判断法、市场研究法、历史类比法、经济寿命周期法、指标分析法、相互影响法、情景预测法等。其中，调查法又可以分为"背对背"的德尔菲法和"面对面"的专家小组法，它们和主观判断法的比较见表 3-8。

表 3-8 定性预测法

	主观判断法	德尔菲法	专家小组法
含义	首先企业内部把与成本有关或者熟悉市场情况的各种人员召集起来，让他们对未来的成本发展趋势发表意见，做出判断；然后将各种意见汇总起来，进行分析研究和综合处理；最后得出成本预测结果	向专家们函询调查的直观预测方法，需要多次反复，在整理、归纳各专家的意见以后，加以综合，做出预测判断。具有反馈性、匿名性和统计性特点	由企业组织各有关方面的专家组成预测小组，通过召开座谈会的方式，进行充分、广泛的调查研究和讨论，然后运用专家小组的集体科研成果做出最后的预测判断

续表

	主观判断法	德尔菲法	专家小组法
要求	企业内部的相关人员对各自的业务都比较熟悉,对市场状况及企业在竞争中的地位也比较清楚,但其对问题理解的广度和深度却往往受到一定的限制,需要进行信息交流和互补	不记名,专家们背对背发表书面意见,有控制地进行反馈,使每个专家能了解其他专家的综合意见并修改自己的意见,最后用统计方法集中所有专家的意见并使之逐渐趋向一致	各个专家从企业的整体利益出发,畅所欲言,充分表达各自的观点,而不受相互之间不同意见的干扰和影响
优点	迅速、及时和经济,不需要经过复杂的计算,也不需要多少预测费用,就可以及时得到预测结果;发挥集体的智慧,使预测结果比较可靠,如果市场发生了变化可以自行修正	可以加快预测速度和节约预测费用,可以获得各种不同但有价值的观点和意见,适用于长期预测和对新产品的预测,在历史资料不足或不可测因素较多时尤为适用	专家之间充分交流,可以相互启发;讨论过程中信息量大,可以促使考虑全面,相应地所得的预测结果较准确
缺点	预测结果容易受主观因素影响,对市场变化、顾客的愿望等问题了解不细,因此预测结果一般化	对于分地区的顾客群或产品的预测可能不可靠;责任比较分散;专家的意见有时可能不完整或不切合实际	容易只重视领导、权威或多数人意见,而轻视少数人的意见,或会议准备不充分,造成流于形式

相互影响法就是从分析各个事件之间由于相互影响而引起的变化及变化发生的概率,来研究各个事件在未来发生的可能性的一种预测方法。

历史类比法就是对类似的新产品的投产和发展过程进行对比分析,使成本预测立足于模式相似性的基础上。

情景预测法是一种新兴的预测法,由于它不受任何条件限制,应用起来灵活,能充分调动预测人员的想象力,考虑较全面,有利于决策者更客观地进行决策,在制定经济政策、公司战略等方面有很好的应用。但在应用过程中一定要注意具体问题具体分析,同一个预测主题,遇有其所处环境不同,最终的情景可能会有很大的差异。

领先指标法就是通过将经济指标分为领先指标、同步指标和滞后指标,并根据这三类指标之间的关系进行分析预测。领先指标法不仅可以预测经济的发展趋势,而且可以预测其转折点。

在实际运用时,每一种预测方法其实并不限定单独使用,在综合预测的过程中,重要的是如何融合所有这些方法的思想。

3.2 目标成本的预测

3.2.1 目标成本预测的内涵

目标成本,是从产品寿命期间的目标利润出发,规划单位产品应达到的成本目标。

是企业在一定时期内保证实现目标利润而确定的各项成本控制目标,具有先进性、适应性、可行性及可修正性的特点。

进行目标成本预测是为了控制企业生产经营过程中的物质消耗和人力资源消耗,降低产品成本,保证目标利润的实现。这使得成本管理的立足点从制造阶段转向制造前阶段,从业务过程长河的下游转移到了上游。

目标成本的预测一般可采用两种方法。

第一种是以某一先进的成本水平作为目标成本,它可以是本企业历史最好水平或国内外同类产品中的先进成本水平,也可以是标准成本或定额成本。

第二种是根据事先制定的目标利润和销售预测的结果,充分考虑价格因素,按照预计的销售收入扣除目标利润就得到目标成本,即:

$$目标成本 = 预计单价 \times 预计销售量 - 目标利润$$
$$= 预计销售收入 - 目标利润 \tag{3-6}$$

目标成本可以作为衡量产品成本、费用支出的标准,以便在生产过程中及时监督和分析脱离目标成本的偏差。所以,目标成本的确定既要考虑到先进性,又要注意到可行性。这样,才有利于调动各方面的积极性,从而保证目标的实现。

3.2.2 目标成本预测的方法

1. 倒扣测算法

倒扣测算法是在事先确定目标利润的基础上,首先预计产品的售价和销售收入,然后扣除价内税(不包括增值税)和目标利润,余额即为目标成本的一种预测方法。此法既可以预测单一产品生产条件下的产品目标成本,还可以预测多产品生产条件下的全部产品的目标成本;当企业生产新产品时,也可以采用这种方法预测,此时新产品目标成本的预测与单一产品目标成本的预测相同。相关的计算公式为:

$$单一产品生产条件下产品目标成本 = 预计销售收入 - 应缴税金 - 目标利润 \tag{3-7}$$

$$多产品生产条件下全部产品目标成本 = 预计销售收入 - 应缴税金 - 总体目标利润 \tag{3-8}$$

$$新产品目标成本 = 预计销售收入 - 应缴税金 - 目标利润 \tag{3-9}$$

$$多产品生产下全部产品目标成本 = \sum 预计销售收入 - \sum 应缴税金 - 总体目标利润 \tag{3-10}$$

例 3-7 A 企业生产甲产品,假定产销平衡,预计甲产品的销售量为 10 000 件,单价为 300 元,增值税率为 16%,另外还需要交纳 10% 消费税。假设该企业甲产品购进货物占销售额的预计比重为 40%,若该企业所在地区的城市维护建设税税率为 7%,教育费附加为 3%,地方教育费附加为 2%,同行业先进的销售利润率为 20%。要求预测该企业的目标成本。

目标利润＝10 000×300×20%＝600 000(元)
消费税＝10 000×300×10%＝300 000(元)
增值税＝10 000×300×16%×(1－40%)＝288 000(元)
附加税费＝(300 000＋288 000)×(7%＋3%＋2%)＝70 560(元)

由于增值税与损益无关（价外税），因此有

应缴税金＝消费税＋附加税费＝300 000＋70 560＝370 560(元)
目标成本＝10 000×300－370 560－600 000＝2 029 440(元)

如果 A 企业在生产甲产品的同时还生产乙产品，预计乙产品的销售量为 6 000 件，单价为 200 元，不用缴纳消费税，乙产品购进货物占销售额的预计比重为 50%，其他条件保持不变。在这种情况下预测企业总体的目标成本为

总体的目标利润＝(10 000×300＋6 000×200)×20%＝840 000(元)
总体的目标成本＝4 200 000－370 560－6 000×200×(1－50%)×16%×(7%＋3%＋2%)－840 000＝297 7920(元)

需要说明的是，上述公式中的销售收入必须结合市场销售预测及客户的订单等予以确定；应缴税金指应缴流转税金，它必须按照国家的有关规定予以缴纳。由于增值税是价外税，因此这里的应缴税金不包括增值税，目标利润通常可采用先进（指同行业或企业历史较好水平）的销售利润率乘以预计的销售收入，先进的资产利润率乘以预计的资产平均占用额，先进的成本利润率乘以预计的成本总额来确定。

倒扣测算法以保证目标利润实现为前提，坚持以销定产的原则，使得目标成本的确定与销售收入的预计紧密结合，故而在西方国家被多数企业采用，适用面较广。需要注意的是，以上计算公式是假设产销平衡状态，但是在实际工作中，多数企业可能都无法达到产量和销量的恰好平衡，于是在这种情况下，企业必须结合期初、期末产成品存货情况，预计当期尚需生产的数量，然后倒推出生产该数量产品的目标成本。

2. 比率测算法

比率测算法是在倒扣测算法基础上的延伸，它根据成本利润率来预测单位产品目标成本。这种方法要求事先确定成本利润率，并以此推算目标成本。它常被用于新产品目标成本的预测。计算公式为：

$$单位产品目标成本＝\frac{产品预计价格×(1－税率)}{1＋成本利润率} \quad (3-11)$$

例 3-8 某企业准备生产一种新产品，预计单位售价为 1 000 元，税率为 4%，成本利润率为 25%，要求预测该新产品的目标成本。

$$单位产品目标成本 = 1\,000 \times (1-4\%) \div (1+25\%) = 768(元)$$

确定成本利润率时需要注意设定的是何种目标利润率，也就是说利润是指哪一块的：利润是指通常所说的利润总额（利润表计算出来的结果），还是仅指经营利润（不含营业外收支），还是指制造毛利（经营利润扣减企业总的销售和管理费用），或者是指边际利润（不含固定性费用），需要事先明确。

3. 选择测算法

选择测算法是以某一先进的单位产品成本作为目标成本的一种预测方法，如采用标准成本、国内外同类型产品的先进成本水平、企业历史最好的成本水平等，都可以作为目标成本。该方法要求企业熟悉市场行情，及时掌握国内外同行业同类型产品的最先进的成本水平动态。虽然此法相对比较简单，但在实际应用时应注意可比性，如果发现彼此现状相差较大，就不能采用，或在必要的调整和修正基础上方可使用。

4. 直接测算法

直接测算法是根据上年预计成本总额和企业规划中确定的成本降低目标来直接推算目标成本的一种方法。

$$目标成本 = 按上年预计平均单位成本计算的计划年度可比产品成本总额 \times (1-计划期预计成本降低率) \tag{3-12}$$

因为成本计划通常是每年第四季度编制的，所以上年前三季度数据是实际数，而第四季度数据则是预计数。

$$上年预计平均单位成本 = (上年1至9月实际平均单位成本 \times 上年1至9月实际产量 + 上年第四季度预计单位成本 \times 上年第四季度预计产量) / (上年1至9月实际产量 + 上年第四季度预计产量) \tag{3-13}$$

例 3-9 某公司生产甲、乙两种产品，2018年1—9月份实际生产甲产品 6 000 件，实际平均单位成本为 158 元；生产乙产品 1 200 件，实际平均单位成本为 500 元。第四季度预计生产甲产品 4 000 件，单位成本为 135 元；乙产品 400 件，单位成本为 475 元。计划 2019 年继续生产甲、乙两种产品，全年计划生产甲产品 12 000 件，生产乙产品 2 000 件，可比产品成本降低率达到 5%。要求预测公司 2019 年的目标成本及成本降低额。

$$甲产品本年预计平均单位成本 = (6\,000 \times 158 + 4\,000 \times 135) \div (6\,000 + 4\,000)$$
$$= 148.8(元)$$

$$乙产品本年预计平均单位成本 = (1\,200 \times 500 + 400 \times 475) / (1\,200 + 400)$$
$$= 493.75(元)$$

$$目标成本 = (148.8 \times 12\,000 + 493.75 \times 2\,000) \times (1-5\%) = 2\,634\,445(元)$$

成本降低额＝(148.8×12 000＋493.75×2 000)×5％＝138 655(元)

3.2.3 目标成本的预测流程及分解

1. 目标成本的预测流程

综上所述，目标成本预测的流程大致如图 3-1 所示。

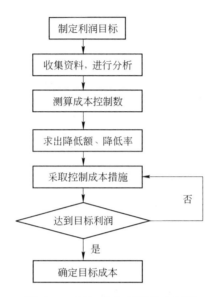

图 3-1 目标成本预测的流程图

2. 总体目标成本的分解

在企业生产多种产品时，对于目标成本的预测需要先将企业总体目标成本分解为各产品的目标成本。具体的分解方法有两种。

第一种方法是与基期盈利水平非直接挂钩的分解法。该方法在确定每种产品目标销售利润率的基础上，倒推出每种产品的目标成本，最终将各产品目标成本的合计值与企业总体目标成本进行比较并加以综合，使之实现平衡状态下确定每种产品的目标成本。

第二种方法是与基期盈利水平直接挂钩的分解法。如果企业要求各产品的目标销售利润率随企业总体的目标销售利润率同比例增减变化，则在具体的计算中应注意以下步骤：按计划期的销售比重调整基期销售利润率，求得计划期目标利润率，进而倒推目标成本。如果企业各产品目标利润不随企业总体盈利水平同比例变化，而是各自变化的，则要求实现各产品的加权平均销售利润率大于或等于计划期总体的目标销售利润率。

3. 各产品目标成本的分解

在对总体目标成本分解的基础上，各产品目标成本还要进一步分解，具体方法有如下几种。

第一种方法是按管理层次分解。将目标成本按公司、分厂、车间、班组、个人进行分解。

第二种方法是按管理职能分解。销售部门负责销售费用,设计部门负责设计成本和新产品研发费用,人力资源部门负责人力成本等。

第三种方法是产品构成分解。把产品构成按零部件划分,利用功能评价系数的比例算法,按各个零部件的功能评价系数来分解出各零部件的成本。

第四种方法是按产品形成过程分解。按产品设计、材料采购、生产制造和产品销售等过程分解,形成每一过程的目标成本。

第五种方法是按产品成本项目构成分解。根据各成本项目占总成本的比重分解目标成本。

例 3-10 某公司计划推出一款节能环保产品,预计全年可生产 3 000 套,销售 2 800 套,售价 100 元/套,销售税率为 5%,全年期间费用为 20 000 元,目标利润为 50 000 元。根据目标成本预测法,计算该公司全年的销售成本、单位产品目标生产成本和全年生产总成本。

全年销售成本=预计销售收入-应缴税金-目标利润-期间费用
$$=2\ 800 \times 100 \times (1-5\%) - 20\ 000 - 50\ 000 = 196\ 000(元)$$

单位产品目标成本=销售成本÷销售量=196 000÷2 800=70(元)

全年生产总成本=单位产品目标成本×生产量=3 000×70=210 000(元)

如果某企业属于多品种生产企业,应先将企业总体目标成本分解为各产品的目标成本,分解方法有以下两种。

第一种方法是与基期盈利水平非直接挂钩分解法。该方法在确定每种产品目标销售利润率的基础上,倒推每种产品的目标成本,最终将各产品目标成本的合计值与企业总体目标成本进行比较并综合平衡,进而确定每种产品的目标成本。计算公式为:

企业总体目标成本或每种产品的目标成本=预计销售收入-应缴税金-目标利润

其中:目标利润=预计销售收入×目标销售利润率

例 3-11 假设某企业生产甲、乙两种产品。预计甲产品的销售量为 5 000 件,单价为 600 元,预计应缴的流转税(包括消费税、城建税和教育费附加)为 360 600 元;乙产品的预计销售量为 3 000 件,单价为 400 元,应缴的流转税(包括城建税和教育费附加)为 10 200 元。该企业以同行业先进的销售利润率为标准确定目标利润,假定同行业先进的销售利润率为 20%。要求:预测该企业的总体目标成本,并说明如果该企业结合实际确定的甲产品的目标销售利润率为 23%,乙产品的目标销售利润率为 18%,在这种情况下,该企业规定的总体目标成本是否合理?

依题意,则:

企业总体的目标成本＝(5 000×600＋3 000×400)－(360 600＋10 200)－(5 000×600＋3 000×400)×20%＝2 989 200(元)

甲产品目标成本＝5 000×600－360 600－5 000×600×23%＝1 949 400(元)

乙产品目标成本＝3 000×40－10 200－3 000×400×18%＝973 800(元)

总体目标成本＝1 949 400＋973 800＝2 923 200(元)＜2 989 200(元)

说明：虽然各产品自身的销售利润率与同行业先进的销售利润率不一致，但以此测算的总体目标成本为2 923 200元，低于企业规定的总体目标成本，因此该企业规定的总体目标成本合理，应将各产品目标成本的预计值纳入计划。

第二种方法是与基期盈利水平直接挂钩分解法。根据各产品目标销售利润率是否随企业总体盈利水平同比例变化，具体又可分为以下两种情况。

(1) 各产品目标销售利润率随企业总体盈利水平同比例变化。如果企业要求各产品的目标销售利润率随企业总体的目标销售利润率同比例增减变化，在这种情况下的具体计算步骤如下：①按计划期的销售比重调整基期销售利润率，公式为：按计划比重确定的基期加权平均销售利润率＝∑(某产品基期销售利润率×该产品计划期的销售比重)；②根据总体规划确定企业计划期总体的目标销售利润率以及计划期的利润预计完成百分比，计算公式分别为：计划期目标销售利润率＝按计划比重确定的基期加权平均销售利润率＋计划期销售利润率的预计增长百分比；计划期目标利润预计完成百分比＝计划期目标销售利润率/按计划销售比重确定的基期加权平均销售利润率；③确定各种产品的目标销售利润率，计算公式为：某产品目标销售利润率＝该产品的基期销售利润率×计划期目标利润预计完成百分比；④利用"倒扣法"即可确定企业总体的目标成本及各产品的目标成本。

例3-12 假设某企业生产A、B、C三种产品，上年三种产品的销售利润率分别为20%、10%、15%，计划期要求销售利润率增长2%，预计销售收入分别为50万元、30万元、20万元，销售税金分别为5万元、3万元、2万元。要求：确定企业总体的目标成本和各产品的目标成本。

A产品计划期销售比重＝$\frac{50}{50+30+20}$×100%＝50%

B产品计划期销售比重＝$\frac{30}{50+30+20}$×100%＝30%

C产品计划期销售比重＝$\frac{20}{50+30+20}$×100%＝20%

按计划比重确定的上年加权平均销售利润率＝20%×50%＋10%×30%＋15%×20%＝16%

计划期目标销售利润率＝16%＋2%＝18%

企业总体目标成本＝(50＋30＋20)－(50＋30＋20)×18%－(5＋3＋2)＝72(万元)

计划期目标利润预计完成百分比 = $\frac{18\%}{16\%} \times 100\% = 112.5\%$

A 产品目标销售利润率 = $20\% \times 112.5\% = 22.5\%$

B 产品目标销售利润率 = $10\% \times 112.5\% = 11.25\%$

C 产品目标销售利润率 = $15\% \times 112.5\% = 16.875\%$

A 产品目标成本 = $50 - 50 \times 22.5\% - 5 = 33.75$(万元)

B 产品目标成本 = $30 - 30 \times 11.25\% - 3 = 23.625$(万元)

C 产品目标成本 = $20 - 20 \times 16.875\% - 2 = 14.625$(万元)

(2) 各产品目标销售利润率不随企业总体盈利水平同比例变化。实务中,各产品的目标销售利润率常常结合自身实际状况变动,而不随企业总体盈利水平同比例变化,在这种情况下,只要各产品的加权平均销售利润率大于或等于计划期总体的目标销售利润率即可。

例 3-13 沿用上例已知资料,假定 A 产品的目标销售利润率为 24%,B 产品的目标销售利润率维持上年的水平不变,C 产品的目标销售利润率为 17%。要求:确定企业总体的目标成本和各产品的目标成本。

依据题意,则:

企业加权平均的销售利润率 = $24\% \times 50\% + 10\% \times 30\% + 17\% \times 20\% = 18.4\% > 18\%$

企业总体目标成本 = 72(万元)

A 产品目标成本 = $50 - 5 - 50 \times 24\% = 33$(万元)

B 产品目标成本 = $30 - 3 - 30 \times 10\% = 24$(万元)

C 产品目标成本 = $20 - 2 - 20 \times 17\% = 14.6$(万元)

由于 $33 + 24 + 14.6 = 71.6$(万元) < 72(万元)

因此该企业能完成预计的总体目标成本。

3.3 本量利分析在成本预测中的应用

本量利分析是对产品水平的预测,也就是预测计划期产量变化条件下的总成本水平。产品按其与产量的依存关系划分为变动成本和固定成本,根据这种相关变量之间的规律性联系,从而进行成本预测。

3.3.1 本量利分析的概念

本量利分析是成本、产销量和利润三者关系分析的简称。本量利分析有若干基本假设,主要包括以下几项。

① 成本性态分析假定,也就是将成本划分为固定成本和变动成本两大类。固定成

本总额具有不随产销量的变动而变动的特征,变动成本总额具有随产销量的变动而呈正比例变动的特征。

② 相关范围及线性假定,是指固定成本和变动成本的以上特征是在相关范围之内所具有的,超过一定范围,特征可能会发生一定的变化。

③ 本量利分析基本模型假定,也就是说本量利的关系,可以抽象概括为数学预测模型,即:

$$利润总额＝销售收入－变动成本－固定成本$$

3.3.2 本量利分析在成本预测中的具体应用

1. 保本点的预测

保本点是指企业恰好保本的状态下,即企业利润等于零时的销售量或销售额。虽然企业此时没有盈利,但是企业至少这一刻没有亏损,而且保本毕竟是盈利的前提条件,所以预测保本点对企业至关重要。

1) 单一产品保本点的预测

当企业只生产一种产品时,根据本量利分析的基本模型,并令利润为0,则保本时的销售量或销售额的计算公式为:

$$保本量＝\frac{固定成本}{单价－单位变动成本} \tag{3-14}$$

或

$$保本量＝\frac{固定成本}{单位贡献边际} \tag{3-15}$$

$$保本额＝\frac{固定成本}{1－变动成本率} \tag{3-16}$$

或

$$保本额＝\frac{固定成本}{贡献边际率} \tag{3-17}$$

式(3-15)中的单位贡献边际等于单价减去单位变动成本;式(3-17)中的贡献边际率等于单位贡献边际除以单价,变动成本率等于单位变动成本除以单价,由此可推出贡献边际率加上变动成本率等于1。

2) 多产品保本点的预测

如果企业是生产两种或两种以上的产品,因为各产品的贡献边际率不同,于是需要计算加权平均贡献边际率,以确定综合保本额,并在此基础上计算各产品的保本额,相关的计算公式为:

$$综合保本额＝\frac{固定成本}{加权贡献边际率} \tag{3-18}$$

$$各产品保本额＝综合保本额×该产品的销售比重 \tag{3-19}$$

其中

$$加权贡献边际率 = \sum(某产品的贡献边际率 \times 该产品的销售比重) \quad (3-20)$$

需要注意的是,当进行多品种保本分析时,可能各产品的实物量相加毫无意义,比如数量单位"吨"和"立方"之间就不能直接相加,因此这时只能计算总的保本额,而不能计算总的保本量。

2. 保利成本的预测

预测成本是为了实现目标利润,因此企业常需要测算保证目标利润实现时的保利变动成本和保利固定成本。假定企业已确定目标利润,在这种情况下,依据本量利分析的基本公式进一步推导,将利润视作和固定成本一样需要弥补,从而进行保利变动成本和保利固定成本的预测。

3. 风险条件下的成本预测

因为是预测,所以本身就必然是不确定的,并且在实际生活中,影响成本各因素的未来发展水平也常常是不确定的,如单价、单位变动成本、固定成本等,在未来都可能出现不同的结果。在这种情况下,应根据不同结果发生的相应概率,计算各指标的期望值,并且在此基础上依据单一产品保本点的预测公式确定期望的保本量或保本额,依据保利成本的预测模型确定期望的保利成本水平。

专栏 3-1　　　　　　　　晨光纸业利润预测

案例背景:

造纸在中国有着悠久的历史,但在改革开放后,造纸工业才得到较快的发展。从 1978 年到 1995 年,中国纸品年产量从 439 万吨增加到 2 812 万吨,在数量上仅次于美国和日本而居世界第三位,年平均增长 10.4%,略高于国民生产总值的增长率,基本与我国的国民经济发展相适应。但随之而来的企业规模小、技术较落后、环境污染严重、非木材纤维占原料的比重大、耗电耗水多等问题也越来越明显,制约了我国造纸工业的进一步发展。为了解决发展与制约的矛盾,国家制定了造纸工业"九五"计划及 2010 年远景规划,在关闭污染严重、成本高的小纸厂的同时,建议现有造纸企业生产规模通过技术改造达到年产 5 万吨以上,还要重点发展 5 个年产能力达 40 万吨的巨大造纸企业。

在国内造纸企业中,晨光纸业可以说是民族产业中发展最快、规模最大、获利能力最强的企业之一,连续 5 年净利润居同行业首位。根据市场调查分析,国内造纸业经过了近 3 年的低迷,进入 2004 年开始表现出强劲的增长势头,产量、价格均有较大幅度增长,预计 2004 年产品销售量可达 38 万吨,每吨售价增长到 5 600 元。另外,产品的单位变动制造成本为 3 000 元,单位变动销售费为 350 元,单位变动管理费为 150 元,固定成本总额为 4.45 亿元,企业所得税税率为 33%。

> **分析要点及要求：**
> 1. 利用本量利分析法预测晨光纸业 2004 年的目标利润。
> 2. 若企业根据市场环境、生产能力、技术条件等因素确定企业 2004 年利润可达 3 亿元，试用本量利分析法预测出实现目标利润的销售量和销售额。
> 3. 本量利分析法在企业利润预测实践中应首先做好哪些基础工作？对利润预测的影响何在？
> 4. 简述本量利分析法在我国企业利润预测中的应用现状及应注意的问题。

3.4　产品成本发展趋势预测

产品成本发展趋势预测是根据预测的具体内容，以其相关性的成本历史资料为基础，采用一定的方法来估计未来成本可能达到的水平。这种预测方法可以同时起到两方面的作用，既为修订目标成本奠定了基础，又可以检验目标成本的完成情况。

3.4.1　投产前的产品成本趋势预测

在新产品投产前进行成本趋势预测时，可以采用直接法、概算法或比价法来确定目标成本的水平。所谓直接法，就是根据设计方案的技术定额来直接测算新产品设计成本；概算法是利用直接法测算直接材料的设计成本，而对于其他成本项目，则是比照类似产品成本中这些项目所占的比重来估算新产品的设计成本；比价法又是以原来曾生产过的一种或几种功能相似或相近的产品为参照，通过新旧产品成本的对比来确定新产品设计成本的一种预测方法。

3.4.2　对于可比产品的成本降低趋势预测

可比产品是指以前年度已经投产、有系统成本资料的产品。可比产品成本降低趋势的预测包括可比产品成本降低率的预测和可比产品成本降低额的预测。

对于可比产品成本降低率的预测，是以预计计划期的各项主要技术经济指标的变动程度为基础，根据各个成本项目变动对产品成本的影响率，汇总出总成本的降低率，由此来测算计划期可比产品成本降低率。其具体的做法是依据各个公式分别计算：材料消耗定额及材料价格的变动对可比产品成本的影响；劳动生产率及平均工资的变动对可比产品成本的影响；产量及制造费用的变动对可比产品成本的影响；废品损失的变动对可比产品成本的影响。

对于可比产品成本降低额的预测，是以计划年度采取的各项降低措施为基础，以此来测算计划期可比产品成本降低额，并且进而确定其成本降低率。该方法与上述可比产品降低率预测的显著不同主要在于:它以项目成本降低措施为依据测算,而不是以主要技术经济指标的测算为依据,并且这种方法是先确定降低额,然后才确定降低率。

3.4.3 产品总成本的发展趋势预测

对于产品总成本发展趋势进行预测,主要采用的是平均法,即通过计算不同时期的平均数来预计未来总成本。它包括简单平均法、移动平均法、加权平均法和指数平滑法。

简单平均法是直接将若干期历史成本的算术平均数作为未来成本水平的一种预测方法。

移动平均法是根据历史资料自主选择移动期,并以移动期内的平均数作为未来成本水平的一种预测方法。

加权平均法是对各期历史数据按照远小近大的规律确定其权数,并以其加权平均值作为未来成本水平的一种预测方法。

指数平滑法是一种特殊的加权平均法,它是以上期实际值的加权平均值作为未来成本水平的一种预测方法。其计算公式为:

预测期成本＝平滑系数×上期实际成本＋(1－平滑系数)×上期预测成本　　(3-21)

平滑系数取值一般在 0.3～0.7 之间。

例 3-14 某企业 2017 年 7 月至 12 月实际成本数如表 3-9 所示。

表 3-9 实际成本表

时间	2017 年						2018 年
	7月	8月	9月	10月	11月	12月	1月
实际成本/元	80 000	75 000	77 000	85 000	82 000	90 000	?

假设平滑系数 $\alpha = 0.6$,2017 年 10 月成本预测值为 84 000 元,预测 2018 年 1 月的成本。

(1) 2017 年 11 月:

$$预测期成本 = 0.6 \times 85\,000 + (1-0.6) \times 84\,000$$
$$= 84\,600(元)$$

(2) 2017 年 12 月:

$$预测期成本 = 0.6 \times 82\,000 + (1-0.6) \times 84\,600$$
$$= 83\,040(元)$$

(3) 2018 年 1 月:

$$预测期成本 = 0.6 \times 90\,000 + (1-0.6) \times 83\,040$$
$$= 87\,216(元)$$

为了使预测结果切合实际，在按式（3-21）测算以后，应加以分析研究，最后做出符合实际的判断。

3.4.4 功能成本预测

功能成本预测又称为价值分析，它是以分析产品应具有的功能为出发点，力求以最低、最合理的成本代价来保证产品必要功能得以实现的一种技术经济分析方法。功能成本预测的关键是对产品成本按照功能进行分割。实践中进行功能成本预测分析有一个过程，包含这样一些基本步骤：选择分析对象，定义功能；搜集所需资料；计算每一项功能的成本；估计每一项功能带给用户的相对价值；根据评价各功能的权数来分配各功能的目标成本；将现有的功能成本与目标成本相比较，找到需要采取措施的功能；建议不同改进措施；选择最优的改进措施；实施改进措施并对改进结果进行分析评价。其中功能分析评价是功能成本预测分析的核心。功能评价是通过定量分析进行的，要求计算价值系数。其计算公式为：

$$价值系数 = \frac{功能评价系数}{成本系数} \tag{3-22}$$

式（3-22）中的功能评价系数可以根据评分法计算求得；成本系数是各类零部件的实际成本或设计成本与全部零部件的实际总成本或设计成本总额的比值，即：

$$成本系数 = \frac{某项零部件的实际成本或设计成本}{全部零部件的实际总成本或设计成本总额} \tag{3-23}$$

价值系数表明每一元产品成本能够获得多大的产品功能。价值系数大于1，说明产品或零部件的功能较大或成本较低，这种状态比较理想；价值系数趋近于1，说明功能与成本比例适宜，不必改进；价值系数小于1，说明功能可能不太大或成本过高，需要改进。

【案例分析】

北重安东机械制造有限公司的本量利分析

包头北方深发机械有限责任公司，系北重安东机械制造有限公司的控股子公司，注册资本：800万元；实收资本：800万元；主营：机械加工；非标制造；成套设备、热处理；木器加工；钢材销售；技术咨询服务。企业成立时由马岸平、管徽、土力等一起投资创建，注册资本520万元，2007年12月经公司股东会决议北重安东机械制造有限公司增资280万元持有本公司35%的股份，2008年8月北重安东机械制造有限公司购买土力代表的职工股20%（160万元的股份），经过上述股份转让后，北重安东机械制造有限公司持有该企业55%股份，成为该企业的控股股东。

以公司 2014 年的数据为成本预测资料。从单一产物出发，分析这一公司各种产品的盈余情况，最终将成本平摊到每一个产物上。总营业收益为 3 518 500 万元。公司原制定运营规划是 1 270 000 万元，除去三类主要产品外其他营业收入 150 000 万元；此外 21 500 万元没有包括在成本之中，应从利润中进行增减，所以三类主要产品规划利润调节为 1 098 500 万元。如表 3-10 所示。

表 3-10 2014 年北重安东机械制造有限公司成本数据表

项目	无缝钢管	钻具	铸管模
固定成本/万元	90 000	150 000	925 000
变动成本/万元	100 000	175 000	1 000 000
售价/元/吨	4 850	5 575	4 450
销售量/万吨	60	100	600
营业收入/万元	291 000	557 500	2 670 000

问题：

（1）利用本量利分析法，对北重安东机械制造有限公司进行盈亏平衡分析；

（2）北重安东机械制造有限公司不仅生产一两种产品，它的经营范围是十分广泛的，所以，我们不仅要对单一品种的本量利进行分析，还要对多品种条件下的本量利进行分析，尝试对三种产品综合进行盈亏分析；

（3）对北重安东机械制造有限公司成本进行优化。

资料来源：刘亚平. 本量利分析法在北重安东机械制造有限公司应用的研究 [J]. 赤峰学院学报（自然科学版），2016（16）.

习　题

1. 某企业 2017 年上半年各期的实际成本总额分别为 80、90、85、100、110、120 万元。

要求：

（1）利用简单平均法预测 7 月份的成本总额；

（2）利用 3 期移动平均法预测 7 月份的成本总额；

（3）假设权数为 1、2、3，利用加权平均法预测 7 月份的成本总额；

（4）若 6 月份的预计成本总额为 125 万元，平滑系数取 0.7，预测 7 月份的成本总额。

2. 某企业只生产一种商品，预计单价为 300 元，销售量为 2 000 件，税率为 5%，成本利润率为 25%。

要求：预计该企业的目标成本。

3. 某企业生产甲产品,销售单价 8.5 元,单位变动成本 5 元,固定成本与产量之间的关系如下。

生产数量	固定成本总额
0～20 000	160 000
20 001～65 000	190 000
65 001～90 000	210 000
90 001～100 000	250 000

要求:如果下一年度预计正常销售 50 000 件,为保证获利 10 000 元,需要按 6.5 元接受特殊订货多少件?如果按 6 元接受特殊订货多少件?

4. 某企业明年继续生产甲产品,产量将达到 600 件。预计明年主要的生产指标变动包括:生产甲产品采用的 A 材料,由于季节性因素从 9 月份每单位由 19 元升至 21 元,但经过全体职工的努力,A 材料的单位消耗定额由 10 单位下降到 8 单位;计划小时工资率为 3 元,下半年单位产品定额工时下降 1 小时;每月压缩制造费用 90 元,但会增加每单位产品废品损失 0.12 元。

要求:测算明年的总成本降低额。

本 章 小 结

成本预测是依据有关成本资料,运用科学方法,对企业未来成本水平及其变动趋势做出科学推测。成本预测可采用定量和定性两种方法,其中,定量预测包括高低点法、回归分析法、时间序列法等;定性预测主要依赖专家根据丰富实践经验作出判断分析。在对目标成本进行预测时,可以采用倒扣测算、比率测算、选择测算、直接测算等。本量利分析也可在成本预测中加以运用。通过成本预测,目的在于对产品成本发展趋势有所了解。

本章重点在于掌握目标成本的内涵、方法,以及目标成本的分解和本量利分析的运用。

本章的难点是目标成本的分解和预测。

学 习 资 料

[1] http://www.accgo.com/2levels/cw_guanli.htm.

[2] 现代会计百科辞典，http：//kuaiji-book.db66.com/list/zhineng/11/1.asp.
[3] http：//www.cma-china.org/index.htm.

中英文关键术语

1. 商品成本　　　　　merchandise cost
2. 成本预测　　　　　cost forecast
3. 成本估算　　　　　cost estimation
4. 成本预算　　　　　cost budget
5. 成本控制　　　　　cost control
6. 目标成本计算　　　target costing，TC
7. 目标营业利润　　　target profit
8. 成本结构　　　　　cost structure
9. 销售组合　　　　　sales mix
10. 相关范围　　　　　relevant range

第 4 章 成本决策

学习目标

1. 掌握成本决策的有关成本概念；
2. 理解成本决策的程序及原则；
3. 掌握成本决策的各种方法；
4. 掌握成本决策方法的实际运用。

4.1 成本决策概述

4.1.1 决策分析概述

所谓决策，就是根据预定目标，利用有关决策理论、方法和信息，对两种或两种以上行动方案作出判断和选择，并作出最终行动决定的活动。决策正确与否，直接影响着企业的生存与发展。著名的经济学家赫伯特·西蒙揭示管理的本质时指出："决策是管理的心脏，管理是由一系列决策组成的，管理就是决策。"

1. 决策的分类

决策分类的角度和标准很多，从成本管理出发，决策主要有以下 5 种分类。

(1) 按其重要性进行分类。

决策按其重要程度分为战略决策、管理决策和业务决策。

① 战略决策。指关系到企业生存和发展的长期性、全局性、方向性的决策。

② 管理决策。指为了实现企业总体战略目标，针对职能活动的、局部性的决策的。

③ 业务决策。指围绕战略管理，针对日常业务的决策。

(2) 按其决策者的管理层次进行分类。

决策按其决策者的管理层次分为高层决策、中层决策、基层决策。

① 高层决策。指由企业高层管理者所作的决策，往往涉及战略性、全局性的重大问题。

② 中层决策。指由企业中层管理者所作的决策，往往涉及某个职能部门的局部问题。

③ 基层决策。指由企业基层组织所作的作业性决策，往往针对某项具体业务或作业。

（3）按其时期跨度长短进行分类。

决策按其时期跨度长短分为短期决策和长期决策。

① 短期决策。指在一个经营年度或一个经营周期内能够实现其目标的决策，主要包括生产决策、成本决策、定价决策、采购决策等。其特点表现为资金投入少，见效快。

② 长期决策。指在超过一个经营年度或一个经营周期内实现其目标的决策，主要指资本预算决策。其特点表现为资金投入多，见效慢，对企业影响重大。

（4）按其问题发生的频率进行分类。

决策按其问题发生的频率分为程序化决策和非程序化决策。

① 程序化决策。指针对常规的、反复发生的问题所作的决策。

② 非程序化决策。指针对偶然发生的或首次出现而又较为重要的问题所作的决策。

（5）按其条件进行分类。

决策按其条件分为确定型决策、风险型决策和不确定型决策。

① 确定型决策。指在备选方案中只有一种自然状态条件下的决策。

② 风险型决策。指在备选方案中存在两种或两种以上的自然状态，且每种自然状态所发生概率的大小是可以估计条件下的决策。

③ 不确定型决策。指在备选方案中存在两种或两种以上的自然状态，且每种自然状态所发生的概率是无法估计条件下的决策。

2. 成本决策的概念

成本决策是在充分利用已有资料的基础上，对运营过程中与成本相关问题的各个方案，运用定性和定量的方法，综合经济效益、质量、效率和规模等指标，进而确定运营过程中与成本相关的最优方案的成本管理活动。

成本决策是成本管理的核心，只有降低生产经营过程中的各项消耗，才能提高经济效益，才能实现企业价值最大化的目标。

成本决策在成本管理各环节中居于主导地位，同成本管理的其他环节存在密切的联系。成本预测是成本决策的前提，成本决策的结果又是进行成本控制和成本管理业绩评价的依据。

成本决策内容涉及成本管理的各个方面，主要包括产品设计阶段的成本决策、生产工艺选择中的成本决策、生产组织中的成本决策和零部件自制或外购的成本决策等，这些决策对降低成本往往能获得较为理想的效果。

4.1.2　成本决策的意义

1. 成本决策是企业经营管理决策系统的重要组成部分

企业经营管理决策是一个系统围绕着企业价值最大化目标，来作相关的"选择"和"决定"。在企业价值管理中，收入是增加价值的重要源泉，降低成本也是一个重要因素。科学合理的成本决策，一方面可以降低消耗；另一方面可以避免决策差错带来的可能的损失，从而获得一定的经济效益，保证企业价值最大化目标的实现。成本决策尤其在企业制定产品销售价格、制定产品营销策略、开发新产品、经济资源的综合利用等方面发挥着极为重要的作用，因而成为企业经营管理决策系统的重要组成部分。

2. 成本决策是成本管理的核心环节

成本管理是由一系列成本会计和管理会计行为组成的有机整体。其中成本预测只是提供了多种可能的方案，只有经过成本决策，才能明确最终的实施方案。成本决策是成本计划、成本控制、成本分析、成本考核与评价的依据。在成本决策的基础上制定成本计划，有利于保证成本计划与其他成本管理环节的一致性；在成本决策的基础上实施成本控制，才能明确控制对象，保证控制的有效性；在成本决策的基础上实施成本分析、考核和评价，才能保证其科学性和合理性。因此，成本决策是成本管理的核心环节。

4.1.3　与成本决策有关的成本概念

在成本决策中，涉及很多成本概念，只有正确理解这些概念，才能作出科学合理的成本决策。这些概念主要包括"相关成本""无关成本""沉没成本""增量成本""机会成本""差别成本""付现成本""共同成本""专属成本"。

1. 相关成本

指与特定方案相联系的、能对决策产生重大影响的、在决策中必须予以充分考虑的成本。常见的相关成本有增量成本、机会成本、专属成本、重置成本、付现成本、边际成本等。

2. 无关成本

指与特定方案无关的、不对决策产生重大影响的、在决策中不需要充分考虑的成本。常见的无关成本有沉没成本、共同成本等。

3. 沉没成本

指由于过去决策结果而引起并已经实际发生的成本。它又称为"旁置成本"或"沉入成本"。由于沉没成本代表过去的支出，这种支出无论多大，都是无法回收的成本。

例如，某企业有报废零件 10 000 元，如再行加工，需要支出 1 000 元，但可售得 2 500 元；如将该批零件不经加工直接处理，则只售得 850 元。那么在进行加工后出售还是不经加工直接出售方案决策时，这批报废零件的原始成本 10 000 元是在过去已经支付了的，属于沉没成本，对现时决策没有影响，因而不予考虑。

4. 增量成本

增量成本指因某一特定决策方案而引起的成本变化。

例如，甲企业引进 A 设备，成立了专门的工作车间，但工作量不饱和，只有 70%。此时，乙企业希望与甲企业进行合作，合作方案为乙企业将产品订单介绍到甲企业，但价格为甲企业加工成本的 85%，问甲企业是否接受此方案？甲企业的加工成本为 300 元，主要包括变动成本 100 元，分摊的固定成本 200 元。如果接受乙企业的要求，则收费标准为 255 元，每加工一个乙企业介绍的产品所引起的增量成本，就是所消耗的变动成本 100 元，固定成本 200 元在没有合作的情况下也要支出，是沉没成本，与本次决策方案无关，因此可以不考虑固定成本。甲企业每加工一个产品可得到的利润贡献为 155 元（255－100），应考虑接受此案。

5. 机会成本

经济学将机会成本通常定义为从事某种选择所必须放弃的最有价值的其他选择；管理学一般把已放弃的次优方案可能取得的利益看作是被选取最优方案的机会成本。虽然两者定义的侧重点不同，但含义却相同。机会成本不是指实际的支出或耗费，而是表述了稀缺与选择之间的基本关系。机会成本是一种隐性成本，不能反映在财务报表上，但是一旦作出决策，机会成本就产生了，所以决策时必须考虑。机会成本总是针对具体方案的，离开被放弃的方案就无从计量确定。机会成本在决策中的意义在于它有助于全面考虑可能采取的各种方案，以便为既定资源寻求更为有利的使用途径。

例如，某企业有机器一台，可用于本厂生产也可出租给另一工厂而收取租金，则这台机器继续用于生产的机会成本就是失去的租金收益。又如，假设某企业只能生产甲或乙一种产品，预计甲产品利润为 3 000 元，而乙产品利润只有 2 000 元，则生产甲产品的机会成本为 2 000 元，因为这是放弃生产乙产品的牺牲代价；另一方面，决定生产乙产品的机会成本则为 3 000 元，这是未生产甲产品的损失代价。

6. 差别成本

广义的差别成本是指两个不同方案的预计成本差别额；狭义的差别成本是指由于生产能力利用程度不同（增减产量）而形成的成本差别额，即在原来基础上因追加批量产品的生产所增加的成本数额。

例如，如果企业投产甲产品的预计总成本为 7 万元，而投产乙产品的预计总成本为 5 万元，那么两种投资方案的广义差别成本为 2 万元。

又如，某企业生产 A 产品，最大生产能力为年产 12 500 件，正常利用率为最大生产能力的 80%，A 产品单位变动成本为 4 元，年固定成本为 8 000 元，按生产能力正常利用率可达到的产量 10 000 件进行分摊，每件单位固定成本为 0.8 元。则以年产量 10 000 件为基础，每增加 1 000 件产品的生产量而追加的差别成本计算如表 4-1 所示。

表 4-1　　差别成本计算表　　　　　　　　　　　　　　　单位：元

产量/件	总成本		产量增加 1 000 件的差别总成本		单位成本		产量增加 1 000 件的差别单位成本	
	固定成本	变动成本	固定成本	变动成本	固定成本	变动成本	固定成本	变动成本
10 000	8 000	40 000	—	—	0.8	4	—	—
11 000	8 000	44 000	0	+4 000	0.73	4	−0.07	0
12 000	8 000	48 000	0	+4 000	0.67	4	−0.06	0

通过上面的计算可以看出，在产量不超过其最大生产能力 12 500 件时，固定成本总额不随产量的变动而变动，所以每增加生产 1 000 件产品而追加的成本额为变动成本 4 000 元。单位成本中的固定部分则呈降低的趋势。

差别成本还经常用于进行其他方面的决策，如是否接受追加的订货、某项不需用的机器设备是出租还是出售等。

7. 付现成本

付现成本又称现金支出成本，是指未来需要动用现金支付的成本。它是由现在或将来的任何决策所能够改变其现金支出数额的成本，是决策过程中必须考虑的重要影响因素。

例如，某企业计划进行 A 产品的生产。现有甲设备一台，原始价值 55 000 元，已提折旧 40 000 元，折余净值 15 000 元。生产 A 产品时，还需对甲设备进行技术改造，为此须追加支出 10 000 元。如果市场上有乙设备出售，其性能与改造后的甲设备相同，售价为 20 000 元。在该决策中，甲设备的追加支出 10 000 元与乙设备的买价 20 000 元分别为各方案的付现成本。

8. 共同成本

共同成本指那些由多个方案共同负担的固定成本。由于这类成本注定要发生，与特定方案的选择无关，因此在决策中不予考虑。如企业计提折旧费及发生的管理人员工资等。

9. 专属成本

专属成本又称特定成本，指那些能够明确归属于特定备选方案或为企业设置的某个部门而发生的固定成本。没有这些方案或部门，就不会发生这些成本，所以专属成本是与特定的方案或部门相联系的特定的成本，决策中必须考虑，如零部件自制时所追加的专用工具支出等。

专栏 4-1　　　　　　　　　成本概念的新拓展

时间成本　随着科学技术的发展，时间越来越成为企业搏击商战的关键资源，正如彼得·德鲁克在《有效的管理者》中提到的："有效的管理者不是从他们的任务开始，而是从他们的时间开始。也不是从他们的计划开始，而是从发觉他们的时间实际花在什么地方开始。然后,他们尝试管理他们的时间,减少用于非生产性需求方面的时间。"

时间管理理论认为,时间是一种供给完全没有弹性、无法储存、易消失、永远短缺、没有替代品的特殊资源,是企业管理无法替代的要素。有效的管理就是要在有限的时间内以最小的代价和浪费获得最佳的期待结果,时间的浪费就是价值的损失,损失的价值构成企业的成本支出(即时间成本)。

交易成本 交易成本起因于财产所有权的转移,正如科斯提出交易成本概念时指出的:"利用价格机制是有成本的,通过价格机制'组织'生产的最明显的成本就是所有发现相对价格的工作,它包括市场上每一笔交易的谈判费用、签订契约的费用、长期的契约所节约的签订一系列的短期契约的费用等,这些费用称为市场成本或市场交易成本";"为了进行市场交易,有必要发现谁希望进行交易,有必要告诉人们交易的愿望和方式,以及通过讨价还价的谈判缔结契约,督促契约条款的严格履行,等等"。科斯提出交易成本概念后,诺斯、张五常等经济学家从制度的角度,认为交易成本实际上就是所谓的"制度成本",交易成本"就可以看作是一系列制度成本,包括信息成本、监督管理的成本和制度结构变化的成本"。威廉姆森从协约的角度,把交易成本分为事前与事后两种。威廉姆森还从资产专用性的角度发展了科斯的交易成本理论。杨小凯和黄有光借助消费者-生产者、专业化经济和交易成本这三方面因素,建立了一个关于企业的一般均衡的契约模式。

经济学家们从不同角度对交易成本概念进行了界定,虽然各自出发点不同,但以下几点是共同的。第一,交易成本的社会性。交易成本发生在一定的社会关系之中,离开了人们之间的社会关系,交易活动不可能发生,交易成本也就不存在。第二,交易成本不直接发生在物质生产领域,即交易成本不等于生产成本。第三,社会中的一切经济活动成本除生产成本之外的资源耗费都是交易成本。

代理成本 代理成本指制定、管理和实施契约的全部费用。代理成本包括所有承接契约的费用,包括交易费、辛苦费和信息费。代理成本来源于企业的所有权(者)与经营权(者)相分离。

成本的概念是分应用领域的,应该说,不同的管理需要涉及不同的成本概念。当前,随着企业制度改革的不断深化及知识经济时代的到来,涌现了很多新型的成本概念,这些概念的提出会对成本管理产生什么样的影响?有兴趣的同学可以关注这方面的研究成果,并加以思考和讨论。

4.1.4 成本决策的程序及原则

1. 成本决策的程序

关于决策的程序有很多论述,但任何领域的决策都涉及几个基本问题,即选择目标函数、阐明政策选择、建立模型和确定计算方法。成本决策程序是指成本决策时依次安排的工作步骤。依据成本管理的特点，成本决策程序可以分为以下 5 个步骤。

（1）提出问题。

成本决策涉及工艺、价格、耗费、产量等多方面的问题，决策时应该首先明确需要面对的具体问题，并充分认识该问题对成本管理全局乃至整个企业管理的重要性。

（2）确定决策目标。

决策目标，是指一定环境和条件下，决策者在解决问题的过程中所期望达到的结果。成本决策的总体目标是最合理、最有效、最充分地利用资源，以最低的成本支出取得最佳的经济效益和社会效益。具体确定决策目标时，首先要注意目标的明确性。比如在固定成本确定的情况下，生产多少数量的产品可以保本？在成批生产过程中，全年分几批生产最经济？其次要注意目标的协调性。很多情况下，企业面临的是多目标决策，必须注意各目标之间的协调性，才能保证目标的有效性。最后要注意目标的可操作性。成本决策目标要建立在需要和可能的基础上。既要参考历史成本费用标准，又要考虑今后成本费用结构和标准可能发生的变化，从而保证成本决策目标的合理性和可操作性；同时还要要注意目标与实现手段的统一性。

（3）收集相关信息。

成本决策信息要具有广泛性，既要收集与该成本决策有关的所有成本资料，还要收集其他相关资料。成本决策信息要准确可靠，只有依赖准确可靠的信息，才能在一定程度上保证决策结果的合理和正确。成本决策离不开信息的支持。

（4）拟订备选方案。

成本决策的备选方案是指为保证成本决策目标的实现，具备实施条件的各种可行的方案。进行成本决策必须拟订多个备选方案才能从中进行比较和择优。因此在拟订备选方案时，一方面保持各方案的全面、完整；另一方面要尽量满足方案之间的互斥性。

（5）优化选择。

对各种备选方案，运用科学的决策方法进行比较分析后，根据一定的标准进行筛选，作出成本最优决策。在优化选择中，要选择科学的、合适的决策方法，同时要选用合理的筛选标准。如果同样的备选方案采用不同的决策方法和标准，其决策结果是相同的，那么可以帮助决策者作出正确判断。如果决策结果不同，那么要进一步分析差异的原因，以避免决策者作出错误的判断。

2. 成本决策的原则

成本决策的原则是决定某项备选方案是否可行的主要标准。一般来说，应遵循以下原则。

① 收益大于成本的原则。在备选方案的收益和成本都可确定的情况下，必须按照收益大于成本的原则，选择净收益大于零或者净收益大的方案。

② 边际效益最大化原则。当备选方案引起收益和成本都发生变化时，应当将边际

收入和边际成本相配比，选择边际效益最大的方案。

③ 成本最小化原则。当备选方案引起的未来收益难以确定时，应考虑在达到既定目标的前提下，选择投入成本最小的方案。

专栏 4-2　　　　　　从沉没成本到机会成本

案例背景：

某航空公司有一辆用于装载飞机航运食品的载货卡车。这辆载货卡车经济寿命为 4 年，已经用了 3 年。装载卡车年折旧费 25 000 元，残值为零。这家公司每年在该卡车的运营中花费包括劳动力成本、汽油费及维护费用共 80 000 元的变动成本。李明是这家航空公司计划经理，此时他正面临着更换装载卡车的决策。一种新型的装载卡车利用传送带将食品运上飞机，它比旧式卡车便宜 15 000 元，并且耗费更少的运营和维护成本（45 000 元）。但新型装载卡车的运营寿命只有 1 年。李明认为，公司不应该更新卡车，公司在下一年中应继续使用旧的装载卡车。他的理由是："公司不能现在就把这个设备当作垃圾处理掉。公司为它付出了 100 000 元的代价，只不过仅仅用了 3 年而已。如果现在选择将其处理掉，那么清理过程将使我们蒙受 20 000 元的损失。"而这家航空公司的管理会计人员张三却认为应该更换新型装载卡车。他认为，李明所谓的旧卡车的账面价值已经是沉没成本，它不能影响公司可能发生的未来任何成本。李明面对的另一个决策难题是：是否在当地与北京之间每日增加两班往返航班。根据最初对相关成本与效益的分析，这样做以后，每月的飞行收入将超过飞行成本 30 000 元。因而，他准备增加两个航班。但是，张三却提出将多余的库房空间出租给通勤航空公司，他指出李明忽略了一个相当重要的决策因素。虽然航空公司的机库有富余，但如果当地至北京的航线计划付诸实施，当地就需要为增加的飞机分配多余机库空间。同时，一家通勤航空公司打算以每月 40 000 元的租金租用多余机库空间。

问题： 试对两个问题的两种方案做出选择。

本专栏改编自：许金叶，郑帆. 从沉没成本到机会成本：会计转型中核算内容的转变 [J]. 财务与会计（理财版），2014（12）.

4.2　成本决策的方法

成本决策有很多方法，应该根据成本决策的内容及目的选择采用不同的方法。成本决策方法主要有本量利分析法、总额分析法、差量损益分析法、相关成本分析法、成本无差别点法、边际分析法等。

4.2.1 本量利分析法

1. 本量利分析的基本含义

本量利分析法是通过分析成本、业务量和利润这三个变量之间内在的关系，确定盈亏变化的临界点（即保本点），从而选出利润最大化的方案，为会计预决策提供必要的财务信息的一种定量分析方法。本量利分析法也叫作保本分析或盈亏平衡分析。

本量利分析是现代成本管理的重要方法之一。运用本量利分析不仅可为企业完成保本、保利条件下应实现的销售量或销售额的预测，而且若将其与风险分析相联系，还可为企业提供化解经营风险的方法和手段，以保证企业既定目标的实现；若将其与决策分析相结合，可帮助企业进行有关的生产决策、定价决策和不确定型的投资项目决策。此外，本量利分析还可成为编制全面预算和控制成本的基础。

2. 本量利分析的基本假设

本量利分析的基本假设是指本量利分析法运用的基本前提条件。

（1）成本按性态可分成固定成本和变动成本。

对成本按性态进行划分而得到的固定成本和变动成本，是在一定业务量范围内分析和计量的结果。本量利分析假设不管业务量发生怎样的变化，所有的成本费用都可按成本性态划分为变动成本与固定成本两大类。

（2）相关范围及线性假定。

本量利分析假定在一定时期内业务量总是在保持单位成本水平和单价水平不变的范围内变化，于是固定成本总额的不变性和单位变动成本额的不变性在相关范围内才能够得以保证，成本函数才表现为线性方程；同时，在相关范围内单价也不因业务量变化而发生改变，销售收入函数也表现为线性方程。

在实际经济活动中，成本函数与收入函数并不是直线而应当是曲线。因为在较长的时间范围内固定成本总额会呈阶梯状变化，单位变动成本往往受经营规模和生产效率的影响呈曲线变化，所以总成本不会是一条直线；在市场经济条件下，单价也不可能固定不变，销售收入也并非总是直线，但这与本量利分析并不矛盾。因为经济学家描述的是一段相当长的时期内成本和收入的变动情况，而管理会计学家描述的则是较短时期内成本和收入的变动情况。

（3）目标利润假定。

本量利分析中涉及的一个重要指标是利润。利润有很多表达指标，如产品销售利润、营业利润、利润总额及净利润等。在本量利分析中，假定用目标利润作为利润指标。

（4）产销平衡与品种结构稳定不变假定。

本量利分析假定企业生产的产品总能在市场上找到销路，从而实现当期产与销的统一。而且在多品种生产条件下，当以价值形态表现的产销总量发生变化时，假定各产品的销售额在全部产品销售总额中所占的比重并不发生变化。

以上有关本量利分析的一系列假设，是对企业日常具体而复杂的经济业务活动所进行的一般抽象，有助于揭示成本、业务量及利润三者之间的内在关系。但是我们也应该看到，企业现实的生产经营活动往往会超越上述假设条件，这就要求我们在具体运用本量利分析时，切忌盲目套搬滥用，而应该结合企业自身的实际情况，对本量利基本模型进行必要的修正后再加以运用，从而保证决策的合理性。

3. 成本、业务量和利润的关系

1）损益方程式

（1）基本的损益方程式。

用损益法来计算利润，首先要确定一定期间的收入，然后确定与收入相配合的成本，两者之差为期间利润。即：

$$利润 = 销售收入 - 总成本$$

由于

$$总成本 = 变动成本 + 固定成本$$
$$= 单位变动成本 \times 产量 + 固定成本$$
$$销售收入 = 单价 \times 销量$$

假设产量和销量相同，则有：

$$利润 = 单价 \times 销量 - 单位变动成本 \times 销量 - 固定成本 \tag{4-1}$$

式（4-1）是明确表达本量利之间数量关系的基本方程式。

在规划期间目标利润时，通常把单价、单位变动成本和固定成本视为稳定的常量，只有销量和利润两个自由变量。给定销量时，可利用方程式直接计算出预期利润；给定目标利润时，可直接计算出应达到的销售量。

例 4-1　某企业每月固定成本 1 000 元，生产一种产品，单价 11 元，单位变动成本 7 元，本月计划销售 500 件，问预期利润是多少？

$$预期利润 = 11 \times 500 - 7 \times 500 - 1\,000 = 1\,000(元)$$

可以根据所需计算的问题将基本的损益方程式变换成其他形式，或者根据企业具体情况增加一些变量，成为更复杂、更接近实际的方程式。损益方程式实际上是损益表的模型化表达，不同的损益表可以构造出不同的模型。

（2）损益方程式的变换形式。

基本的损益方程式把"利润"放在等号的左边，其他变量放在等号的右边，这种形式便于计算预期利润。如果待求的数值是其他变量，则可以将方程进行恒等变换，使等号左边是待求的变量，其他参数放在右边，由此可得出 4 个损益方程式的变换形式。

① 计算销量的方程式：

$$销量 = \frac{固定成本 + 利润}{单价 - 变动成本} \tag{4-2}$$

假设例 4-1 企业拟实现目标利润 1 100 元，则应销售为：

$$销量 = \frac{1\ 000 + 1\ 100}{11 - 7} = 525(件)$$

② 计算单价的方程式：

$$单价 = \frac{固定成本 + 利润}{销量} + 单位变动成本 \tag{4-3}$$

假设例 4-1 企业计划销售 600 件，欲实现利润 1 640 元，则单价应定为：

$$单价 = \frac{1\ 000 + 1\ 640}{600} + 7 = 11.40(元/件)$$

③ 计算单位变动成本的方程式：

$$单位变动成本 = 单价 - \frac{固定成本 + 利润}{销量} \tag{4-4}$$

假设例 4-1 企业每月固定成本 1 000 元，单价 11 元，计划销售 600 件，欲实现目标利润 800 元，则单位变动成本应控制在的水平为：

$$单位变动成本 = 11 - \frac{1\ 000 + 800}{600} = 8(元/件)$$

④ 计算固定成本的方程式：

$$固定成本 = 单价 \times 销量 - 单位变动成本 \times 销量 - 利润 \tag{4-5}$$

假设例 4-1 企业单位变动成本为 7 元，单价 11 元，计划销售 600 件，欲实现利润 740 元，则固定成本应控制在的水平为：

$$固定成本 = 11 \times 600 - 7 \times 600 - 740 = 1\ 660(元)$$

(3) 包含期间成本的损益方程式。

为符合多步式损益表的结构，不但要分解产品成本，而且要分解销售费用、管理费用等期间成本。将它们分解后的损益方程式为：

$$\begin{aligned}税前利润 =\ &销售收入 - (变动销售成本 + 固定销售成本) - \\ &(变动销售费和管理费 + 固定销售费和管理费) \\ =\ &单价 \times 销量 - (单位变动产品成本 + 单位变动销售费和管理费) \times \\ &销量 - (固定产品成本 + 固定销售费和管理费)\end{aligned} \tag{4-6}$$

例 4-2 某企业每月固定制造成本 10 000 元，固定销售费 1 000 元，固定管理费 1 500 元；单位变动制造成本 6 元，单位变动销售费 0.80 元，单位变动管理费 0.20 元。该企业产销一种产品，单价 10 元，本月计划销售 5 000 件产品，问预期利润是多少？

利润＝10×5 000－(6＋0.8＋0.2)×5 000－(10 000＋1 000＋1 500)＝2 500(元)

(4) 计算税后利润的损益方程式。

所得税可以简单地根据利润总额和所得税税率计算出来，既不是变动成本也不是固定成本。

$$税后利润＝利润总额－所得税$$
$$＝利润总额－利润总额×所得税税率$$
$$＝利润总额×(1－所得税税率)$$

将损益方程式代入上式的"利润总额"，则：

$$税后利润＝(单价×销量－单位变动成本×销量－固定成本)×$$
$$(1－所得税税率) \quad (4-7)$$

式(4-7)经常被用来计算实现目标利润所需的销量，为此常表示为：

$$销量＝\frac{固定成本＋\dfrac{税后利润}{1－所得税税率}}{单价－单位变动成本} \quad (4-8)$$

假设例4-2企业每月固定制造成本10 000元，固定销售费1 000元，固定管理费1 500元；单位变动制造成本6元，单位变动销售费0.80元，单位变动管理费0.20元。该企业生产一种产品，单价10元，所得税税率25%，本月计划产销6 000件产品，问税后利润是多少？如拟实现净利6 000元，应产销多少件产品？

$$税后利润＝[10×6 000－(6＋0.8＋0.2)×6 000－$$
$$(10 000＋1 000＋1 500)]×(1－25\%)$$
$$＝(60 000－42 000－12 500)×75\%$$
$$＝4 125(元)$$

$$销量＝\frac{(10 000＋1 000＋1 500)＋\dfrac{6 000}{1－25\%}}{10－(6＋0.8＋0.2)}$$
$$＝\frac{12 500＋8 000}{10－7}＝6 834(件)$$

2) 边际贡献方程式
(1) 边际贡献。
边际贡献是指销售收入减去变动成本以后的差额，即：

$$边际贡献＝销售收入－变动成本 \quad (4-9)$$

如果用单位产品表示，则：

$$单位边际贡献＝单价－单位变动成本 \qquad (4-10)$$

例 4-3 某企业只生产一种产品，单价 6 元，单位变动成本 2.5 元，销量 500 件，问边际贡献和单位边际贡献分别为多少？

$$边际贡献＝6×500－2.5×500＝1\ 750(元)$$
$$单位边际贡献＝6－2.5＝3.5(元)$$

边际贡献是产品售价扣除自身变动成本后给企业所做的贡献，它首先用于收回企业的固定成本，如果还有剩余则为利润，如果不足以收回固定成本则发生亏损。

由于变动成本既包括生产制造过程的变动成本（产品变动成本），还包括销售费用、管理费用中的变动成本（期间变动成本），所以边际贡献也可以具体分为制造边际贡献（生产边际贡献）和产品边际贡献（总营业边际贡献）。

$$制造边际贡献＝销售收入－产品变动成本$$
$$产品边际贡献＝制造边际贡献－销售和管理变动成本$$

通常，如果在"边际贡献"前未加任何定语，那么则是指"产品边际贡献"。

例 4-4 某企业只生产一种产品，单价 6 元，单位制造变动成本 2 元，单位销售和管理费变动成本 0.5 元，销量 500 件，问制造边际贡献和产品边际贡献分别为多少？

$$制造边际贡献＝6×500－2×500＝2\ 000(元)$$
$$产品边际贡献＝2\ 000－0.5×500＝1\ 750(元)$$

（2）边际贡献率。

边际贡献率是指边际贡献在销售收入中所占的百分率。可以理解为每 1 元销售收入中边际贡献所占的比重，它反映产品给企业做出贡献的能力。

$$\begin{aligned}边际贡献率 &＝\frac{边际贡献}{销售收入}×100\% \\ &＝\frac{单位边际贡献×销量}{单价×销量}×100\% \\ &＝\frac{单位边际贡献}{单价}×100\% \end{aligned} \qquad (4-11)$$

仍然使用例 4-4 的资料，则：

$$制造边际贡献率＝\frac{6-2}{6}×100\%＝66.67\%$$
$$产品边际贡献率＝\frac{6-2.5}{6}×100\%＝58.33\%$$

通常，"边际贡献率"是指产品边际贡献率。

与边际贡献率相对应的概念是"变动成本率"，即变动成本在销售收入中所占的百分率。

$$变动成本率 = \frac{变动成本}{销售收入} \times 100\%$$

$$= \frac{单位变动成本 \times 销量}{单价 \times 销量} \times 100\%$$

$$= \frac{单位变动成本}{单价} \times 100\%$$

仍然使用例 4-4 的资料，则：

$$制造变动成本率 = \frac{2}{6} \times 100\% = 33.33\%$$

$$产品变动成本率 = \frac{2+0.5}{6} \times 100\% = 41.67\%$$

通常，"变动成本率"是指产品变动成本率。

由于销售收入被分为变动成本和边际贡献两部分，前者是产品自身的耗费，后者是产品对企业的贡献，两者百分率之和应当为1。

$$变动成本率 + 边际贡献率 = \frac{单位变动成本}{单价} + \frac{单位边际贡献}{单价}$$

$$= \frac{单位变动成本 + (单价 - 单位变动成本)}{单价}$$

$$= 1$$

根据例 4-4 的资料，则：

$$变动成本率 + 边际贡献率 = 41.67\% + 58.33\% = 1$$

（3）含有边际贡献的损益方程式。

在"边际贡献"概念的基础上，基本的损益方程式（4-1）可以改写成新的形式，即：

$$利润 = 销量 \times 单位边际贡献 - 固定成本 \qquad (4-12)$$

式（4-12）也可以明确表达本量利之间的数量关系。

例 4-5 某企业只生产一种产品，单价 6 元，单位变动成本 2.5 元，销量 500 件，固定成本 1 000 元，问利润为多少？

$$利润 = (6 - 2.5) \times 500 - 1\,000 = 750(元)$$

式（4-12）可以根据需要变换成其他形式，即：

$$销量 = \frac{固定成本 + 利润}{单位边际贡献} \qquad (4-13)$$

$$单位边际贡献 = \frac{固定成本 + 利润}{销量} \qquad (4-14)$$

$$固定成本 = 销量 \times 单位边际贡献 - 利润 \qquad (4-15)$$

（4）含有边际贡献率的损益方程式。

在"边际贡献率"概念的基础上，基本的损益方程式（4-1）可以改写成新的形式，即：

$$利润 = 销售收入 \times 边际贡献率 - 固定成本 \qquad (4-16)$$

根据例4-5的资料，则：

$$边际贡献率 = \frac{6 - 2.5}{6} \times 100\% = 58.33\%$$

$$利润 = (6 \times 500) \times 58.33\% - 1\,000 = 750(元)$$

式（4-16）根据需要可以改写成下列变换形式。

$$销售收入 = \frac{固定成本 + 利润}{边际贡献率} \qquad (4-17)$$

$$边际贡献率 = \frac{固定成本 + 利润}{销售收入} \times 100\% \qquad (4-18)$$

$$固定成本 = 销售收入 \times 边际贡献率 - 利润 \qquad (4-19)$$

式（4-16）也可以用于多品种企业。由于多种产品的销售收入可以直接相加，所以问题的关键是计算多种产品的加权平均边际贡献率。

$$加权平均边际贡献率 = \frac{\sum 各产品边际贡献}{\sum 各产品销售收入} \times 100\% \qquad (4-20)$$

例4-6 某企业生产A、B、C三种产品，固定成本2 000元，有关资料见表4-2，请计算其预期利润。

表4-2 销售和成本计划资料

产品	单价/元	单位变动成本/元	单位边际贡献/元	销量/件
甲	10	8	2	100
乙	9	6	3	300
丙	8	4	4	500

据表4-2的资料计算,则:

$$加权平均边际贡献率=\frac{2\times100+3\times300+4\times500}{10\times100+9\times300+8\times500}\times100\%$$
$$=\frac{3\,100}{7\,700}\times100\%=40.26\%$$

加权平均边际贡献率也可以用另外的方法计算。设有 n 种产品,以 CM 表示边际贡献,S 表示销售收入,则:

$$加权平均边际贡献率=\frac{CM}{S}=\frac{CM_1+CM_2+\cdots+CM_n}{S_1+S_2+\cdots+S_n}=\frac{CM_1}{S}+\frac{CM_2}{S}+\cdots+\frac{CM_n}{S}$$
$$=\frac{CM_1}{S_1}\cdot\frac{S_1}{S}+\frac{CM_2}{S_2}\cdot\frac{S_2}{S}+\cdots+\frac{CM_n}{S_n}\cdot\frac{S_n}{S}$$

由于:某产品边际贡献率$=CM_i/S_i$,某产品销售占总销售额比重$=S_i/S$,所以

$$加权平均边际贡献率=\sum(各产品边际贡献率\times各产品占总销售比重)$$

根据表4-2的资料,整理成表4-3。

表4-3 加权平均边际贡献率

产品	单价/元	单位边际贡献/元	销量/件	边际贡献/元	销售收入/元	边际贡献率/%	占总销额比重/%
甲	10	2	100	200	1 000	20	12.99
乙	9	3	300	900	2 700	33.33	35.06
丙	8	4	500	2 000	4 000	50	51.95
合 计			900	3 100	7 700		100%

4. 本量利图

将成本、业务量、利润的关系反映在直角坐标系中,即成为本量利图。因其能清晰地显示企业不盈利也不亏损时应达到的业务量,故又称为盈亏临界图或损益平衡图。用图示表达本量利的相互关系,不仅形象直观、一目了然,而且容易理解。

根据资料的多少和分析目的不同,本量利图有多种形式。

1) 基本的本量利图

(1) 基本的本量利图绘制步骤。

① 选定直角坐标系,以横轴表示销售数量,纵轴表示成本和销售收入的金额。

② 在纵轴上找出固定成本数值,以此点(0,固定成本值)为起点,绘制一条与横轴平行的固定成本线 F。

③ 以点(0,固定成本值)为起点,以单位变动成本为斜率,绘制变动成本线 T。

④ 以坐标原点 $O(0,0)$ 为起点,以单价为斜率,绘制销售收入线 S。

基本的本量利图见图4-1。

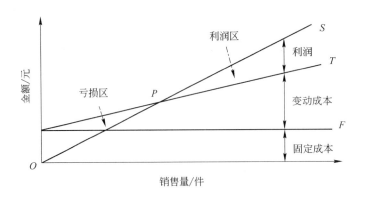

图 4-1 基本的本量利图

(2) 基本的本量利图表达的意义。

① 固定成本线与横轴之间的距离为固定成本值,它不因产量增减而变动。

② 变动成本线与固定成本线之间的距离为变动成本,它随产量而成正比例变化。

③ 变动成本线与横轴之间的距离为总成本,它是固定成本与变动成本之和。

④ 销售收入线与总成本线的交点(P)是盈亏临界点,表明企业在此销售量下总收入与总成本相等,既没有利润,也不发生亏损。在此基础上,增加销售量,销售收入超过总成本,S 和 T 的距离为利润值,形成利润区;反之,形成亏损区。

图 4-1 中的销售量(横轴)不仅可以使用实物量,也可以使用金额来表示,其绘制方法与上面介绍的大体相同。通常,这种图画成正方形,见图 4-2。

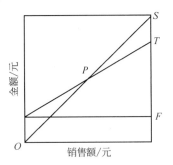

图 4-2 正方形本量利图

在绘制时,销售收入线 S 为从原点出发的对角线,其斜率为 1;总成本线 T 从点 (0,固定成本值)出发,斜率为变动成本率。这种图不仅用于单一产品,还可用于多种产品的情况,只不过需要计算加权平均的变动成本率。

2) 边际贡献式的本量利图

图 4-3 是根据例 4-6 的有关资料绘制的边际贡献式的本量利图。

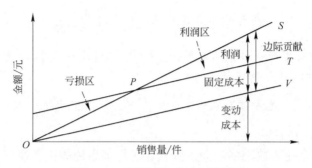

图 4-3 边际贡献式的本量利图

这种图绘制的特点，是先画变动成本线 V，然后在此基础上以点（0，固定成本值）为起点画一条与变动成本线 V 平行的总成本线 T。其他部分，绘制方法与基本的本量利图相同。

这种图的主要优点是可以表示边际贡献的数值。企业的销售收入 S 随销售量成正比例增长。这些销售收入首先用于弥补产品自身的变动成本，剩余的是边际贡献即 $\triangle SOV$ 的区域。边际贡献随销量增加而扩大，当其达到固定成本值时（到达 P 点），企业处于盈亏临界状态；当边际贡献超过固定成本后，企业进入盈利状态。

5. 盈亏临界分析

盈亏临界分析是本量利分析的一项基本内容，亦称损益平衡分析或保本点分析。它主要研究如何确定盈亏临界点、有关因素变动对盈亏临界点的影响等问题；并可以为决策提供在多少业务量下企业会盈利，以及在多少业务量下会出现亏损等信息。

1) 盈亏临界点的确定

盈亏临界点，是指企业收入和成本相等时的经营状态，即边际贡献等于固定成本时企业所处的既不盈利又不亏损的状态。通常用一定的业务量来表示这种状态。

(1) 盈亏临界点销售量。

单一产品品种下，由于

$$利润 = 单价 \times 销量 - 单位变动成本 \times 销量 - 固定成本$$

令利润等于 0，此时的销量为盈亏临界点销售量。

$$0 = 单价 \times 盈亏临界点销售量 - 单位变动成本 \times 盈亏临界点销售量 - 固定成本$$

$$盈亏临界点销售量 = \frac{固定成本}{单价 - 单位变动成本}$$

又由于

$$单价 - 单位变动成本 = 单位边际贡献$$

所以

$$盈亏临界点销售量 = \frac{固定成本}{单位边际贡献}$$

例 4-7 某企业生产一种产品,单价20元,单位变动成本12元,固定成本16 000元/月,计算其盈亏临界点销售量。

$$盈亏临界点销售量 = \frac{16\ 000}{20-12} = 2\ 000(件)$$

(2) 盈亏临界点销售额。

单一产品品种企业为数不多,大多数企业实行多品种的生产经营。使用销售额来表示多品种企业的盈亏临界点更为清晰。

由于利润计算的公式为:

$$利润 = 销售额 \times 边际贡献率 - 固定成本$$

令利润等于0,此时的销售额为盈亏临界点销售额,即:

$$0 = 盈亏临界点销售额 \times 边际贡献率 - 固定成本$$

$$盈亏临界点销售额 = \frac{固定成本}{边际贡献率}$$

根据例4-7的资料,则:

$$盈亏临界点销售额 = \frac{16\ 000}{(20-12)/20} = 40\ 000(元)$$

根据例4-6的资料,则:

$$盈亏临界点销售额 = \frac{2\ 000}{40.26\%} = 4\ 968(元)$$

(3) 盈亏临界点作业率。

盈亏临界点作业率,是指盈亏临界点销售量占企业正常销售量的比重。所谓正常销售量,是指正常市场和正常开工情况下企业的销售数量,也可以用销售金额来表示。

盈亏临界点作业率的计算公式为:

$$盈亏临界点作业率 = \frac{盈亏临界点销售量}{正常销售量} \times 100\% \qquad (4-21)$$

这个比率表明企业保本的业务量在正常业务量中所占的比重。由于多数企业的生产经营能力是按正常销售量来规划的,生产经营能力与正常销售量基本相同,所以盈亏临界点作业率还表明保本状态下生产经营能力的利用程度。

假设例4-7中的企业正常销售额为50 000元,盈亏临界点销售额为40 000元,则:

$$盈亏临界点作业率 = \frac{40\ 000}{50\ 000} \times 100\% = 80\%$$

计算表明,该企业的作业率必须达到正常作业的80%以上才能取得盈利,否则就会发生亏损。

2) 安全边际和安全边际率

安全边际,是指正常销售额超过盈亏临界点销售额的差额,它表明销售额下降多少企业仍不致亏损。

安全边际的计算公式为:

$$安全边际 = 正常销售额 - 盈亏临界点销售额 \qquad (4-22)$$

根据例4-7的有关数据,有:

$$安全边际 = 50\,000 - 40\,000 = 10\,000(元)$$

有时企业为了考察当年的生产经营安全情况,还可以用本年实际订货额代替正常销售额来计算安全边际。

企业生产经营的安全性,还可以用安全边际率来表示,即安全边际与正常销售额(或当年实际订货额)的比值。安全边际率的计算公式为:

$$安全边际率 = \frac{安全边际}{正常销售额（或实际订货额）} \times 100\%$$

根据例4-7的有关资料,有:

$$安全边际率 = \frac{10\,000}{50\,000} \times 100\% = 20\%$$

安全边际和安全边际率的数值越大,企业发生亏损的可能性越小,企业就越安全。安全边际率是相对指标,便于不同企业和不同行业的比较。企业安全性的经验数据见表4-4。

表4-4 安全性检验标准

安全边际率	40%以上	30%~40%	20%~30%	10%~20%	10%以下
安全等级	很安全	安全	较安全	值得注意	危险

盈亏临界点作业率和安全边际率可用图4-4表示。

根据图4-4可以看出,盈亏临界点把正常销售分为两部分:一部分是盈亏临界点销售额;另一部分是安全边际。即:

$$正常销售额 = 盈亏临界点销售额 + 安全边际$$

上述公式两端同时除以正常销售额得:

$$1 = 盈亏临界点作业率 + 安全边际率 \qquad (4-23)$$

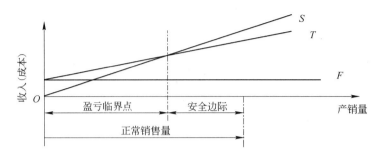

图 4-4 盈亏临界点作业率和安全边际率

根据例 4-7 的有关数据，有：

$$盈亏临界点作业率 + 安全边际率 = 80\% + 20\% = 1$$

根据图 4-4 还可以看出，只有安全边际才能为企业提供利润，而盈亏临界点销售额扣除变动成本后只能为企业收回固定成本。安全边际部分的销售减去其自身变动成本后成为企业利润，即安全边际中的边际贡献等于企业利润。

这个结论可以通过以下公式证明。

因为

$$\begin{aligned}利润 &= 销售收入 - 变动成本 - 固定成本 \\ &= 边际贡献 - 固定成本 \\ &= 销售收入 \times 边际贡献率 - 固定成本 \\ &= 销售收入 \times 边际贡献率 - 盈亏临界点销售收入 \times 边际贡献率 \\ &= (销售收入 - 盈亏临界点销售收入) \times 边际贡献率\end{aligned}$$

所以

$$利润 = 安全边际 \times 边际贡献率 \qquad (4-24)$$

根据例 4-7 有关数据，则：

$$\begin{aligned}边际贡献率 &= \frac{单价 - 单位变动成本}{单价} \times 100\% \\ &= \frac{20-12}{20} \times 100\% = 40\%\end{aligned}$$

$$安全边际 = 50\,000 - 40\,000 = 10\,000(元)$$

$$利润 = 安全边际 \times 边际贡献率 = 10\,000 \times 40\% = 4\,000(元)$$

如果将式（4-24）两端同时除以销售收入得：

$$\frac{利润}{销售收入} = \frac{安全边际}{销售收入} \times 边际贡献率$$

$$销售利润率 = 安全边际率 \times 边际贡献率 \tag{4-25}$$

式（4-25）为我们提供了一种计算销售利润率的新方法，并且表明企业要提高销售利润率，就必须提高安全边际率（即降低盈亏临界点作业率），或提高边际贡献率（即降低变动成本率）。

根据例4-7的有关数据，有：

$$销售利润率 = 安全边际率 \times 边际贡献率$$
$$= 20\% \times 40\% = 8\%$$

6. 影响利润各因素变动分析

变动分析，是指本量利发生变动时相互影响的定量分析。变动分析主要研究两个问题：一个是测定业务量、成本和价格发生变动时，对利润的影响；另一个是目标利润发生变动时，分析实现目标利润所需的业务量、收入和支出。

1) 分析有关因素变动对利润的影响

虽然企业在决策时需要考虑各种非经济因素，但是经济分析总是最基本的，甚至是首要的分析。因此在决定任何生产经营问题时，都应事先分析拟采取的行动对利润有何影响。如果该行动产生的收益大于它所引起的支出，可以增加企业的盈利，则这项行动在经济上是可取的。如果销量、单价、单位变动成本、固定成本诸因素中的一项或多项同时变动，都会对利润产生影响。通常，当企业遇到外界单一因素发生变化，或企业拟采取某项行动，或有关因素发生相互关联的变化时，常需要测定其利润的变化。

例4-8 某企业目前的损益状况如下：

销售收入(10 000件×10元/件)		100 000
销售成本：		
变动成本(10 000件×6元/件)	60 000	
固定成本	20 000	80 000
销售和管理费(全部固定)		10 000
利润		10 000

即：

$$利润 = 销售收入 - 变动成本 - 固定成本$$
$$= 10\,000 \times 10 - 10\,000 \times 6 - (20\,000 + 10\,000)$$
$$= 10\,000(元)$$

(1) 外界单一因素发生变化。

假设由于原材料涨价，使单位变动成本上升到7元，利润将变为：

$$利润 = 10\,000 \times 10 - 10\,000 \times 7 - (20\,000 + 10\,000)$$
$$= 0(元)$$

由于单位变动成本上升1元（7-6），使企业最终利润减少10 000元（由10 000元减为0元）。企业应根据这种预见到的变化采取措施，设法抵销这种影响。

如果价格、固定成本或销量其一发生变动，也可以用上述同样方法测定其对利润的影响。

（2）企业拟采取某项行动。

由于企业拟采取某项行动，将使有关因素发生变动，企业需要测定其对利润的影响，并作为评价该行动经济合理性的尺度。

① 假设例4-8的企业拟采取更有效的广告方式，从而使销量增加10%。利润将因此变为：

$$利润 = 10\ 000 \times (1+10\%) \times 10 - 10\ 000 \times (1+10\%) \times 6 - (20\ 000 + 10\ 000)$$
$$= 14\ 000(元)$$

这项措施将使企业利润增加4 000元（14 000-10 000），它是增加广告开支的上限。如果这次广告宣传的支出超过4 000元，就可能得不偿失。

② 假设该企业拟实施一项技术培训计划，以提高工效，使单位变动成本由目前的6元降至5.75元。利润将因此变为：

$$利润 = 10\ 000 \times 10 - 10\ 000 \times 5.75 - (20\ 000 + 10\ 000)$$
$$= 12\ 500(元)$$

这项计划将使企业利润增加2 500元（12 500-10 000），它是培训计划开支的上限。如果培训计划的开支不超过2 500元，则可从当年新增利润中得到补偿，并可获得长期收益；如果开支超过2 500元，则要慎重考虑这项计划是否真的具有意义。

③ 假设该企业拟自建商店，售价由目前的10元提到11.25元，而能维持销量不变。利润将因此变为：

$$利润 = 10\ 000 \times 11.25 - 10\ 000 \times 6 - (20\ 000 + 10\ 000)$$
$$= 22\ 500(元)$$

这项计划将使企业利润增加12 500元（22 500-10 000），它是商店每年开支的上限。

由于企业的任何经济活动都要消耗钱物，因此评价其对利润的影响，权衡得失总是必要的。利用本量利方程式，可以具体计算出对最终利润的影响，有利于经营者决策。

（3）有关因素发生相互关联的变化。

由于外界因素变化或企业拟采取某项行动，有关因素会发生相互关联的影响，企业需要测定其引起的利润变动，以便选择决策方案。

假设例4-8的企业按国家规定普调工资，使单位变动成本增加4%，固定成本增加1%，结果将会导致利润下降。为了抵销这种影响，企业有两个应对方案：一是提高价格5%，而提价会使销量减少10%；二是增加产量20%，为使这些产品能销售出去，要追加5 000元广告费。

调整工资后不采取措施的利润为：

$$利润 = 10\,000 \times [10 - 6 \times (1+4\%)] - (20\,000 + 10\,000) \times (1+1\%)$$
$$= 7\,300(元)$$

采取第一方案的预计利润为：

$$利润 = 10\,000 \times (1-10\%) \times [10 \times (1+5\%) - 6 \times (1+4\%)] -$$
$$(20\,000 + 10\,000) \times (1+1\%)$$
$$= 8\,040(元)$$

采取第二方案的预计利润为：

$$利润 = 10\,000 \times (1+20\%) \times [10 - 6 \times (1+4\%)] -$$
$$[(20\,000 + 10\,000) \times (1+1\%) + 5\,000]$$
$$= 9\,820(元)$$

通过比较可知，第二个方案较好。

2) **分析实现目标利润的有关条件**

上面的分析，以影响利润的诸因素为已知数，利润是待求的未知数。在企业里有时会碰到另一种相反的情况，即利润是已知数，而其他因素是待求的未知数。

例如，经营承包合同规定了利润目标，主管部门下达了利润指标，或者根据企业长期发展和职工生活福利的需要，企业必须达到特定利润水平等。在这些情况下，企业应当研究如何利用企业现有资源，合理安排产销量、收入和成本支出，以实现特定利润，也就是分析实现目标利润所需要的有关条件。

(1) 采取单项措施以实现目标利润。

假设例4-8的企业欲使利润增加50%，即达到15 000元，可以从以下几个方面着手，采取相应的措施。

① 减少固定成本。

减少固定成本，可使利润相应增加。现在的问题是确定需减少多少固定成本，才能使原来的利润增加50%，达到15 000元。

现将固定成本作为未知数，目标利润15 000元作为已知数，其他因素不变，代入本量利关系方程式，则：

$$15\,000 = 10\,000 \times 10 - 10\,000 \times 6 - 固定成本$$
$$固定成本 = 25\,000(元)$$

如其他条件不变，固定成本从30 000元减少到25 000元，降低16.7%，可保证实现目标利润。

② 减少变动成本。

按上述同样方法,将单位变动成本作为未知数代入本量利关系方程式,则:

15 000＝10 000×10－10 000×单位变动成本－30 000

单位变动成本＝5.50(元)

如其他条件不变,单位变动成本从 6 元降低到 5.50 元,减少 8.3%,可保证实现目标利润。

③ 提高售价。

按上述同样方法,将单位产品的售价作为未知数代入本量利关系方程式,则:

15 000＝10 000×单价－10 000×6－30 000

单价＝10.50(元)

如其他条件不变,单位产品的售价从 10 元提高到 10.50 元,提高 5%,可保证实现目标利润。

④ 增加产销量。

按上述同样方法,将产销数量作为未知数代入本量利关系方程式,则:

15 000＝产销量×10－产销量×6－30 000

产销量＝11 250(件)

如其他条件不变,产销量从 10 000 件增加到 11 250 件,增加 12.5%,可保证实现目标利润。

(2) 采取综合措施以实现目标利润。

在现实经济生活中,影响利润的诸因素是相互关联的。为了提高产量,往往需要增加固定成本;与此同时,为了把产品顺利地销售出去,有时又需要降低售价或增加广告费等固定成本。因此,企业很少采取单项措施来提高利润,而大多采取综合措施以实现利润目标,这就需要进行综合计算和反复平衡。

假设例 4-8 的企业有剩余的生产能力,可以进一步增加产量,但由于售价偏高,使销路受到限制。为了打开销路,企业经理拟降价 10%,采取薄利多销的方针,争取实现利润 15 000 元。

① 计算降价后实现目标利润所需的销售量。

$$销售量 = \frac{固定成本 + 目标利润}{单位边际贡献} = \frac{(20\ 000 + 10\ 000) + 15\ 000}{10 \times (1 - 10\%) - 6} = 15\ 000(件)$$

如果销售部门认为,降价 10% 后可使销量达到 15 000 件,生产部门也可以将其生产出来,则目标利润就可以落实了;否则,还需要继续分析并进一步落实。

② 计算既定销量下实现目标利润所需要的单位变动成本。

假设销售部门认为，上述 15 000 件的销量是达不到的，降价 10% 后只能使销量增至 13 000 件。为此，需要在降低成本上挖潜。

$$单位变动成本 = \frac{单价 \times 销量 - (固定成本 + 目标利润)}{销量}$$

$$= \frac{10 \times (1-10\%) \times 13\,000 - (30\,000 + 15\,000)}{13\,000} = 5.54(元)$$

为了实现目标利润，在降价 10% 的同时，还须使单位变动成本从 6 元降至 5.54 元。如果生产部门认为，通过降低原材料和人工成本，这个目标是可以实现的，则预定的利润目标可以落实；否则，还要在固定成本的节约方面想办法。

③ 计算既定产销量和单位变动成本下实现目标利润所需的固定成本。

假设生产部门认为，通过努力，单位变动成本可望降低到 5.60 元。为此，企业还需要压缩固定成本支出。

$$固定成本 = 销量 \times 单位边际贡献 - 目标利润$$
$$= 13\,000 \times [10 \times (1-10\%) - 5.60] - 15\,000 = 29\,200(元)$$

为了实现目标利润，在降价 10%，使销量增至 13 000 件，单位变动成本降至 5.60 元的同时，还须压缩固定成本 800 元（30 000 - 29 200），则目标利润可以落实；否则，可以返回去再次协商，寻找进一步增收节支的办法，重新分析计算并分别落实，或者考虑修改目标利润。

3) 敏感性分析

敏感性分析是指从众多不确定性因素中找出对某项经济指标有重要影响的敏感性因素，并分析、测算其对指标的影响程度和敏感性程度，进而判断项目承受风险能力的一种不确定性分析方法。

在前面的盈亏临界分析和变动分析中，假设除待求变量外的其他参数都是确定的。但实际上，由于市场的变化（原材料价格、产品价格、供求数量等波动）和企业技术条件（原材料消耗和工时消耗水平波动）的变化，会引起模型中的参数发生变化，使得原来计算出来的盈亏临界点、目标利润或目标销售量失去可靠性。这些企业无法控制的变化会对模型中的参数产生多大的影响，将对决策者有着重要意义。他们会利用这些信息及时采取对策，调整企业计划，使生产经营活动经常被控制在最有利的状态之下。

本量利关系的敏感性分析，主要研究当有关参数发生多大变化会使盈利转为亏损，各参数变化对利润变化的影响程度，以及各因素变动时如何调整销量，以保证原目标利润的实现等问题。

例 4-9 某企业只生产一种产品，单价 2 元，单位变动成本 1.20 元，预计明年固定成本 40 000 元，产销量计划达 100 000 件。

预计明年利润为：
$$利润 = 100\,000 \times (2 - 1.20) - 40\,000 = 40\,000(元)$$

有关的敏感性分析如下。

(1) 有关参数发生多大变化使盈利转为亏损。

单价、单位变动成本、产销量和固定成本的变化，会影响利润的高低。这种变化达到一定程度会使企业利润消失，进入盈亏临界状态，使企业的经营状况发生质变。敏感性分析的目的之一，就是提供能引起目标发生质变的各参数变化的界限，其方法称为最大最小法。

① 单价的最小值。

单价下降会使利润下降，下降到一定程度时利润将变为零，这是企业能承受的单价最小值。

设单价为 SP，则
$$100\,000 \times (SP - 1.20) - 40\,000 = 0$$
$$SP = 1.60(元)$$

单价降至 1.60 元，即降低 20%（0.4÷2）时企业由盈利转入亏损。

② 单位变动成本的最大值。

单位变动成本上升会使利润下降，并逐渐趋近于零，此时的单位变动成本是企业能承受的最大值。

设单位变动成本为 VC，则：
$$100\,000 \times (2 - VC) - 40\,000 = 0$$
$$VC = 1.60(元)$$

单位变动成本由 1.20 元上升至 1.60 元时，企业利润由 40 000 元降至零。此时，单位变动成本上升了 33%（0.40÷1.20）。

③ 固定成本最大值。

固定成本上升也会使利润下降，并趋近于零。

设固定成本为 FC，
$$100\,000 \times (2 - 1.20) - FC = 0$$
$$FC = 80\,000(元)$$

固定成本增至 80 000 元时，企业由盈利转为亏损，此时固定成本增加了 100%（40 000÷40 000）。

④ 销售量最小值。

销售量最小值，是指使企业利润为零的销售量，它就是盈亏临界点销售量（Q），其计算方法在前面已介绍过。

$$Q = \frac{40\,000}{2 - 1.20} = 50\,000(件)$$

销售计划如果只完成 50%（50 000÷100 000），则企业利润为零。

（2）各参数变化对利润变化的影响程度。

各参数变化都会引起利润的变化，但其影响程度各不相同。有的参数发生微小变化，就会使利润发生很大的变动，利润对这些参数的变化十分敏感，称这类参数为敏感因素；与此相反，有些参数发生变化后，利润的变化不大，反应比较迟钝，称之为不敏感因素。反应敏感程度的指标是敏感系数。

$$敏感系数 = \frac{目标值变动百分比}{参量值变动百分比}$$

以例 4-9 的资料为基础，进行敏感程度的分析。

① 单价的敏感程度。

设单价增长 20%，则：

$$SP = 2 \times (1 + 20\%) = 2.40(元)$$

按此单价计算，利润为：

$$P = 100\,000 \times (2.40 - 1.20) - 40\,000 = 80\,000(元)$$

则利润的变化率为：

$$目标值变动百分比 = \frac{80\,000 - 40\,000}{40\,000} = 100\%$$

$$单价的敏感系数 = \frac{100\%}{20\%} = 5$$

从百分率来看，利润以 5 倍的速率随单价变化，可见单价对利润的影响很大，涨价是提高盈利的最有效手段，价格下跌也将是企业的最大威胁，经营者必须格外予以关注。

② 单位变动成本的敏感程度。

设单位变动成本增长 20%，则：

$$VC = 1.20 \times (1 + 20\%) = 1.44(元)$$

利润为：

$$P = 100\,000 \times (2 - 1.44) - 40\,000 = 16\,000(元)$$

则利润的变化率为：

$$目标值变动百分比 = \frac{-(40\,000 - 16\,000)}{40\,000} = -60\%$$

$$单位变动成本的敏感系数 = \frac{-60\%}{20\%} = -3$$

由此可见，单位变动成本对利润的影响比单价要小，单位变动成本每上升1%，利润将下降3%。但是，敏感系数绝对值大于1，说明变动成本的变化会造成利润更大的变化，仍属于敏感因素。

③ 固定成本的敏感程度。

设固定成本增长20%，则：

$$FC = 40\ 000 \times (1+20\%)$$
$$= 48\ 000(元)$$

利润为：

$$P = 100\ 000 \times (2-1.20) - 48\ 000$$
$$= 32\ 000(元)$$

利润的变化率为：

$$目标值变动百分比 = \frac{32\ 000 - 40\ 000}{40\ 000} = -20\%$$

$$固定成本的敏感系数 = \frac{-20\%}{20\%} = -1$$

这说明固定成本每上升1%，利润将减少1%。

④ 销售量的敏感程度。

设销量增长20%，则：

$$V = 100\ 000 \times (1+20\%) = 120\ 000(件)$$

利润为：

$$P = 120\ 000 \times (2-1.20) - 40\ 000 = 56\ 000(元)$$

利润的变化率为：

$$目标值变动百分比 = \frac{56\ 000 - 40\ 000}{40\ 000} = 40\%$$

$$销量的敏感系数 = \frac{40\%}{20\%} = 2$$

在本例中，影响利润的诸因素中最敏感的是单价（敏感系数为5），其次是单位变动成本（敏感系数为-3），再次是销量（敏感系数为2），最后是固定成本（敏感系数为-1）。敏感系数为正值，表明它与利润同向增减；敏感系数为负值，表明它与利润反向增减。

敏感系数提供了各因素变动百分比和利润变动百分比之间的比例，但不能直接显示变化后利润的值。为了弥补这种不足，有时需要编制敏感分析表，列示各因素变动百分率及相应的利润值，见表4-5。

表 4-5　单因素变动敏感分析表　　　　　　　　　　利润单位：元

变动百分比	−20%	−10%	0	+10%	+20%
单价	0	20 000	40 000	60 000	80 000
单位变动成本	64 000	52 000	40 000	28 000	16 000
固定成本	48 000	44 000	40 000	36 000	32 000
销量	24 000	32 000	40 000	48 000	56 000

敏感分析表中，各因素变动百分比通常以±20%为范围，便可以满足实际需要。表 4-5 以 10% 为间隔，也可以根据实际需要改为 5%。

列表法的缺点是不能连续表示变量之间的关系，为此，人们又设计了敏感分析图，见图 4-5。

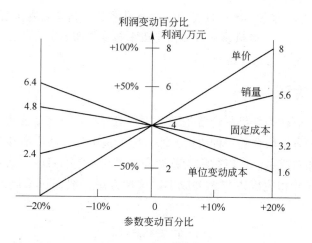

图 4-5　敏感分析图

图 4-5 中横轴代表单位变动成本、固定成本、销量、单价等各因素变动百分比；纵轴代表利润。根据原来的目标利润点（0，40 000）和单位变动成本变化后的点（+20%，16 000），画单位变动成本线。这条直线反映单位变动成本不同变化水平时，所对应的利润值和利润变动百分比。其他因素的直线画法与变动成本线类似。这些直线与利润线的夹角越小，对利润的敏感程度越高。

敏感系数的分析：

$$\text{单价敏感系数} = \frac{\Delta \text{EBIT}/\text{EBIT}}{\Delta P/P} = \frac{\Delta P \times Q}{\text{EBIT}} \times \frac{P}{\Delta P} = \frac{P \times Q}{\text{EBIT}}$$

$$\text{单位变动成本敏感系数} = \frac{\Delta \text{EBIT}/\text{EBIT}}{\Delta V/V} = \frac{-\Delta V \times Q}{\text{EBIT}} \times \frac{V}{\Delta V} = \frac{-V \times Q}{\text{EBIT}}$$

$$销售量敏感系数 = \frac{\Delta EBIT/EBIT}{\Delta Q/Q} = \frac{\Delta Q \times (P-V)}{EBIT} \times \frac{Q}{\Delta Q} = \frac{(P-V) \times Q}{EBIT}$$

$$固定成本敏感系数 = \frac{\Delta EBIT/EBIT}{\Delta F/F} = \frac{-\Delta F}{EBIT} \times \frac{F}{\Delta F} = \frac{-F}{EBIT}$$

敏感系数的绝对值>1，即当某影响因素发生变化时，利润发生更大程度的变化，该影响因素为敏感因素。

敏感系数的绝对值<1，即利润变化的幅度小于影响因素变化的幅度，该因素为非敏感因素。

敏感系数的绝对值=1，即影响因素变化会导致利润相同程度的变化，该因素亦为非敏感因素。

大小关系：当利润 $P>0$ 时，

$$单价敏感系数 + 单位变动成本敏感系数 = 销量敏感系数$$
$$销量敏感系数 + 固定成本敏感系数 = 1$$

销量敏感系数一定不是最小的。

4.2.2 总额分析法

总额分析法以利润作为最终的评价指标，按照销售收入－变动成本－固定成本的模式计算利润，由此决定方案取舍的一种决策方法。因为该决策方法中所涉及的收入和成本是指各方案的总收入和总成本，所以被称为总额分析法。这里的总成本通常不考虑它们与决策的关系，不需要区分相关成本与无关成本。这种方法一般通过编制总额分析表进行决策，如表4－6所示。

表4－6 总额分析表

项目	A方案	B方案	…
销售收入	销售收入A	销售收入B	…
减：变动成本	变动成本A	变动成本B	…
贡献边际	贡献边际A	贡献边际B	…
减：固定成本	固定成本A	固定成本B	…
利　润	利润A	利润B	…

例4-10 某企业原来只生产A产品，现准备开发新产品B或C，有关资料如表4－7所示。预计B、C产品销路不成问题，但由于生产能力有限，只允许投产其中之一产品。要求作出生产哪种新产品的决策。

第4章 成本决策

表 4-7 资料表

项目	A产品	B产品	C产品
产销量/件	40 000	2 000	10 000
单价/元	10	40	15
单位变动成本/元	4	20.5	9
固定成本		200 000	

根据以上资料编制总额分析表，见表 4-8。

表 4-8 总额分析表 元

项目	A产品	B产品	C产品	A、B合计	A、C合计
销售收入	400 000	80 000	150 000	480 000	550 000
变动成本	160 000	41 000	90 000	201 000	250 000
贡献边际	240 000	39 000	60 000	279 000	300 000
固定成本	—	—	—	200 000	200 000
利 润	—	—	—	+79 000	+100 000

可见，应选择生产C产品，这样可多获利21 000元。

总额分析法便于理解，但由于将一些与决策无关的成本也加以考虑，计算中容易出错，从而会导致决策的失误，因此决策中并不常使用。

4.2.3 差量损益分析法

所谓差量，是指两个不同方案的差异额。差量收入是指两个不同备选方案预期相关收入的差异额，差量成本是指两个不同备选方案的预期相关成本之差，差量损益是指两个不同备选方案的预期相关损益之差。差量损益分析法是以差量损益作为最终的评价指标，由差量损益决定方案取舍的一种决策方法。

差量损益分析法适用于同时涉及成本和收入的两个不同方案的决策分析，常常通过编制差量损益分析表进行分析评价，如表 4-9 所示。

表 4-9 差量损益分析表

A方案	B方案	差量
预期收入	预期收入	差量收入
预期成本	预期成本	差量成本
预期损益	预期损益	差量损益

当差量损益>0时，A方案可取；当差量损益<0时，B方案可取。

例 4-11 某企业计划生产 A 产品或 B 产品。A、B 两种产品预期的销售单价、销售数量和变动成本资料如表 4-10 所示。要求根据以上资料,作出生产哪种产品对企业较为有利的决策。

表 4-10 变动成本资料表

项目	A 产品	B 产品
预期销售数量/件	2 000	1 000
预期销售单价/元	32	50
单位变动成本/元	15	24

首先,计算生产 A 产品与生产 B 产品的差量成本。

$$差量成本 = (15 \times 2\,000) - (24 \times 1\,000)$$
$$= 30\,000 - 24\,000$$
$$= 6\,000(元)$$

其次,计算生产 A 产品与生产 B 产品的差量收入。

$$差量收入 = (32 \times 2\,000) - (50 \times 1\,000)$$
$$= 64\,000 - 50\,000$$
$$= 14\,000(元)$$

最后,计算差量损益。

$$差量收益 = 14\,000 - 6\,000 = 8\,000(元)$$

以上计算结果表明,生产 A 产品可比生产 B 产品多获益 8 000 元,所以生产 A 产品对企业较为有利。

值得注意的是,差量损益分析法仅适用于两个方案之间的比较;如果有多个方案可供选择,在采用差量损益分析法时,只能分别两个两个地进行比较、分析,逐步筛选,择出最优方案。

4.2.4 相关成本分析法

相关成本分析法是以相关成本作为最终的评价指标,由相关成本决定方案取舍的一种决策方法。相关成本越小,说明企业所费成本越低,因此决策时应选择相关成本最低的方案为优选方案。相关成本分析法适用于只涉及成本的方案决策,如果不同方案的收入相等,也可以视为此类问题的决策。

例 4-12 某企业生产 A 半成品 10 000 件,销售单价为 50 元,单位变动成本为 20

元,全年固定成本总额为200 000元,若把A半成品进一步加工为产品B,则每件需要追加变动成本20元,产品的销售单价为80元。

(1) 企业已经具备进一步加工10 000件A半成品的能力,该生产能力无法转移,且需要追加专属固定成本50 000元。问企业是否应当继续加工?

表4-11 差额利润分析表1　　　　　　　　　　　　　　　单位:元

	进一步加工	直接出售	差额
相关收入	80×10 000=800 000	50×10 000=500 000	300 000
相关成本	250 000	0	250 000
其中:变动成本 专属成本	20×10 000=200 000 50 000	0 0	
差额利润			50 000

可见,进一步加工方案会提高收益50 000元,因此企业应该进一步深加工该产品。

(2) 企业只具备进一步加工7 000件A半成品的能力,该能力可用于对外承揽加工业务,预计一年可获得边际贡献75 000元。

表4-12 差额利润分析表2　　　　　　　　　　　　　　　单位:元

	进一步加工	直接出售	差额
相关收入	80×7 000=560 000	50×7 000=350 000	210 000
相关成本	215 000	0	215 000
其中:变动成本 机会成本	20×7 000=140 000 75 000	0 0	
差额利润			−5 000

从表中可以看出,进一步加工会减少利润5 000元,因此企业应该直接出售该产品。

4.2.5　成本无差别点法

在成本按性态分类的基础上,任何方案的总成本都可以用 $y=a+bx$ 表述。所谓成本无差别点,是指在该业务量水平上,两个不同方案的总成本相等,但当高于或低于该业务量水平时,不同方案就具有了不同的业务量优势区域。利用不同方案的不同业务量优势区域进行方案选优的决策方法。

设:　　x——成本无差别点业务量;

a_1,a_2——方案Ⅰ、方案Ⅱ的固定成本总额;

b_1,b_2——方案Ⅰ、方案Ⅱ的单位变动成本;

y_1,y_2——方案Ⅰ、方案Ⅱ的总成本。

于是:

$$y_1=a_1+b_1x$$

$$y_2 = a_2 + b_2 x$$

根据成本无差别点的概念，当成本无差别时，两个方案的总成本相等，令：$y_1 = y_2$，则：

$$a_1 + b_1 x = a_2 + b_2 x$$

得：

$$x = \frac{a_1 - a_2}{b_2 - b_1}$$

这时整个业务量被分割为两个区域：$0 \sim x$ 与 $x \sim \infty$，其中 x 即为成本无差别点。

在成本无差别点上，方案Ⅰ和方案Ⅱ的总成本相等，也就是说两个方案都可取；而低于或高于该点，方案Ⅰ和方案Ⅱ就具有了不同的选择价值。至于在哪个区域哪个方案更可取，则应通过选取数据代入 y_1，y_2 公式来确定。

例 4-13 某企业生产 A 种产品，有两种工艺方案可供选择。有关成本数据如表 4-13 所示，问该企业应采取哪种方案。

表 4-13 成本数据表

工艺方案	固定成本总额/元	单位变动成本/元
新方案	45 000	300
旧方案	30 000	400

根据表 4-13 中的数据，利用产量成本关系，确定新、旧方案的总成本公式为：

$$y_1 = 45\,000 + 300x$$
$$y_2 = 30\,000 + 400x$$

令 $y_1 = y_2$，则：

$$x = \frac{45\,000 - 30\,000}{400 - 300}$$
$$= 150（件）$$

即成本无差别点产量为 150 件。

① 当产量等于成本无差别点产量即 150 件时，新、旧两个方案的单位成本为：

新方案：$\dfrac{45\,000}{150} + 300 = 600（元）$

旧方案：$\dfrac{30\,000}{150} + 400 = 600（元）$

即新、旧方案都可取。

② 当产量超过 150 件，假定为 200 件时，新、旧两方案的单位成本为：

新方案： $\dfrac{45\ 000}{200}+300=525(元)$

旧方案： $\dfrac{30\ 000}{200}+400=550(元)$

即新方案优于旧方案。

③ 当产量小于 150 件，假定为 100 件时，新、旧两方案的单位成本为：

新方案： $\dfrac{45\ 000}{100}+300=750(元)$

旧方案： $\dfrac{30\ 000}{100}+400=700(元)$

即旧方案优于新方案。

成本无差别点分析法为在一定条件下调整生产计划提供了选择余地。但如果产量已定，则可以通过直接测算两方案下的单位成本来进行方案选择。

假如产量已定为 120 件，则可直接测算比较新、旧方案的单位成本，即：

新方案： $\dfrac{45\ 000}{120}+300=675(元)$

旧方案： $\dfrac{30\ 000}{120}+400=650(元)$

由此可见，应采用旧方案。

值得注意的是，如果备选方案超过两个，那么在进行决策时，应首先进行两两方案比较，确定成本无差别点业务量，然后再进一步通过比较，选出最优方案。

4.2.6 边际分析法

边际分析法是在成本决策中应用微分极值原理，对根据微分求导的结果进行分析评价从而进行生产决策。一般运用于解决成本最小化或利润最大化等问题。

单从经济分析角度来看，企业成本决策的优化，目的在于使其经济效益最大（或亏损最小）。这其中涉及两组基本经济变量的分析比较，分别是收入变量和支出变量。在边际分析中，这两组变量即收入变量与支出变量通常分别用边际收入和边际成本两个指标来表示，而边际分析就是研究边际收入与边际成本之间的关系。在经济学中已经学过，所谓边际收入，就是指当企业的产量增加一个单位时其总收入的增量，而边际成本也就是此时其总成本的增量。

边际分析法的基本程序如下。

① 建立数学模型：$y=f(x)$，这里的函数 y 既可以是利润、资金、成本，也可以是生产批量或采购批量。

② 对上述函数求导，即计算 $y'=f'(x)$，且令 $f'(x)=0$，求 x_0。

③ 计算上述函数的二阶导数：如果该函数的二阶导数小于零，则存在极大值；反之，存在极小值。通常决策分析中这一程序可以省略，因为根据实际情况往往可直接就确定它是极大值还是极小值。

例 4-14 某企业今年增添新设备费用预算为 110 万元，打算分别用于购买 A、B、C 三种设备。经调查这三种设备的生产效益如表 4-14 所示。

表 4-14 生产效益表

购买台数	能使企业销售额增加额/元		
	A 设备	B 设备	C 设备
1	40 000	15 000	20 000
2	30 000	13 000	15 000
3	22 000	10 000	12 000

假设每购买一台 A、B、C 新设备的费用分别为 300 000 元，100 000 元和 200 000 元。因为购买新设备的预算有限，所以当各种新设备的边际收益都相等时，购买新设备的预算分配为最优。三种新设备每购买一台每元的边际收益如表 4-15 所示。

表 4-15 边际收益表

选择购买的设备	每元的边际收益	每元的边际收益排序	累计预算/元
B 设备（1 台）	15 000÷100 000＝0.150	1	100 000
A 设备（1 台）	40 000÷300 000＝0.133	2	400 000
B 设备（2 台）	13 000÷100 000＝0.130	3	500 000
A 设备（2 台）	30 000÷300 000＝0.100	4	800 000
B 设备（3 台）	10 000÷100 000＝0.100	4	900 000
C 设备（1 台）	20 000÷200 000＝0.100	4	110 000

从表 4-15 中可知，选择购买 3 台 B 设备，2 台 A 设备，1 台 C 设备，就可以使有限的购买新设备的预算费用（1 100 000 元）取得最大的收益。

专栏 4-3　　　　"边际分析法"趣谈

假设上海到南京的空调汽车，不论国有运输公司还是私营运输公司，票价均为 50 元。A 想以 25 元票价乘坐有空位的空调车（A 不坐，位子也空着），这一要求遭到国有公司售票员的拒绝，但私营公司的售票员则让 A 如愿。那么，怎样用经济学原理来解释这一生活现象呢？

其实他们是在用边际分析法分析、解决问题。在有空位的前提下,当售票员考虑是否让乘客以 25 元票价上车时,实际上他(她)应该考虑的是边际成本和边际收入这两个概念。边际成本是增加一名乘客(自变量)所增加的成本(因变量)。在这个例子中,增加一名乘客,所需的汽车磨损、汽油费、工作人员工资和过路费等都无增加,对汽车来说多拉一个人少拉一个人没有什么大的区别,所增加的成本主要是发给这个乘客的食物和饮料。假定这些东西值 10 元,则边际成本就是 10 元;边际收入是增加一名乘客(自变量)所增加的收入(因变量),即 25 元。

用边际分析法作决策时,就是要比较边际成本与边际收入。如果边际收入大于边际成本,让乘客上车就是合算的,是理性的决策;如果边际收入小于边际成本,让乘客上车就是亏损,是非理性的决策。从理论上说,乘客可以增加到边际收入与边际成本相等时为止。在这个例子中,私营公司售票员让乘客上车是理性的,无论他(她)是否懂得边际的概念与边际分析法,他(她)实际上是按边际收入大于边际成本这一原则作决策的。国有公司的售票员不让乘客上车,可能是无自主权或多载、少载与自己利益无关,或者是缺"边际"这根弦。大家常说国有企业经营机制不如私营企业灵活,本例大概可以算一个例证。

4.3 产品设计中的成本决策

4.3.1 产品设计阶段成本决策的功效

在保证产品质量的前提下,处于激烈竞争的现代企业发现,通过改进产品设计结构,也可以大大降低产品成本。于是人们为了降低各种资源的消耗水平,合理改造产品的设计,注重产品结构设计的合理性、产品耗用材料的合理性和采用代用材料等。国外有学者调查研究发现,通过改进产品结构和材料设计可以实现 70%~80% 的产品成本降低。所以说,产品设计阶段的成本决策是现代成本决策的一个重要组成部分。

4.3.2 产品功能成本决策

产品功能成本决策是将产品的功能与成本对比,目的在于以最低的成本实现产品合适、必要的功能,从而降低产品成本,提高企业经济效益。

产品功能与成本之间的比值关系,称为价值。这是一种效用价值,它的基本特征是正确分析和处理产品功能与成本之间的关系,即怎样在保持产品现有功能的前提下,使产品的成本降到最低,或怎样在维持现有产品成本的前提下,使产品的功能更多、更完善。

价值分析是在 20 世纪 40 年代由劳伦斯·迈尔斯提出的。他当时担任美国通用电气公司采购部门的工程师，在长期的材料采购管理工作中他发现，有许多产品耗用的材料可用价格便宜而不影响产品质量的代用品来替代，这样在保证产品质量和功能的前提下，可较大幅度地降低产品成本。1947 年，他将其经验和运用的分析技术加以系统化，形成了"价值分析"这一独特的成本决策方法和技术。

价值可表示为：

$$价值(V) = \frac{功能(F)}{成本(C)}$$

即

$$V = \frac{F}{C} \qquad (4-26)$$

当一种产品存在多种功能时，其价值可表示为：

$$V = \frac{F_1 + F_2 + \cdots + F_n}{C} = \frac{1}{C}\sum_{i=1}^{n} F_i \qquad (4-27)$$

从以上表达式可以看出，价值与功能成正比，与成本成反比，功能越高则价值越大，成本越低则价值越大。于是提高产品价值的方法无外乎就是在成本不变的情况下如何提高产品的功能，或者寻求如何在功能不变的情况下节约成本。

功能成本决策分析一般可分为以下几个步骤。

1. 选择分析对象

因为企业在实际工作中不会对所有产品一一进行功能成本决策分析，所以需要相对侧重地有所选择。价值分析对象选择得适当与否，直接影响到功能成本决策分析的最终效果。

对一个企业来说，需要进行功能成本决策分析的产品肯定应该是具有一定竞争能力、有一定市场的产品。换句话说，往往是一些结构复杂、零部件多，或者工艺复杂、工序繁多，或者体积庞大、用料较多，或者成本较高、比重较大，或者材料利用率较低、废品率较高的产品零件或部件。因为通过对这类产品、零件或部件的分析，可发现产品功能或成本消耗存在的问题，从而达到改进结构设计、完善产品功能、改进生产工艺、降低产品成本、提高产品质量的目的。

总之，在选择对象时，应选择那些对企业发展影响最大、矛盾最突出的产品来进行分析。例如，目前突出的问题是产品的成本较高，影响企业的经济效益和竞争能力，那么就应选择那些占产品成本比重较高的零部件来进行分析，以达到降低成本的目的。如果目前最突出的问题是产品的功能不完善，影响了消费，那么就应从改进设计、增加功能及对成本的影响角度进行分析，以达到少增成本、完善功能的目的。

2. 进行功能成本评价分析

这一步的主要工作：首先，根据不同的分析对象进行功能评价；然后，通过与成本相比较，求出各分析对象的价值或价值系数。由于所分析的问题的目的不一样，因而进行功能评价、价值计算的方法也不一样。

例4-15 目的：选择最佳生产工艺方案。

对于工艺方案的功能评价，可采用评分法来进行评价。评分法即根据事先确定的各种分析要素对各种工艺方案进行评分，分数的等级可采用5分制、10分制或100分制。

例如，生产某产品的工艺有三种方案，对各方案的分析要素包括可靠性、复杂性、操作方便、维修难易和安全性5个方面，现采用10分制进行功能评分，其结果如表4-16所示。

表4-16 功能评分表

方案	可靠性	复杂性	操作方便	维修难易	安全性	功能总分
方案1	6	8	8	9	9	40
方案2	7	5	6	4	5	27
方案3	8	9	9	9	9	44

从表4-16功能评价中可以看出，由于方案2的功能太差，没有继续考虑的必要，因而首先被淘汰；而方案1和方案3功能总分相差不多，如何取舍，还得根据该两个方案的成本情况，计算出其价值后方能定夺。方案1和方案3的成本情况如表4-17所示。

表4-17 方案成本表 单位：元

方案	设备费	安装费	总成本
方案1	45 000	35 000	80 000
方案3	60 000	25 000	85 000

为了便于理解和价值系数的计算，我们可首先分别计算上述两表各方案的功能系数和成本系数，计算的方法是先确定某一方案为基本方案，即其功能系数和成本系数为100%，再将另一方案与该方案相比较计算出该方案的功能系数和成本系数。在本例中，如果以方案1为基本方案，则其功能系数和成本系数均为100%，方案3的功能系数与成本系数分别计算如下。

方案3的功能系数 $=\dfrac{44}{40}\times 100\%=110\%$

方案 3 的成本系数 $=\dfrac{85\ 000}{80\ 000}\times 100\%=106.25\%$

然后，我们就可计算各方案的价值系数，计算情况为：

方案 1 的价值系数 $=\dfrac{100\%}{100\%}=1$

方案 3 的价值系数 $=\dfrac{110\%}{106.25\%}=1.04$

从价值系数的分析中可看出，虽然方案 1 的总成本低于方案 3，但方案 3 的总体价值高于方案 1，所以应选择方案 3。

例 4-16 目的：降低产品成本。

当价值分析的目的是降低产品成本时，其首要的工作就是通过功能分析和价值分析来找出影响成本的主要零部件。对各零部件的功能评分，可用强制确定法（又称一对一比较法）来确定。这种方法是将产品的主要零部件列成图表，然后进行一对一的比较，根据其相对的重要性来打分。打分的方法可以是 0-1 制，即重要的打 1 分，次要的打 0 分。或 0-4 制，即最重要的打 4 分，对方得 0 分；较重要的得 3 分；对方得 1 分；功能重要性相等，各得 2 分。

例如，有 A、B、C、D、E、F 六大部件，采用 0-1 制打分，各部件的功能评分及其功能系数如表 4-18 所示。

表 4-18 功能评分表（0-1 制）

部件名称	A	B	C	D	E	F	功能得分合计	功能系数
A	—	1	0	1	1	1	4	4÷15=0.266 7
B	0	—	1	1	1	1	4	4÷15=0.266 7
C	1	0	—	0	1	0	2	2÷15=0.133 3
D	0	0	1	—	1	1	3	3÷15=0.2
E	0	0	0	0	—	0	0	0
F	0	0	1	0	1	—	2	2÷15=0.133 3
总计							15	1.000 0

在表 4-18 中，功能得分总计数 15 分是根据组合原理计算出来的，功能系数是根据各部件的功能得分除以功能得分总计数计算出来的。

用 0-1 制来确定各部件的功能得分，由于只区分重要和不重要两级，所以功能得分的评价往往不尽合理，如表 4-18 中 E 部件也有一定的功能，但由于相比之下是最次要的部件，因而功能得分被评为 0 分，这显然是不恰当的，因而在实际工作中，人们通常用 0-4 制来进行功能评分。现仍以上述部件为例，用 0-4 制确定的各部件的功能得分如表 4-19 所示。

表 4-19 功能评分表(0-4制)

部件名称	A	B	C	D	E	F	功能得分合计	功能系数
A	—	3	1	4	3	3	14	0.233 3
B	1	—	3	4	4	3	15	0.25
C	3	1	—	0	3	1	8	0.133 3
D	0	0	4	—	4	3	11	0.183 3
E	1	0	1	0	—	1	3	0.050 0
F	1	1	3	1	3	—	9	0.150 0
总计							60	1.000 0

表 4-19 中功能得分总计数与功能系数的计算方法与 0-1 制表中的计算方法相同,只是在 0-1 制下,每一组合的得分是 1 分;在 0-4 制下,每一组合的得分是 4 分,所以总计为 60 分。

当功能系数确定后,就需根据各部件的成本占总成本的比重计算成本系数,然后再计算价值系数,如表 4-20 所示。

表 4-20 价值分析表

部件名称	功能系数	目前成本/元	成本系数	价值系数	按功能系数分配目标成本/元	成本降低额/元
A	0.233 3	480	0.240	0.970 8	420	60
B	0.25	330	0.165	1.515 2	450	−120
C	0.133 3	220	0.110	1.209 1	240	−20
D	0.183 3	470	0.235	0.778 7	330	140
E	0.050 0	360	0.180	0.277 7	90	270
F	0.150 0	140	0.070	2.142 9	270	−130
总 计	1.000 0	2 000	1.000		1 800	200

通过价值系数计算,可找到成本与功能不符合,即价值较低的部件,如表 4-20 中的 D 和 E,这就是需进一步改进产品设计的对象。

3. 分配目标成本,确定关键部件的成本降低额

在假定部件的成本应与其功能相适应的前提下,对目标成本按其功能系数进行分配。如果成本与其功能不相适应,就应通过改进产品的结构设计或寻找价格便宜的代用品来替代现用的材料。

如果根据市场竞争的要求,该产品的目标成本为 1 800。对于 D 零件来说,目前成本水平只有 470 元,而按功能系数分配的目标成本 540 元。显然,D 零件的目标成本有多余,也就是 D 零件的成本即使按现在的成本水平不再降低也只有 470 元,因此多余

的 70 元目标成本可给予其他部件，如 E 部件，这就表明，如果 E 部件无法实现降低 150 元的目标，但如果能降低 80 元，那么整个产品的目标成本也能实现。所以"成本降低额"一栏中的正数为各部件应予降低成本的目标，而负数则表示为降低成本的弹性，即当其他部件无法实现其成本降低目标时，可由这些弹性成本来抵冲。

4. 寻求和评价降低成本的方案

这是产品功能成本决策的关键。如果说前面各步骤的结果只是发现问题的话，那么这一步的结果就是要解决问题。在这一阶段，企业管理部门必须集思广益，集中产品设计部门、材料供应部门、产品生产部门和财务部门，一起来商讨研究改进产品设计或寻找可降低成本的替代材料方案，并评价各方案的可行性，以选择最优方案来达到最终降低成本的目标。并且在此过程中，可对新方案进行试验生产，同时征求各方意见，作为正式方案批准后才可组织实施。

专栏 4-4

东风公司开发一种新型产品，由于样式新颖，功能实用，前期制定的售价为每台 180 元。为保证实现预定的利润目标，公司要求的成本利润率为 20%，适用的税率为 25%。

据设计人员分析，该产品由 A、B、C、D、E 5 个零部件构成，对其功能评分及设计成本如表 4-21 所示。同学们讨论一下：

表 4-21 功能评分及设计成本表

零部件	A	B	C	D	E	设计成本
A	×	0	1	0	1	32
B	1	×	0	1	1	64
C	0	1	×	1	0	32
D	1	0	0	×	1	16
E	0	0	1	0	×	16
						160

（1）东风公司应采用何种方法确定新产品的目标成本并进行新产品目标成本的分解？

（2）东风公司应如何进行功能评价？

4.4　生产组织中的成本决策

在生产组织阶段，成本决策主要包括对于生产工序和生产批量的合理安排。

4.4.1 生产工序的合理安排

对于一项多工序的生产作业而言,科学合理地安排工序是缩短生产时间、降低生产成本的有效手段。计划评审法(program evaluation and review technique,PERT)作为运用网络技术编制、协调和控制工程计划的一种科学管理方法,也是合理安排生产工序最常用的方法。它的基本原理是将工程项目作为一个系统,把组成这一系统的各项作业按其先后顺序和相互关系,运用网络形式统一筹划,区别轻重缓急进行组织和协调,以期有效地利用人力、物力、财力,用最少的时间完成整个系统的预定目标,从而取得良好的经济效益。计划评审法可以清楚地反映出系统中各项作业间的逻辑关系,准确地指出影响全局的关键作业,有利于重点管理。它允许根据客观环境的变化,对计划进行有效的控制和调整。这种方法适合应用于电子计算机进行资源的合理分配和工期、费用的优化分析,最适用于一次性生产和大规模工程,如大型土建工程、大型机器制造、船舶制造、大型科研项目、重大新产品试制和大修理工程等。

1958 年,美国海军特种计划局在研制舰载"北极星"导弹时提出计划评审法,加强了对该项复杂工程的进度管理,使工程提前两年完成。在此期间,美国杜邦公司和兰德公司也研究出一种编制计划和进度管理的新方法,称为关键路径法(CPM)。两种方法的基本原理相同,主要区别只是对作业时间的估计方法不同。关键路径法以经验数据来确定作业时间,着重于成本控制;而计划评审法主要用于缺少实际经验的工程项目,常用统计方法确定作业时间,着重于时间控制。20 世纪 60 年代末期,为解决工程管理中出现的复杂性和随机性问题,人们又提出了图解评审法(GERT)。20 世纪 60 年代初期,中国科学家华罗庚研究和推广了前两种方法,并把它们定名为统筹法。

计划评审法的基本要点是先运用网络图的方式将各生产工序及相互间的逻辑联系表示出来;然后找出关键路线及整个生产作业或项目开发所需的最少时间;最后根据成本分析和管理要求对所有工序做出最合理的安排,达到以最低的成本、最短的时间实现企业目标的目的。下面举例说明计划评审法的运用。

1. 构筑网络图

例如,某项生产作业共有 9 道工序,各道工序所需的时间及紧前工序,如表 4-22 所示。

表 4-22 某项生产作业各工序

工序名称	所需时间/天	紧前工序
A	6	—
B	10	—
C	10	A
D	12	B

续表

工序名称	所需时间/天	紧前工序
E	8	B
F	16	C、D
G	12	C、D
H	6	E、F
I	14	G

紧前工序是紧连在本工序前面的一道或者几道工序，它反映了各工序之间的逻辑联系。如果工序 B 必须在工序 A 竣工后才能开始，称工序 A 是工序 B 的紧前工序。工序 B 叫作工序 A 的紧后工序。

根据所给资料和网络图的技术可构筑出如图 4-6 所示的网络图。

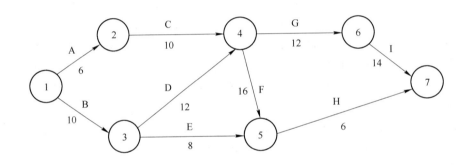

图 4-6 某项生产作业的网络图

在这种网络图中，圆圈称为节点，表示工序的开始或结束；箭头表示工序之间的联系，箭杆代表工序，每一工序连接前后两个节点。箭杆上的英文字母表示工序名称，下面的阿拉伯数字表示该工序所耗用的时间。构筑网络图关键的是要搞清各工序间的逻辑联系，特别是当一道工序有两道以上紧前工序时，这些紧前工序应交于一点，使网络图更简洁明了地反映各工序间的逻辑联系。

2. 找出关键路线

在完成第一步工作构筑网络图后，就需进行第二步操作——找出关键路线。

寻找关键路线的方法如下。

(1) 计算各节点最早完工时间。

各节点的最早完工时间是指这一节点前的几道工序中完工时间最长的天数，用□表示。它的计算方法是将前一个节点的最早完工时间加上前道工序所需的时间，即为本节点的完工时间，如果同时有两道以上工序进入本节点，就用这几道工序中最长的完工时间作为本节点的最早完工时间。最早完工时间的计算如图4-7所示。

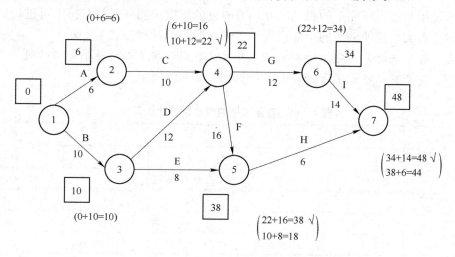

图4-7 某项生产作业最早完工时间

(2) 计算各节点的最迟完工时间。

从图4-7的计算中可看出，该生产作业最早需48天才能完工。为了保证48天内一定完工，就需对各工序进行控制，所以需掌握各节点的最迟完工时间。最迟完工时间用△表示，它的计算是从最后节点反方向向前推算。计算方法是将后一节点的最迟完工时间减去后道工序所需的时间即为本节点的最迟完工时间；当本节点后面有几道工序时，就选这几道工序中数据最小的为本节点的最迟完工时间。最后节点的最迟完工时间就是该节点的最早完工时间，所以两者相等。各节点的最迟完工时间如图4-8所示。

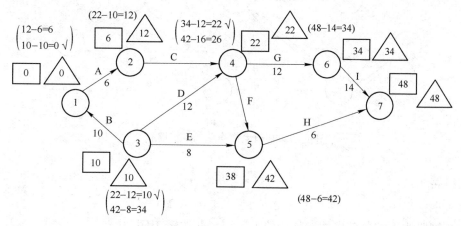

图4-8 某项生产作业各节点的最迟完工时间

（3）计算每道工序的时差。

时差是指每道工序完工的机动时间。有时差的工序表明在时间安排上可进行适当的调节，时差愈大，反映调节的余地愈大。各工序时差的计算公式为：

时差＝后节点的最迟完工时间－本工序施工时间－前节点的最早完工时间

根据上述资料，各道工序的时差及计算如表4－23所示。

表4－23　各道工序的时差及其计算表

工序	A	B	C	D	E
时差	6	0	6	0	24
计算过程	12－6－0	10－10－0	22－10－6	22－12－10	42－8－10
工序	F	G	H	I	
时差	4	0	4	0	
计算过程	42－16－22	34－12－22	48－6－38	48－14－34	

（4）确定关键路线。

关键路线是指由关键工序连接起来的施工路线。所谓关键工序，是指时差为0的工序，时差为0，表明这些工序的时间安排没有任何机动余地，所以称为关键工序。由于这些工序能否按时完工，将影响到整个工程或生产作业的最终完工时间，所以由关键工序连接起来的施工路线被称为关键路线。根据上面的计算结果可看出，B、D、G、I工序的时差为0，所以都是关键工序，它们连接起来就构成了关键路线。关键路线用双线表示，如图4－9所示。关键路线所需的时间就是该项目或生产作业所需的最早完工时间。

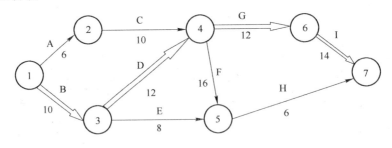

图4－9　某项生产作业的关键路线

关键路线：　①→③→④→⑥→⑦
　　　　　　　　B　D　G　I
　　　　　　　10　12　12　14

总工期：　10＋12＋12＋14＝48（天）

除关键路线上的各工序外，其余的工序均为非关键工序。

3. 最佳成本决策基础上的工序安排

关键路线确定后，就应根据管理要求进行工序安排。由于关键路线所需的时间是整个工程项目或生产作业的最早完工时间，所以如果关键路线能缩短时间，整个工程项目的完工时间就可能也相应提前，从而可节约费用。同时，对非关键路线的合理安排也可节约人力、物力。所以，最后的决策就是向关键路线要时间，向非关键路线要潜力。

1) 向关键路线要时间

这是缩短施工时间、减少非关键工序时差、提高效率、节约费用的重要手段。要缩短关键路线的时间，就要压缩各关键工序的施工时间，例如，B工序要压缩为8天，D工序可压缩为10天，G工序可压缩为8天，I工序可压缩为12天。需要注意的是，关键路线上各工序所压缩的天数，只是可能使整个工期提前相应的天数完工，但并不一定提前相应的天数完工，这是因为当关键路线上各工序的时间缩短后，关键路线可能会改道，因此需重新计算各工序的时差和确定关键路线。如根据前述时间压缩后，关键路线及完工时间计算如图4-10所示。

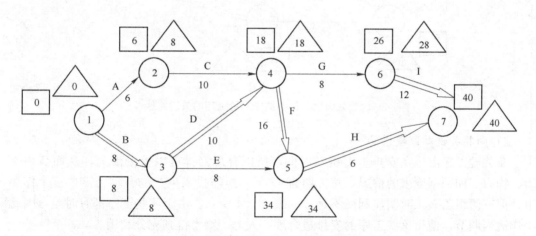

图4-10 某项生产作业的关键路线及完工时间

需要指出的是，各工序的完工时间不是任意就可压缩的，它常常意味着需要赶工，而赶工需要支付加班费，这样，就需考虑总工期缩短一天可节约的费用与各工序压缩一下需增加的费用之间的关系，即考虑压缩工期的成本效益情况。例如，总工期提前一天可节约费用200元，而各工序压缩一天需增加的费用分别为B工序300元，D工序250元，G工序100元，I工序150元。这样，纯粹从经济效益角度考虑，压缩B和D两工序会增加工程项目的支出，所以可不予考虑；压缩G和I两工序可每天分别节约100元和50元，这对整个项目是有利的，但由于F和H两工序的时差只有4天，所以G和I工序只能压缩4天，否则关键路线就会改道。关键路线一改道，G和I多压缩的天数就只有成本而无效益,这样就不合算,所以 G 和 I 工序只需共压缩 4 天即可。当 G 和 I 工序压缩 4 天后,由于 F 和 H 工序的时差也为零,所以也成了关键工序,形成了双关键路线,但两条路线的总工期相等。由于 G 工序共可压缩 4 天,每压缩一天可节约费用 100 元(200−100),而 I 工序每压缩一天可节约 50 元(200−150),少于 G 工序,所以这 4 天时间全部分配给 G 工序对企业更有利,它可节约费用 400 元(100×4)。整个工期可提前 4 天完成,且节约了总费用 400 元。考虑压缩工期的成本效益后的完工总工期和关键路线如图 4−11 所示。

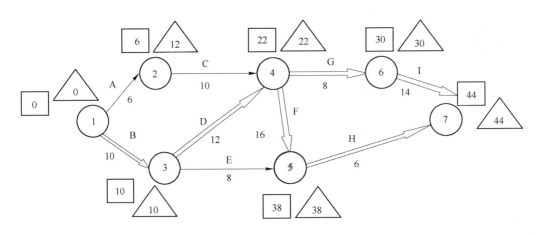

图 4−11 某项生产作业的完工总工期的关键路线

2)向非关键路线要潜力

非关键工序由于在安排上有机动时间,所以合理安排可以挖掘潜力,从而节约人力、物力。如根据原来的情况,总工期为 48 天,所需投入生产的劳动力需要三个作业组,但有两组工人工时明显利用不足,如表 4−24 所示。由于这些工序都有时差,因此可作适当调节,使得这些工序的安排最合理,人力、物力得到充分利用。

表 4−24 非关键工序表

天数	0	3	6	9	12	15	18	21	24	27	30	33	36	39	42	45	48
作业组	① B (10) ③				D (12) ④				G (12)			⑥		I (14)			⑦
作业组	①A (6)②C (10) ④																
作业组					③E (8) ⑤												
								④		F (16)			⑤H (6) ⑦				

具体做法是,F 和 H 工序有 4 天的时差,说明这两道工序可晚开工 4 天,不会影响完工时间,而 E 工序有时差 24 天,所以开工时间可往后移,即等 C 工序完工后再开

始做 E 工序既不影响 E 工序的完工时间，也不会影响后面的 H 工序的开工时间。这样，所有的非关键工序就由一个作业组来完成即可。经这样调节后，非关键工序如表 4－25 所示。其结果是节约了一个作业组的费用支出。

表 4－25 调节后的非关键工序表

天数	0	3	6	9	12	15	18	21	24	27	30	33	36	39	42	45	48
作业组		① B (10)		③		D (12)		④		G (12)			⑥		I (14)		⑦
作业组	①A (6)	②C (10)	④														
						③E (8)		⑤									
								④		F (16)				⑤H (6)	⑦	

计划评审法主要适用单件小批生产的企业，如造船厂、重型机器制造厂，以及道路建设和大型项目的建设等。在大规模的投资项目管理中实施计划评审法对投资成本的控制特别有效，因而现在已得到普遍的推广应用。

4.4.2 生产批量的合理安排

1. 经济批量基本模式

对产品生产来说，并不是生产批量越大越好，这其中存在经济批量的问题。因为企业在存货上所花的费用包括两大部分：一是采购或生产调整费用；二是储存费用。所以所谓经济批量，是指使企业在存货上所花费用达到最低的每次订货数量或生产批量。也就是说，最优的生产批量应该是采购或生产调整费用与储存费用总和最低时的生产批量。

采购或生产调整费用和储存费用，两类费用本身是相互矛盾的。前者指每批产品生产开始前因进行准备工作而发生的成本，在正常情况下，每次生产准备成本基本相等，由于采购或生产调整费用与采购或生产调整的次数相关，所以采购或生产的批量大，采购或生产调整的次数就少，采购或生产调整费用就可相对节约。而后者，即储存费用是指为储存零部件及产品而发生的仓库及其设备的折旧费、保险费、维修费等的总和，所以如果采购或生产的批量大，平均储存量就大，储存费用也就随之增大，自然希望批量小一点。

那么，确定经济批量时就要综合考虑采购或生产调整费用和储存费用，用科学方法使得总费用达到最低，此时的采购批量或生产批量即为经济。需要注意的是，这里所说的总费用是指与采购、生产调整和储存活动所相关的费用；而其他与确定经济批量无关的费用，如固定储存费用和材料的买价或产品的生产成本等可不予考虑。

经济批量通常采用公式法加以确定，在表达前设定符号示例如下。

设：T 为存货上所耗费的总费用，R 为年需求量，C 为材料采购成本或产品生产成本；S 为一次采购费用或一次生产调整费用，K 为变动储存费用率，Q 为一次采购或生产的批量，则：

$$年采购或生产调整费 = \frac{R}{Q} \cdot S = \frac{RS}{Q} \tag{4-28}$$

$$年储存费用 = \frac{Q}{2} \cdot CK \tag{4-29}$$

$\frac{R}{Q}$ 在"年采购或生产费用"计算公式中，表示采购或生产调整的次数，因为 R 保持不变，而 Q 可变动，所以 Q（即批量）越小，采购次数越多，采购费用就越大；反之，Q 越大，采购次数越少，采购费用就越小。

在"年储存费用"计算公式中，由于储存费用是一种变动费用，所以受到采购或生产批量（Q）的直接影响，即 Q 越大，平均储存量 $\left(\frac{Q}{2}\right)$ 也就越大，储存费用就越大；反之，Q 越小，平均储存量也就越小，储存费用也就越小。应注意，平均储存量 $\left(\frac{Q}{2}\right)$ 是假定一批材料或产品用完，第二批材料或产品正好到达或完工，这样当批量为 Q 时，全年的平均储存量即为 $\frac{Q}{2}$。

当年采购或生产费用和储存费用计算公式都确定后，年存货的总费用就等于两者之和，可用公式表示为：

$$T = \frac{RS}{Q} + \frac{Q}{2}CK \tag{4-30}$$

因为要求总费用 T 最小，所以就用导数加以求解，目的在于求出最低费用与采购批量之间的关系。推导过程如下。

$$\frac{dT}{dQ} = -\frac{RS}{Q^2} + \frac{CK}{2}$$

令：

$$-\frac{RS}{Q^2} + \frac{CK}{2} = 0$$

则：

$$Q^2 = \frac{2RS}{CK}$$

$$Q = \sqrt{2RS/CK}$$

即当 $Q = \sqrt{2RS/CK}$ 时，总费用 T 为最低，因此 Q 被称为最优经济批量。

那么，当以 $Q = \sqrt{2RS/CK}$ 代入总费用 T 的计算公式时，总费用 T 可表述为：

$$T = \frac{RS}{\sqrt{2RS/CK}} + \sqrt{2RS/CK} \cdot \frac{CK}{2} = \sqrt{2RSCK} \tag{4-31}$$

例 4-17 公司采购某零件,全年需求量(R)为 4 800 件,一次采购费用(S)为 200 元,变动储存费用率(K)为 10%,材料采购单位成本(C)为 30 元。根据所给资料,求采购批量(Q)和总费用(T)。

$$Q=\sqrt{\frac{2RS}{CK}}=\sqrt{\frac{2\times 4\,800\times 200}{30\times 10\%}}=800(件)$$

$$T=\sqrt{2RSCK}=\sqrt{2\times 4800\times 200\times 30\times 10\%}=2\,400(元)$$

即当采购批量为 800 件时,年总费用 2 400 元为最低。

2. 生产批量确定中的特点

在确定最优经济生产批量时,我们常常会碰到以下两种情况。

第一种是先生产后耗用,即生产时不耗用、耗用时不生产。在这种情况下,年平均储存量可表述为 $\frac{Q}{2}$,如图 4-12 所示。这时最经济生产批量的确定与前述经济批量基本模式完全一样。

第二种是边生产边耗用,即在生产的同时也发生耗用。在这种情况下,最高储存量不等于生产批量,因而年平均储存量也不等于 $R/2$,而是需根据生产率和耗用率来确定,如图 4-13 所示。这时平均储存量和最优经济生产批量及总费用的计算如下所示。

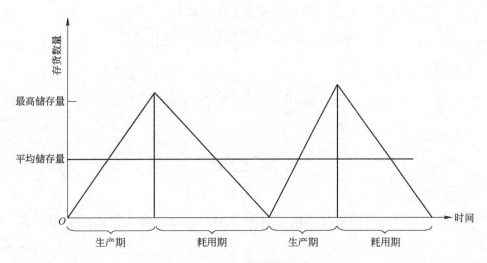

图 4-12 先生产后耗用情况下存货示意图

设:P 为生产率(件/天),R' 为耗用率(件/天),t_1 为生产时间,t_2 为不生产时间,Q' 为生产批量,则:

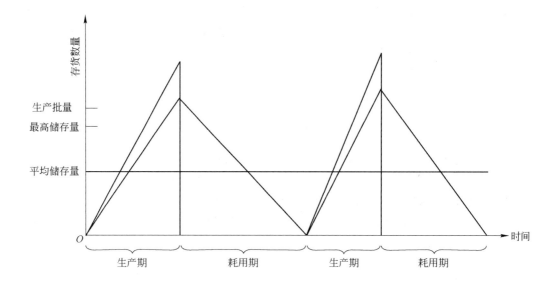

图 4-13 边生产边耗用情况下存货示意图

$$t_1 = \frac{Q'}{P}$$

$$最高储存量 = (P - R')t_1$$

$$平均储存量 = \frac{(P - R')t_1}{2} = \frac{(P - R')Q}{2P}$$

总费用为：

$$T = \frac{RS}{Q'} + \frac{(P - R')Q \cdot CK}{2P}$$

求导解出：

$$Q' = \sqrt{\frac{2RS}{CK\left(1 - \frac{R'}{P}\right)}}$$

这就是边生产边耗用情况下的最优经济生产批量。将其代入总费用公式，表达式为：

$$T = \sqrt{2RSCK\left(1 - \frac{R'}{P}\right)}$$

例 4-18 公司自制某零件，全年需求量为 7 200 件，每天耗用量为 20 件（R'），生产率为每天 100 件（P），一次生产调整费用为 10 元，单位生产成本为 20 元，储存费用率为 10%，求总费用。

根据所给资料可计算出：

$$Q' = \sqrt{\frac{2RS}{CK\left(1-\frac{R'}{P}\right)}} = \sqrt{\frac{2\times 7\,200\times 10}{20\times 10\%\times \left(1-\frac{20}{100}\right)}} = 300（件）$$

每批生产时间为：

$$t_1 = 300/100 = 3（天）$$

$$最高储存量 = (P-R')t_1 = (100-20)\times 3 = 240（件）$$

$$平均储存量 = \frac{(P-R')t_1}{2} = 240/2 = 120（件）$$

总费用为：

$$T = \sqrt{2RSCK\left(1-\frac{R'}{P}\right)} = \sqrt{2\times 7\,200\times 10\times 20\times 10\%\times \left(1-\frac{20}{100}\right)} = 480（元）$$

3. 多种产品的生产批量的确定

以上介绍的是一种产品的经济批量的确定方法，但如果企业需要多种产品或零部件按固定周期顺序轮流生产时，就要确定各种产品的经济批量，并且最终确定企业的固定生产周期。

一种产品在边生产边耗用情况下，其经济批量为：

$$Q' = \sqrt{\frac{2RS}{CK\left(1-\frac{R'}{P}\right)}}$$

据此，可计算出该产品全年需生产的次数为：

$$n = \frac{R}{Q'} = \frac{R}{\sqrt{\dfrac{2RS}{CK\left(1-\frac{R'}{P}\right)}}} = \sqrt{\frac{R^2\cdot CK\left(1-\frac{R'}{P}\right)}{2RS}} = \sqrt{\frac{RCK\left(1-\frac{R'}{P}\right)}{2S}}$$

假如多种产品或零部件分批轮流生产，且在每一生产周期内各种产品都需按顺序投料生产一次，则一年中多种产品分批轮流生产的次数为：

$$n = \sqrt{\frac{\sum R_i C_i K\left(1-\frac{R'_i}{P_i}\right)}{2\sum S_i}}$$

式中：R_i 为各产品的年需求量；C_i 为各产品的单位成本；K 为储存费用率。R'_i 为各产品的耗用率；P_i 为各产品的生产率；S_i 为各产品的每次生产准备费用。

而各种产品的生产批量为 $Q_i = R_i/n$。

例 4-19 A、B、C、D 4 种产品定期轮流生产,有关资料如表 4-26 所示。根据资料,求出 4 种产品的生产批量与生产时间。

(1) 全年轮流生产次数为:

$$n = \sqrt{\frac{\sum R_i C_i K(1 - R_i/P_i)}{2 \sum S_i}} = \sqrt{13\ 700/(2 \times 274)} = 5(次)$$

(2) A 产品的生产批量:$Q_A = R_A/n = 15\ 000/5 = 3\ 000$(件)

(3) A 产品的生产时间:$Q_A/P_A = 3\ 000/500 = 6$(天)

B、C、D 三种产品的生产批量和生产时间的计算与 A 产品相同,计算结果见表 4-26 所示。

表 4-26 多种产品生产周期和经济批量计算表

产品品种	全年需求量/件 R_i	生产率 P_i	耗用率 R_i'	储存费用 C_iK	生产准备费/元 S_i	$R_i C_i K \times \left(1 - \dfrac{R_i'}{P_i}\right)$	经济批量/件 Q_i	生产时间/天 Q_i/P_i
A	15 000	500	50	0.10	50	1 350	3 000	6
B	30 000	400	100	0.15	60	3 375	6 000	15
C	18 000	600	60	0.08	80	1 295	3 600	6
D	48 000	800	160	0.20	84	7 680	9 600	12
合计					274	13 700		39

注:全年以 300 天计算。

以上分析可知,全年工作日以 300 天为计,各种零件全年轮流生产 5 次,两次生产的间隔时间为 60 天,其中生产时间为 39 天,其余 21 天为不生产时间,生产和耗用情况如图 4-14 所示。

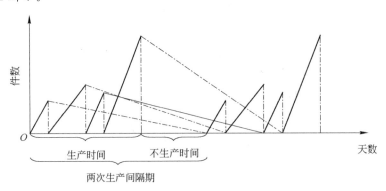

图 4-14 多种产品轮流生产及耗用情况示意图

图 4-14 中所反映的最高储存量的计算为：

A 产品＝(500－50)×6＝2 700(件)　　B 产品＝(400－100)×15＝4 500(件)

C 产品＝(600－60)×6＝3 240(件)　　D 产品＝(800－160)×12＝7 680(件)

4.5　成本决策方法的实际运用

4.5.1　新产品开发的决策分析

新产品，是指在结构、功能或形态上发生改变，并推向了市场的产品。在现代市场经济中，技术日新月异，新产品层出不穷，所有企业都面临着技术革新的挑战。因此，不断开发新产品、进行老产品的更新换代，是企业获得生存和发展、争取市场主动权的重要策略之一。

新产品开发的决策就是要利用企业现有剩余生产能力或老产品腾出来的生产能力开发新产品，对不同新产品开发方案进行的决策。开发新产品决策有两种情况：一种是需要增加固定成本（主要是指由于增添新设备而增加折旧费等费用）；另一种是利用原有剩余生产能力，不需增添新设备。前者需要考虑固定成本因素，后者不需考虑固定成本因素。新产品开发的决策应采用差量损益分析法。

例 4-20　某企业原来只生产 A 产品，现准备开发新产品 B 或 C，有关资料如表 4-27 所示。

表 4-27　某企业生产产品情况

项目	A 产品	B 产品	C 产品
产销量/件	4 000	300	1 000
单价/元	10	40	16
单位变动成本/元	4	27	10
固定成本		20 000	

预计 B、C 产品销路不成问题，但由于生产能力有限，只允许投产其中之一产品。

要求：(1) 作出生产哪种新产品的决策。

(2) 如果生产产品 B 或 C 必须追加成本支出，购置专用工具，价值分别为 1 000 元、5 000 元，作出生产哪种新产品的决策。

分析　(1) 开发新产品不需要考虑固定成本，因为固定成本 20 000 元，即使不开发新产品它也将发生，因此固定成本属于沉没成本，无须在各产品之间进行分配，决策

时不考虑。由于相关成本只有变动成本,因此直接进行贡献边际的比较,即:

B 产品贡献边际=40×300-27×300=3 900(元)

C 产品贡献边际=16×1 000-10×1 000=6 000(元)

可见,应生产 C 产品,这样可多获利 2 100 元。

(2) 生产产品 B 或 C 追加的成本支出为专属成本,必须考虑。利用差量损益分析法进行决策,分析结果如表 4-28 所示。

表 4-28 差量损益分析表　　　　　　　　单位:元

项目	开发 B 产品	开发 C 产品	差异额
相关收入	12 000	16 000	-4 000
相关成本	9 100	15 000	-5 900
其中:变动成本	8 100	10 000	
专属成本	1 000	5 000	
差　量　损　益			+1 900

可见,应开发 B 产品,这样可多获利 1 900 元。

4.5.2　亏损产品是否应该停产的决策分析

企业经常遇到亏损产品是否应该停产的决策问题。通常管理人员会认为,企业长期亏损的产品应该停产或转产。亏损产品的原因是多方面的,或者是质量较次,款式陈旧;或者是市场供过于求,缺乏销路;或者是成本过高,缺乏竞争力。亏损产品往往引起连锁反应,卖得越多,亏得越大;或仓库积压,卖不出去,使企业陷于困境。因此,对亏损产品停产或转产也在情理之中。但从财务决策的角度看,却不能一概而论。

亏损产品按其亏损情况分为两类。一是实亏损产品,即销售收入低于变动成本,这种产品生产越多,亏损越多,必须停止生产;但如果是国计民生急需的产品,应从宏观角度出发,即使亏损仍应继续生产。另一类是虚亏损产品,即销售收入高于变动成本,能提供一定的边际贡献,那么亏损产品则仍可继续生产。因为,亏损产品也负担了企业的固定成本,如果亏损产品停产,那么原来由亏损产品负担的这部分固定费用就要由盈利产品来负担,这就必然增加了盈利产品的成本,从而减少了企业的利润。所以,虚亏损产品对企业还是有贡献的,应分别不同情况进行决策。此时,决策分析同样应采用差量损益分析法。

例 4-21 某公司生产甲、乙、丙三种产品,其中丙产品是亏损产品,有关资料如表 4-29 所示。

表 4-29　某公司生产产品情况　　　　　　　　　　　单位：元

项目	甲产品	乙产品	丙产品	合计
销售收入	30 000	20 000	25 000	75 000
减：变动成本	21 000	10 000	20 000	51 000
贡献边际	9 000	10 000	5 000	24 000
减：固定成本*	7 200	4 800	6 000	18 000
利润	1 800	5 200	−1 000	6 000
固定成本				18 000

* 固定成本按销售收入比例分摊。

要求就以下不同情况进行决策：

(1) 亏损产品停产后，闲置的能力不能用于其他方面，丙产品应否停产？

(2) 如果亏损产品停产后，闲置的生产能力可用于对外出租，预计全年可获租金收入 10 000 元，丙产品应否停产？

(3) 如果亏损产品停产后，闲置的能力可用于增产原有的甲产品 1/5，丙产品应否停产？

分析　(1) 按照常人理解，亏损产品是企业的负担，有亏损就应停产，利润将会上升。这种观点是不正确的。因为固定成本不会因亏损产品的生产停止而改变，只能转由其他产品负担，在这种情况下，利润不仅不能增加，反而会减少，如表 4-30 所示。

表 4-30　停产后利润总额分析表　　　　　　　　　　单位：元

项目	甲产品	乙产品	合计
销售收入	30 000	20 000	50 000
减：变动成本	21 000	10 000	31 000
贡献边际	9 000	10 000	19 000
减：固定成本	10 800	7 200	18 000
利润	−1 800	2 800	1 000

如果亏损产品停产后，闲置的能力不能用于其他，如对外出租等，在这种情况下，丙产品负担的固定成本无论是否停产都将发生，因此视其为沉没成本，决策中不予考虑，这样相关成本只有变动成本，生产丙产品将获得贡献边际 5 000 元；否则停产，贡献边际将变为零，因此应继续生产该亏损产品，这样该公司的利润将维持原有的水平 6 000 元，否则亏损产品一旦停产，利润将下降到 1 000 元。

由此可见，在亏损产品闲置的能力无法转移的条件下，只要亏损产品能够提供大于零的贡献边际，就不应停止亏损产品的生产；相反，如果有条件，还应扩大亏损产品的生产，这样才能使企业的利润增加。

（2）年租金10 000元可以视为继续生产亏损产品的机会成本（也可以视为停产的收入），决策中必须考虑。利用差量损益分析法进行决策，如表4-31所示。

可见，亏损产品应停产并将其闲置的能力对外出租，这样可多获利5 000元。

（3）增产甲产品可以视为单独的方案，直接与亏损产品继续生产方案进行比较，增产所获贡献边际为1 800元（9 000/5），低于继续生产所获的贡献边际，因此应继续生产亏损产品。

表4-31 差量损益分析表　　　　　　　　　　　　　　单位：元

项目	继续生产	停止生产	差异额
相关收入	25 000	0	+25 000
相关成本	30 000	0	+30 000
其中：变动成本	20 000	0	
机会成本	10 000	0	
差量损益			-5 000

4.5.3　半成品是否进一步加工的决策分析

在有些连续加工的工业企业中，作为中间产品的半成品，既可直接出售，又可继续加工为产成品出售。因此，企业会遇到半成品是继续加工还是出售的问题。确定半成品出售有利还是继续加工有利，取决于价格和成本两个因素。因为完工产品的售价要比半成品售价高些，但继续加工要追加变动成本，有时还可能追加固定成本。对于这类问题的决策，需视进一步加工后增加的收入是否超过进一步加工过程中追加的成本而言。如果前者大于后者，则继续加工方案较优；反之，如果前者小于后者，则应选择直接出售半成品的方案。如果半成品进一步加工不需要增添新的设备，则在计算时可不考虑固定成本，可用销售收入和变动成本的边际收益差量进行比较，从中选择最优方案。需要注意的是，决策中必须考虑半成品与产成品数量上的投入产出关系，以及企业现有的进一步加工能力。这时，应采用差量损益分析法。

例4-22　某企业生产甲半成品，单位变动成本为50元/件，销售单价为70元/件，年产量为1 000件。若继续加工为产成品之后再行出售，每件将发生变动加工成本80元，产成品的售价为160元/件。如果企业继续加工1 000件半成品，不需要追加专属固定成本，而且企业深加工能力无法转移，则可采用差量损益法比较两个方案，如表4-32所示。

第 4 章 成本决策

表 4-32 差量损益法比较　　　　　　　　　　　　　　　　　　单位：元

项目	进一步加工为甲产成品	直接出售甲半成品	差额
相关收入	160×1 000＝160 000	70×1 000＝70 000	+90 000
相关成本	80 000	0	+80 000
加工成本	80×1 000＝80 000	0	
差别损益			+10 000

专栏 4-5　　对于剩余生产能力如何利用的决策

上海毛巾厂生产单一产品，其正常年度的财务成本资料如下：

产销量	80 000 件
单位售价	25 元
产品生产成本	1 320 000 元
原材料	480 000 元
工资及福利费	320 000 元
制造费用	520 000 元
销售及管理费用	280 000 元

说明：制造费用为混合成本，变动制造费用与固定制造费用的比例为 6∶7。销售及管理费用中变动部分和固定部分的比例为 4∶3，该厂生产能力尚有多余，但在目前的价格条件下，增加销售量无销路。厂领导班子研究后提出三个方案，征求财会科意见。

(1) A 产品降价 10%，预计可扩大销售 40%。

(2) 利用多余生产能力开发新产品 B，预计单位售价 20 元，单位变动成本 11 元，销售量 40 000 件，年增加固定成本 100 000 元（专用设备），但 A 产品必须减少 10%。

(3) 利用剩余生产能力开发新产品 C，预计单位售价 12 元，单位变动成本 6 元，销售量 50 000 件，年增加固定成本 40 000 元（专用设备）。但 A 产品必须减少 20%。

要求：

对上述三个决策方案进行分析，选择可行性强的方案并说明原因。

4.5.4 联产品是否进一步加工的决策分析

许多行业在同一生产过程中可以产出多种产品，这些产品利用同一材料，经过同一加工过程生产出来，称为联产品。例如，石油精炼工业的汽油、煤油、轻油、润滑油和重油等联产品。联产品的生产主要采取连续生产的形式，在这一点上，与同一工序中生产几种产品的等级品生产或组别生产似乎没有多大差别。二者的差异是在生产技术上，联产品必然会同时生产出来，其各种产品的比例不能由企业主观地加以改变；而等级品生产或组别生产，企业可自由地按照自己的意图改变其生产比例。

通常联产品产出结构比较稳定，当企业生产的联产品既可在分离后出售，也可以再进一步加工后出售时，就需要根据经济效益的原则，对两种出售方式作出决策。联产品决策的目的在于尽可能增加企业的利润。

联产品分离前的成本称为联合成本；分离后的继续加工的成本称为可分成本。进行此类问题的决策与半成品是否继续加工的决策类似，联产品分离前的联合成本属于沉没成本，决策中不予考虑，只有继续加工发生的可分成本才是决策相关的成本。这时，应采用差量损益分析法。

例 4-23 某公司生产 A、B、C 三种产品，这三种产品为联产品，产量分别为 250，150，100 千克，共发生联合成本 45 000 元，按产量比例分配给各产品，各产品的联合成本分别为 22 500，13 500，9 000 元，其中 B 产品既可以直接出售，也可以继续加工为 D 产品再出售，每加工 1 千克的 B 产品需追加成本 4 元。A、B、C、D 4 种产品的售价分别为 210，240，150，280 元。

要求就以下两种不同情况进行决策。

(1) 若 B 与 D 的产出比例为 1∶1，是否继续加工 B 产品？

(2) 如果 B 与 D 的产出比例为 1∶0.9，若 B 产品直接出售，闲置的能力可以用于承揽零星加工业务，预计可获贡献边际 5 000 元；如果继续加工，需购置一套工具，价值 2 000 元，是否继续加工 B 产品？

分析 (1) 联合成本不会因 B 产品的继续加工而改变，因此属于沉没成本，与决策无关，据此进行的分析如表 4-33 所示。

表 4-33 差量损益分析表   单位：元

方案 项目	继续加工	直接出售	差异额
相关收入	280×150=42 000	240×150=36 000	+6 000
相关成本	600	0	+600
其中：可分成本	4×150=600	0	
差 量 损 益			+5 400

可见，应将 B 产品直接加工为 D 产品再出售，这样可多获利 5 400 元。

(2) 依据所给条件，D 产品的产量为 135 千克（150×0.9），零星业务所获贡献边际为继续加工的机会成本，购置的工具为其专属成本。据此进行的决策如表 4-34 所示。

表 4-34　差量损益分析表　　　　　　　　　　　　　单位：元

方案 项目	继续加工	直接出售	差异额
相关收入	280×135=37 800	36 000	+1 800
相关成本	7 600	0	+7 600
其中：可分成本	4×150=600	0	
机会成本	5 000	0	
专属成本	2 000	0	
差 量 损 益			−5 800

可见，应直接出售 B 产品，这样可多获利 5 800 元。

4.5.5　合理组织生产的决策分析

在多品种生产的企业里，由于设备能力、加工能力、原材料供应、水电供应及市场销售等方面的限制，不可能所有应该生产的产品都开足马力生产。如何充分利用有限的生产资源，并在各种产品之间进行分配，以获取尽可能多的经济效益，这类问题就是合理组织生产的决策分析问题，最优产品组合决策一般采用线性规划的方法，即在满足一定的约束条件下，使目标函数最优化的一种数学模型。具体来说，就是以现有的生产要素为约束条件，确定产品盈利能力最大的产品组合。

例 4-24　某企业生产甲乙两种产品，其市场最大订货量分别为 1 000 件和 2 500 件，单位边际贡献分别为 5 元和 3 元。甲乙两种产品均需要经过一车间、二车间两个车间加工才能完成。一车间、二车间的最大生产能力分别为 2 250 工时和 3 750 工时。单位产品所需工时如表 4-35 所示，要求根据以上条件确定企业的最优产品组合。

表 4-35　甲乙产品单位产品所需工时表　　　　　　　　单位：工时

车间	甲产品	乙产品
一车间	2	0.5
二车间	1	1.5

解　设 X 为甲产品的产量，Y 为乙产品的产量，CM 为可提供的边际贡献，则有：

目标函数　　　　　　　　$CM = 5X + 3Y$

约束条件　　　　　　　　$2X + 0.5Y \leq 2\ 250$　　　　　　　　　　(L_1)

　　　　　　　　　　　　$X + 1.5Y \leq 3\ 750$　　　　　　　　　　　(L_2)

　　　　　　　　　　　　$0 \leq X \leq 1\ 000$　　　　　　　　　　　　(L_3)

$$0 \leqslant Y \leqslant 2\,500 \tag{L_4}$$

用图解法求解以上线性规划模型,即在满足以上约束条件的前提下,求 CM（边际贡献）的最大值。

在平面直角坐标系中根据约束方程画出几何图形,如图 4-15 所示。

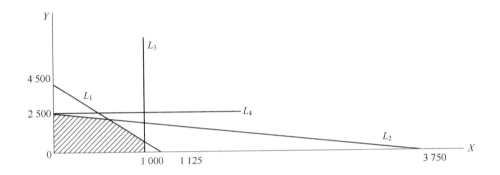

图 4-15　线性规划模型的图解

图 4-15 中代表 L_1、L_2、L_3、L_4 4 组方程的直线围成一个可行解区域,满足约束条件的方程解必定位于斜线框起来部分,即可行解区域内。将可行区域中的外突点所代表的产品数量组合代入目标函数 CM=5X+3Y 进行试算,求出目标函数最大值。其组合即为最优产品数量组合,如表 4-36 所示。

表 4-36　各产量组合的目标函数试算

| 品种组合 | | 目标函数：边际贡献 |
X	Y	CM=5X+3Y
0	2500	7 500
600	2 100	9 300
1 000	500	6 500
1 000	0	5 000

比较试算结果,当 $X=600$,$Y=2\,100$ 时,获得的目标函数 CM 值最大,为 9 300 元,是该题产品组合决策的最优解。

4.5.6　零部件自制或外购的决策分析

专业化生产和分工协作,是现代工业发展的总趋势,专业化程度越高,产品就越能推陈出新。品种越多,质量越好,劳动生产率越高,成本也就越低,市场竞争能力就越强。那种"小而全""大而全""万事不求人"的封闭式生产方式是很不经济的。随着现代企业制度的建立,专业化程度的提高,分工协作关系的发展,今后对零部件的自制或外购,到底采用哪种方式更有利,是企业经常要遇到的问题。因此,当企业遇到零部件既可自制也可外购的问题时,就要从经济的观点对零部件自制或外购进行决策,即零部件取得方式决策。

零部件取得方式决策的目的在于零部件取得的成本尽可能低,以便获得更大利润。零部件自制时,如果不需要增添设备,那么在决策时只需要考虑变动成本而不必考虑固定成本。它属于沉没成本,与决策无关,只要比较两个不同方案的相关成本即可。因为零部件外购,固定成本同样要发生;如果需要增添新的设备,就要考虑新增加的固定成本,即专项固定成本(折旧费等)。在零部件外购时,其成本应包括买价和包装、运输、装卸、保险等采购费用。如果存在机会成本,在决策时也应一并加以考虑。零部件取得方式决策一般采用差量分析法。由于自制或外购的预期收入是相同的,因此在差量分析时,不需要计算差量收入,只计算差量成本,即可确定哪个方案最优。

企业现有生产潜力可以发掘,或原有生产设备尚有剩余能力可以利用,不需要增添新的设备,原有固定成本不会因为自制零部件而增加固定成本,也不会因此减少固定成本。在这种情况下,决策时可以不考虑固定成本因素,用变动成本进行差量成本分析,以成本最低者作为优选方案。如果企业的原有设备力量不足,采取自制零部件方案,需增添某种专项设备时,就要将专项设备的固定成本计入自制零部件的成本中去,在决策时可运用本量利分析法进行分析。

例 4-25 某企业为生产甲产品,每年需用 A 零件 500 件。如果自制,需为此购置一台专用设备,发生固定成本 2 000 元,自制单位变动成本(直接材料、直接人工和变动性制造费用)为 4 元;如果外购,则可按 6 元/件的价格购入。要求作出自制或外购的决策。

解 本例中不涉及收入,只需比较差量成本。自制发生的专属固定成本与决策相关,应予考虑。

$$自制相关成本 = 500 \times 4 + 2\,000 = 4\,000(元)$$
$$外购相关成本 = 500 \times 6 = 3\,000(元)$$
$$差量成本 = -1\,000(元)$$

即外购比自制方案的成本低 1 000 元,应该外购。

4.5.7 生产设备选择中的成本决策

企业产品制造设备往往会有多种选择。设备的选择除了技术、质量、能力、性能等要求外,还要从成本上进行分析,以决定采用哪种设备能够在保证产品质量、性能等前提下,使制造设备的成本最低,这就是产品制造设备决策的基本要求。通常,购置一般的设备，投资比较少，但生产率比较低，加工费可能比较高；而购置先进的设备，则投资较大，但生产率较高，加工费比较低，但如果规模不很大，则生产能力不能充分利用，总的成本也较高。所以，必须根据不同的生产规模选择最恰当的生产设备进行生产，以使产品的制造成本达到最低。

例 4-26 某企业准备生产 A 产品，可用普通车床生产，也可用专用车床生产，还可用自动化流水线生产。不同的设备投资不同，所以每年的使用成本也不同；同时由于生产效率也不一样，所以变动制造成本也不一样。经测算，各种设备条件下该产品的固定制造费用和变动制造成本情况如表 4-37 所示。讨论三种设备投资方案的取舍。

表 4-37　各种设备条件下的费用情况表

设备名称	年固定制造费用/元	变动制造成本/元
普通车床	100 000	8
专用车床	200 000	4
自动流水线	350 000	2

在这个案例中，决策的关键是要以年生产的总成本为依据来确定不同的机器设备所适用的生产规模范围，以使各种生产规模的总成本都达到最低。

根据所给资料，可作出总成本示意图（见图 4-16）。

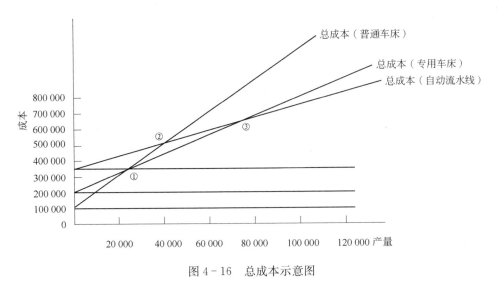

图 4-16　总成本示意图

在图 4-16 中共有三个成本平衡点，在①成本平衡点之前，普通车床的总成本最低；在①成本平衡点与③成本平衡点之间，专用车床的总成本最低；在③成本平衡点之后，自动流水线的总成本最低。由于②成本平衡点对决策没有任何作用，所以可不予考虑。现在，只要计算出①和③两个平衡点所对应的产量，就可很方便地确定不同设备所对应的适当的产量规模范围。根据所给资料，两个成本平衡点的产量计算如下。

设①成本平衡点所对应的产量为 X_1，则：

$$8X_1 + 100\,000 = 4X_1 + 200\,000$$
$$X_1 = 25\,000$$

设③成本平衡点所对应的产量为 X_3，则：

$$4X_3 + 200\,000 = 2X_3 + 350\,000$$
$$X_3 = 75\,000$$

通过计算可看出，当生产规模小于等于 25 000 件时，选用普通车床成本最低；当生产规模大于等于 25 000 件而小于等于 75 000 件时，选用专用车床成本最低；当产量大于等于 75 000 件时，选用自动流水线对企业最有利。

专栏 4-6　　　　　　联产品是否需要进一步加工

上海油脂厂生产菜油、花生油两种产品。菜油生产 5 000 吨，每吨售价 6 000 元，变动成本率 60%。花生油生产 3 000 吨，每吨售价 7 000 元，变动成本率 65%。由于人们生活水平不断提高，保健意识日益增强，目前市场精制油十分畅销，厂长提出对现有产品进行深加工的意见，交有关科室讨论。技术科认为生产精制油在技术上没有问题，现有设备只需适当改造完全能达到精制油技术指标，估计固定资产改造费用 50 000 元；生产科认为，企业原生产能力本来就没有充分利用，根据目前的生产能力完全能完成现有生产量的深加工任务，但定额工时增加，从而使变动成本率上升 5%；销售科认为，精制菜油每吨售价 7 000 元，精制花生油每吨售价 7 500 元，销路没有问题。

厂长将各科室意见交给财会科，要求财会科从财务上提出可行性报告。

【案例分析】

沪港机械公司的成本决策

沪港机械有限公司生产一种外销产品，需要 G、H 两种组件，每周需要量 G 为 2 400 件，H 为 3 000 件。若向外商购买，G 组件每件 4.52 美元，H 组件为 5.47 美元。若企业自制，每种组件均需经过第一和第二两个生产部门制造才能完成。两个生产部门每周正常工作时间都为 90 小时，其中第一生产部门有设备 36 台，每周可以运转的机时是 3 240 小时；第二生产部门有设备 54 台，每周可以加工的机时是 4 860 小时。G、H 两种组件在两个生产部门加工所耗用的机时见表 4-38（单位：小时）。

表4-38　沪港机械公司G、H两种组件生产资料

	G组件	H组件	合计
第一生产部门	1.5	1	2.5
第二生产部门	1	2	3
合　计	2.5	3	5.5

两个生产部门正常生产时间和加班时间每机时加工成本见表4-39（单位：元/机时）。

表4-39　沪港机械公司两个生产部门工作情况

	正常时间	加班时间
第一生产部门	9.6	14.4
第二生产部门	8	12

两种组件每单位各自消耗的直接材料成本分别为G组件4.6元/件，H组件14.9元/件。

假定1美元的汇率为人民币7元，沪港机械公司的李经理对自制或外购，还是部分自制、部分外购，是否需要安排全部员工加班或部分员工加班感到困惑。

问题：根据以上资料帮助李经理作出正确的决策：

(1) 这两种组件自制还是外购更节省成本？

(2) 是否需要安排员工加班或者仅需要部分员工加班？

习　题

1. 某企业生产甲半成品2 000件，若直接出售单价为40元，半成品成本中含直接材料24 000元，直接人工20 000元，变动制造费用8 000元，固定制造费用8 000元。若该企业利用剩余生产能力可以将半成品继续加工成产成品再出售，售价将提高到65元，同时每件需追加工资15元，变动制造费用2元，另外还需购置价值2 000元的专用工具一套。

要求：作出是否继续加工的决策。

2. 某企业生产A、B、C三种产品，有关资料如表4-40所示。

表4-40　某企业生产产品资料　　　　　　　　　　　　　单位：元

产品项目	A	B	C	合　计
销售收入	50 000	30 000	20 000	100 000
变动成本	30 000	21 000	19 000	70 000
固定成本	5 000	3 000	2 000	10 000
利润	15 000	6 000	−1 000	20 000

要求：(1) 若亏损产品停产后，闲置的能力不能用于其他方面，C产品应否停产？
(2) 若亏损产品停产后，闲置的能力可以用于承揽零星加工业务，预计获贡献边际1 500元，C产品应否停产？

3. 某公司每年需用B零件860件，以前一直外购，购买价格每件8.4元。现该公司有无法移作他用的多余生产能力可以用来生产B零件，但每年将增加专属固定成本1 200元，自制时单位变动成本6元。

要求：做出外购与自制的决策。

4. 某企业每年需用某零件300件，一车间可以对其进行加工，发生的成本如下：变动生产成本2 100元；固定生产成本600元；追加工具一套，价值400元。如果外购，每件单价为8元，同时闲置的能力可以承揽零星加工业务，预计获贡献边际200元。

要求：
作出外购与自制的决策。

5. 某企业组织多品种经营，其中一种产品于去年亏损了2 000元，其销售收入为18 000元，变动成本为16 000元，固定成本为4 000元，假定今年市场销路、成本均不变。

要求：
(1) 假定与该亏损产品有关的生产能力无法转移，今年是否继续生产该产品？
(2) 假定条件同(1)，但企业已具备增产一倍该亏损产品的能力，且无法转移，今年是否应当增产该产品？
(3) 假定与该亏损产品有关的生产能力可用于临时对外出租，租金收入为3 000元。今年是否继续生产该产品？

本 章 小 结

成本决策是在比较分析两种或以上的备选方案中，权衡利弊，选择最优的经济活动。可以利用本量利法、总额分析法、差量损益分析法、相关成本分析法、成本无差别点法、线性规划法、边际分析法等进行衡量。在产品设计阶段就进行成本决策具有重要意义，该阶段主要利用价值分析方法；在生产组织环节，成本决策表现为生产工序、生产批量的合理安排。成本决策具有广泛的实际运用层面。

本章重点在于掌握成本决策的各种方法及其实际运用的各种情况。

本章的难点是差量损益分析法和生产工序的合理安排。

学 习 资 料

[1] 现代会计百科辞典. http://kuaiji_book.db66.com/.

［2］成本决策分析的点横撇捺. http：//www.chinaacc.com/new/287/288/303/2006/7/sh60531145201676002123_0.htm.

［3］教你用Excel进行成本决策分析. http：//www.cnnsr.com.cn/jszc/zt/20060902/index.asp.

中英文关键术语

1. 成本差异　　　　　　　　cost variance
2. 联产品　　　　　　　　　joint products
3. 分离点　　　　　　　　　split-off point
4. 机会成本　　　　　　　　opportunity costs
5. 沉没成本　　　　　　　　sunk costs
6. 目标成本法　　　　　　　target costing
7. 可避免成本　　　　　　　avoidable cost
8. 不可避免成本　　　　　　unavoidable cost
9. 决策技术　　　　　　　　decision-making techniques
10. 期望值　　　　　　　　　expected values
11. 加成　　　　　　　　　　markup

第 5 章 成本控制

> **学习目标**
>
> 1. 理解成本控制的含义、原则和程序；
> 2. 理解成本降低的含义、原则，并能叙述成本降低的主要途径；
> 3. 理解标准成本的含义、种类；
> 4. 掌握标准成本的制定方法；
> 5. 掌握直接材料成本差异、直接人工成本差异和变动制造费用差异分析；
> 6. 掌握固定制造费用的差异分析的二因素分析法和三因素分析法；
> 7. 理解成本差异的账务处理；
> 8. 理解弹性预算的含义，掌握弹性预算的编制方法。

5.1 成本控制概述

5.1.1 成本控制的意义

在企业发展战略中，成本控制处于极其重要的地位。根据企业成本管理流程，企业进行成本决策后，成本目标要通过预算的编制来付诸实行。编制预算可以为实际执行提供控制的标准，有利于揭示成本差异，从而进行成本控制，所以在成本决策之后要研究成本控制。成本控制是成本管理者根据预定的目标，对成本发生和形成过程及影响成本的各种因素条件施加主动的影响或干预，使成本按照预期方向发展的成本管理活动。

控制就是系统主体采取某种力所能及的强制性措施，促使系统构成要素的性质、数量及其相互间的功能、联系按照一定的方式运行，以达到系统目标的管理过程。因此，所谓成本控制，就是指在生产经营成本形成的过程中，对各项经营活动进行指导、限制和监督，使之符合有关成本的各项法令、方针、政策、目标、计划和定额的规定，并及时发现偏差予以纠正，使各项具体的和全部的生产耗费被控制在事先规定的范围之内。同时，在采取改进措施和不断推广先进经验的基础上，修订和建立新的成本目标，进一步降低成本，使其达到最优的水平。成本控制的内容遍及于现代企业的每一项经济活动，成本控制是现代企业管理的重要组成部分。

也就是说，成本控制主要是运用成本会计的方法，对企业经营活动进行规划和管理，将成本的规划与实际相比较，以衡量业绩，并按照例外管理的原则，注意对不利差异予以纠正，提高工作效率，不断降低成本。

成本控制有广义和狭义之分。广义的成本控制包括成本的事前控制、事中控制和事后控制。成本的事前控制也称前馈控制，它是在产品投产之前，进行产品成本的规划。通过成本决策选择最佳成本方案，规划未来期的目标成本，编制成本预算，以利于成本控制。成本的事中控制也称过程控制，就是在费用发生过程中进行的成本控制。它要求实际成本支出尽量按照目标成本的要求来进行。但实际发生时，往往发生超支或节约，这种超支或节约称为差异。差异是一种重要的信息，将超支或节约的差异及时反馈给有关部门，有助于及时纠正偏差或巩固成绩。成本的事后控制也称后馈控制，就是将所揭示的差异进行汇总、分配，计算产品的实际成本，产品实际成本的计算公式为：

$$产品实际成本 = 目标成本 \pm 偏离目标的差异$$

狭义的成本控制又被称为"日常成本控制"或"事中成本控制"，只指成本的过程控制，不包括前馈控制和后馈控制。

本书所指的是广义的成本控制，既包括目标成本的制定、预算的下达、差异的计算，也包括事后的汇总、成本的计算和分析。

有效的成本控制是企业在激烈的市场竞争中成功与否的基本要素。但成本管理控制绝对不仅仅是单纯的压缩成本费用，需要建立起科学合理的成本分析与成本控制系统，让企业的管理者清楚地掌握公司的成本构架、盈利情况和决策的正确方向，成为企业内部决策的关键支持，从根本上改善企业成本状况，从而真正实现有效的成本控制。

5.1.2 成本控制的原则

在实施任何管理制度时，都要遵照其基本原则，使之实现最大的效果。进行成本控制也同样必须遵守它的基本原则，成本控制的原则如下。

1. 全面成本管理原则

全面成本管理是要执行成本管理中的"三全性"，即成本控制采用全部、全员、全过程的控制。"全部"是强调对产品生产的全部费用要加以控制，这里定义的"全部费用"就不仅包括对变动费用的控制，还包括要对固定费用也进行控制。"全员"是说实施成本控制时要发动企业全部职工参与，包括领导干部、管理人员、工程技术人员和广大职工，大家都要建立成本意识，参与成本的控制。"全过程"控制，是要求对产品的设计、制造、销售整个业务过程进行控制,并将控制的成果在有关报表上加以反映,借以发现现有成本控制的不足。全面成本管理使产品的生产管理组织流程每一环节、每一部门、每一人员,都能参与到成本管理的循环中来;同时,强调成本管理的科学性和发挥全员参与改善的主动性相结合,来达到各级组织目标的一致性。

2. 例外管理原则

所谓例外,就是指超常情况。进行成本控制时特别要注意某些超乎常情的情况。因为实际成本虽然往往与预算成本有出入,可是一般差异不会很大,可能也就不需要一一查明其原因了,但是如果有非正常的例外事项发生,就需要引起高度注意,并进行信息反馈。实行例外管理的原则能抓住显著突出的问题,解决引起生产中发生差异的关键,从而使目标成本的实现有了可靠的保证。

3. 成本-效益原则

企业追求的终极目标是经济效益,企业加强成本控制就是为了降低成本,提高经济效益。所以,企业成本控制活动应以成本-效益原则作为指导思想,从投入与产出的对比分析来看待投入的必要性和合理性,即努力以尽可能少的成本付出,创造尽可能多的价值,从而获得更多的经济效益。但是,提高经济效益不单是依靠降低成本的绝对数,更重要的是在实现相对节约的同时,取得最佳的经济效益。例如,在进行成本预算时确定了标准成本,但是如果实际生产时因为产量、质量有所提高,那么也可增加相对的限额。

5.1.3 成本控制的程序

成本控制是一个全员的控制,也是一个全过程的控制,它包括事前、事中、事后控制三个阶段。

事前控制主要指在设计阶段进行的成本控制。当产品还在设计阶段时,就应考虑企业的总体利润目标,确定目标成本,建立标准成本和成本预算,并将指标层层分解到各责任单位。事前控制有利于提高广大职工成本控制的自觉性和参与的积极性。

事中控制也就是在执行过程中进行的控制。成本目标下达以后,需要进行实地观察,根据分解后的指标,记录执行过程与预算的差异,并且及时进行相关信息的反馈。在此过程中要求各责任单位从企业整体利益出发,努力做好成本控制工作。

事后控制属于执行以后的继续作为。因为实际成本已经发生,但是可能实际成本和目标成本之间存在差异,所以需要就实际成本提出报告,对该差异加以分析,查明发生的缘由和具体责任的归属,以利于未来工作的改进。事后控制阶段实行合理的奖惩也是必要的激励措施。

总之,成本控制主要包括以下核心内容:

① 确定目标成本;
② 将实际成本与目标成本进行比较;
③ 分析差异,查明原因,进行信息反馈;

④ 在目标成本基础上加减差异，计算产品的实际成本。

成本控制的程序，可以用图 5-1 表示。

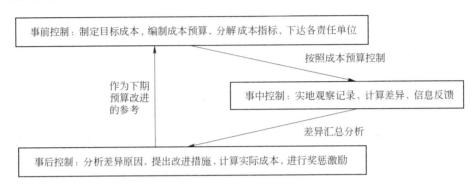

图 5-1　成本控制的程序图

5.1.4　成本降低

1. 成本降低的概念

市场竞争激烈，"逆水行舟，不进则退"，因此每个企业都需要不断努力，以获得持续的成本降低而提高业绩。

从概念上来说，成本控制和成本降低有一定的区别。

① 目的不同。成本控制以完成预定的成本限额为目标，而成本降低则以追求成本最小化为目标。

② 涉及的时间范围不同。成本控制是要求在执行决策过程中努力实现成本限额，而成本降低包括成本预测和决策分析，涉及从正确选择经营方案到制定决策的过程。

③ 包括的空间领域不同。成本控制仅限于有成本限额的项目，而成本降低不受这种限制，企业的全部活动在它看来都具有潜在的降低可能。

④ 绝对和相对的区别。成本控制是指降低成本支出的绝对额，所以又称作绝对成本控制；而成本降低主要强调实现成本的相对节约，只要统筹安排成本、数量和收入的相互关系，能够实现收入的增长超过成本的增长即可，因此又被称作相对成本控制。

2. 成本降低的基本原则

成本降低也有一些基本原则需要遵守，具体如下所述。

（1）坚持以顾客为中心的原则。

虽然追求降低成本，但并不意味着其结果就该导致产品质量的下降，作为企业要始终牢记以顾客为中心，要在无损于产品质量的条件下降低成本，目的是做到可以更快地交付使用、更好的质量保证和更便宜的销售价格。

（2）兼顾成本发生全过程的原则。

随着时代的发展，成本的观念在不断延伸，对于企业来说，降低成本不仅指降低生产成本,还包括企业的许多其他经济活动的成本,如研发成本、营销成本、售后服务成本等。并且这些非生产成本的比重可能在企业成本中所占据的份额越来越大,甚至对有些企业来说,非生产成本已经超过生产成本。那么,此时降低成本就要既考虑生产成本也要考虑业务流程中的非生产成本,并且还应该实现包括管理费用和财务费用的降低。

(3) 以降低单位成本为主要目标的原则。

因为总成本的增减可能与生产能力利用率的高低有关,比如企业今年总成本比上年明显减少,但是如果究其原因发现是因为今年严重开工不足而造成的,那么这并不能算是有意义的成本降低,所以说,真正的降低成本是指降低产品的单位成本。

(4) 应该依靠自身力量降低成本的原则。

外界因素可能会导致企业成本出现偶尔年份的降低,比如市价的有利变动或税收减免等优惠政策,但是外因通常不具有持续性和稳定性,所以不能过度依赖。企业如果希望降低成本,根本途径还是在于企业的自身努力。

(5) 成本降低应持续不断的原则。

企业面临激烈的竞争,不断降低成本以实现经济效益是企业在市场中生存的法宝。成本降低必须持续不断,它没有终点,没有止境。

3. 成本降低的主要途径

相对成本控制主要涉及管理问题,成本降低主要涉及技术方面的问题。成本降低可以采用以下主要途径。

① "人无我有"。开发新产品,利用价值工程等方法提高产品的功能成本比率,在提高附加值的同时,实现成本的相对降低。

② "人有我优"。改进现有产品的设计,或者采用先进的设备、工艺和材料。

③ "人优我精"。开展作业成本计算、作业成本管理和作业管理。作业成本计算是把成本更精确地分配到成本对象(即产品、服务和顾客)的程序,其首要目的是提高盈利能力分析的科学性和有效性;作业成本管理,是利用作业成本信息使销售的产品和提供的服务合理化,认清改变作业与工序以提高生产力的机会在哪里;作业管理是把作业成本计算、作业成本管理和非成本问题管理结合起来,包括生产周期、产品质量、交货及时性和顾客满意度等,以创造更多的价值。

④ 增加员工的相关培训,提高技术水平,树立成本降低意识。

5.2 标准成本及其制定

在市场竞争激烈的环境下,开源节流是企业求得生存和发展的不二法门。所谓开源,就是尽可能将产品售价提高或增加销售量,但当市场处于非垄断状态时,达到这样的目标并不容易。相对而言，成本的降低或控制就变得更为重要，因此标准成本系统应运而生。

标准成本系统是为了克服实际成本计算系统的缺陷，尤其是不能提供有助于成本控制的确切信息的缺点而研究出来的一种会计信息系统和成本控制系统。它具体是指某一特定期间下，生产某一个特定产品应有成本或规划成本的制度。

实施标准成本系统一般包含以下几个步骤。

① 制定单位产品标准成本。
② 根据实际产量和成本标准计算产品的标准成本。
③ 汇总计算实际成本。
④ 计算标准成本与实际成本的差异。
⑤ 分析成本差异的发生原因。如果标准成本纳入账簿体系的，还要进行标准成本及其成本差异的账务处理。
⑥ 向成本负责人提供成本控制报告。

5.2.1 标准成本的概念

标准成本是指在正常的生产技术水平和有效的经营管理条件下，企业经过努力应达到的产品成本水平。它是通过精确的调查、分析与技术测定而制定的一种预计成本。标准成本可用来评价管理者的绩效，把实际成本、实际收入与标准数相比较，就可衡量出管理效率。

"标准成本"一词在实际工作中有两种含义。

一种是指单位产品的标准成本，它是根据单位产品的标准消耗量和标准单位价格计算出来的，准确地应称为"成本标准"。通常取决于：每单位产出需要投入多少资源（数量决策）；所投入的每一种资源的单位成本（价格决策）。其中，生产上应投入的数量就是标准耗用量，为取得该种资源所支付的价格就是标准单位价格。使用的单位需要有一个完整预算系统，由历史数据、市场预测和统计分析等方法，求得产品标准单位成本。可用公式表示为：

$$成本标准 = 单位产品标准成本$$
$$= 单位产品标准消耗量 \times 标准单价$$

另一种指实际产量的标准成本，它是根据实际产品的产量和单位产品的成本标准计算出来的。用公式表示为：

$$标准成本 = 实际产量 \times 单位产品标准成本$$

即

$$标准成本 = 实际产量 \times 成本标准$$

在标准成本中，基本上排除了不应该发生的"浪费"，因此被认为是一种"应该成本"。标准成本和估计成本同属于预计成本，但后者不具有衡量工作效率的尺度性，而主要是体现可能性，供确定产品销售使用。相对而言，标准成本要体现企业的目标和要求，主要用于衡量产品制造过程的工作效率和控制成本，也可用于存货和销货成本计价。

5.2.2 标准成本的种类

企业在设定标准成本时，因管理者要求的宽严程度不同而有不同的划分。

1. 理想标准成本和正常标准成本

理想标准成本又称作理论标准成本或最高标准成本，它是指企业在生产过程中，不允许有任何浪费或无效率发生时所设定的标准。制定理想标准成本的依据，是理论上的业绩标准、生产要素的理想价格和可能实现的最高生产经营能力利用水平。它要求员工全力以赴工作、不存在废品损失和停工时间，产能充分发挥，生产力达到最高，企业达到最佳运营状态而获得最低成本。因此，这种标准属于十全十美的工厂极乐世界，很难成为现实；并且因其提出的要求太高，如果作为考核依据会挫伤员工的积极性，所以它的主要用途只能是提供一个完美无缺的目标，揭示实际成本下降的潜力。

正常标准成本是指企业在运营过程中，考虑可能的人工休息、机器维修及正常材料损耗等所设定的标准。在管理效率优良的状态下，要达到这种标准不是没有困难的，但只要员工肯付出努力，还是可能达到的。从具体数量上看，正常标准成本应大于理想标准成本，但又小于历史平均水平，因而可以调动职工的积极性，并实事求是地进行业绩评价。

在标准成本系统中，广泛使用正常标准成本，因为它具有客观性和科学性，同时既排除了各种偶然性和意外情况，又保留了目前条件下难以避免的损失，代表正常情况下的消耗水平，具有现实性；它是应该发生的成本，可以作为评价业绩的尺度，成为督促职工去努力争取的目标，具有激励性；它可以在工艺技术水平和管理有效性水平变化不大时持续使用，不需要经常修订，具有稳定性。

2. 现行标准成本和基本标准成本

标准成本按其适用期的不同可划分为基本标准成本和现行标准成本。

基本标准成本是指企业依据过去几年实际营运资料所设定的标准。但是因为过去的绩效数据可能包含效率较低或效率很高的情况，不一定是正常状态下应有的成本，所以以它作为标准成本可能不尽合理。

现行标准成本是指根据其适用期间应该发生的价格、效率和生产经营能力利用程度等预计的标准成本。当这些影响因素发生变化时，需要按照改变了的情况加以修订。这种标准成本可以成为评价实际成本的依据，也可以用来对存货和销货成本计价。

5.2.3 标准成本的功能

标准成本是出于成本控制及绩效评估目的而产生的一种成本制度,它可以帮助管理者从事各种规划和控制工作。标准成本具有以下一些功能。

① 标准成本是为了完成某一目标所预期发生的成本,它可以使员工具有成本意识而达到控制成本或降低成本的目的。

② 标准成本虽不能直接作为产品成本的评价基础,却可协助预算的建立,并适用于管理当局作为内部决策的参考依据。标准成本作为一种预计成本,有助于预算的建立,并可作为制定产品售价的依据。

③ 实施标准成本系统可用于绩效评估、产品成本计算及节省账务成本。因为标准成本是在有效率的情况下作出的预期支出规划,所以实际成本与标准成本的比较可作为评估员工工作绩效的依据。并且因为采用标准成本可使得一些间接成本的分摊工作简化,达到节省账务处理成本的目的。

④ 标准成本的应用可便于例外管理、现金与存货规划,以及有助于责任会计制度的推行。当标准成本和实际成本发生差异时,管理者重点关注差异中的例外情况,并可将差异报告逐一查明原因和责任的归属,作为下次绩效改善的依据。

此外,还可以采用标准成本系统来作为建立投标、订立契约及定价的依据。

5.2.4 标准成本的制定

标准成本的制定应当由会计人员、工程技术人员、生产部门主管等有关人员共同参与。一般情况下,标准成本的制定可以参考过去的经验,以及其他影响因素的改变而相应地适当调整。但需要注意的是,标准成本所反映的应当是"成本应该是多少",而不是"过去成本是多少",所以过去结果只能作为制定标准的参考。

产品的制造成本包括直接材料、直接人工和制造费用,所以制定标准成本需要分别确定直接材料和直接人工的标准成本,然后确定制造费用的标准成本,最后确定单位产品的标准成本。

在制定标准成本时,无论是哪一个成本项目,都需要分别确定其用量标准和价格标准,再把两者相乘后得出成本标准。

用量标准包括对材料而言的单位产品消耗量,以及对人工和分配制造费用时而言的单位产品直接工时等。用量标准的制定主要由生产技术部门负责,具体执行标准的部门和职工可以参加制定标准。

价格标准包括对材料而言的原材料单价,以及对人工而言的小时工资率和对分配制造费用而言的小时制造费用分配率等。价格标准由会计部门和有关其他部门共同研究确定。例如,材料价格应由采购部门负责,而劳资部门和生产部门就要对小时工资率负有责任,至于各个具体生产车间,应该负责的是对小时制造费用率。所以,制定有关价格标准时各有关部门要共同协商。

无论是价格标准还是用量标准,都可以是理想状态的或正常状态的,以下以正常标准成本的制定为例。

1. 直接材料标准成本的制定

直接材料的数量标准是用统计方法、工业工程法或其他技术分析方法确定的,它是指在正常生产过程中每单位产品所需耗用直接材料的标准数量。在制定直接材料数量标准时,应当先实地了解产品耗用材料的情况,全面考虑各种因素,包括必不可少的消耗及各种难以避免的损失等。

直接材料的价格标准是指每单位直接材料的标准价格,包括自订购起至达到可使用状态为止的一切必要的合理开支,包括发票价格、运费、检验和正常损耗等成本,是取得材料的完全成本。

表5-1是一个直接材料标准成本的实例。

表5-1 直接材料标准成本

产品:A

标准	材料甲	材料乙
价格标准:		
发票单价	2.00元	4.00元
装卸检验费	0.09元	0.34元
每千克标准价格	2.09元	4.34元
用量标准:		
图纸用量	3.0千克	2.0千克
允许消耗量	0.3千克	—
单产标准用量	3.3千克	2.0千克
成本标准:		
材料甲(3.3×2.09)	6.90元	
材料乙(2.0×4.34)		8.68元
单位产品标准成本	15.58元	

2. 直接人工标准成本制定

直接人工标准包括效率标准和工资率标准两项。

人工效率标准,又称直接人工的用量标准,是指完成每单位产品所需耗费的标准工时。如果产品存在多道工序,则确定单位产品所需的直接生产工人工时,需要按产品的加工工序分别进行,然后加以汇总。而且在确定这一标准时,需要考虑现有生产技术条件下,直接加工操作必不可少的时间,以及必要的间歇和停工,如工间休息、设备调整时间、不可避免的废品耗用工时等。

人工工资率标准是指单位直接人工小时的标准工资,也称直接人工的价格标准。

它可以是预定的工资率,也可能是正常的工资率。通常企业在雇用员工时,就已经和工人约定了工资率,所以相对而言,工资率的标准确定起来较容易。如果采用计件工资制,标准工资率就是预定的每件产品支付的工资除以标准工时,或者是预定的小时工资;如果采用月工资制,还需要根据月工资总额和可用工时总量来计算标准工资率。

表5-2是一个直接人工标准成本的实例。

表 5-2 直接人工标准成本

小时工资率	第一工序	第二工序
基本生产工人人数/人	30	50
每人每月工时(25.5×8h)	204	204
出勤率/%	97	99
每人平均可用工时/h	198	202
每月总工时/h	5 940	10 100
每月工资总额/元	50 000	135 000
每小时工资/元	8.42	13.37
单位产品工时:		
理想作业时间/h	2	1
调整设备时间/h	0.5	—
工间休息/h	0.2	0.2
其他/h	0.15	0.15
单位产品工时合计/h	2.85	1.35
直接人工标准成本/元	24	18.1
合计/元	42.1	

3. 制造费用标准成本制定

制造费用包含间接材料、间接人工和其他制造费用三类,制造费用的标准成本是按部门分别编制,然后将同一产品涉及的各部门单位制造费用标准加以汇总,得出整个产品制造费用标准成本。确定制造费用标准的重点在于确定每单位成本制造费用预计分摊率,并将其转化为单位产品的标准制造费用分摊率。

制造费用标准成本的制定分为变动制造费用标准成本和固定制造费用标准成本两部分。

1) 变动制造费用标准成本

制造费用根据其成本性态可分为变动制造费用和固定制造费用。变动制造费用的总量随总产量的变化而成比例变动,但是单位产量的变动制造费用则保持不变,其性质与直接材料和人工成本相同,因此制定标准时也可参考前两者。

变动制造费用的数量标准通常采用单位产品直接人工工时标准,它在直接人工标准成本制定时已经确定。有的企业采用机器工时或其他用量标准作为数量标准的计量单位，只要其满足应尽可能与变动制造费用保持较好的线性关系即可。

变动制造费用的价格标准是指每一工时变动制造费用的标准分配率，它根据变动制造费用预算和直接人工的总工时计算求得。

表 5-3 是变动制造费用标准成本的实例。

表 5-3　变动制造费用标准成本　　　　　　　　　　　　　　单位：元

部门	第一车间	第二车间
变动制造费用预算：		
运输	12 000	31 500
电力	6 000	36 000
消耗材料	21 000	27 000
间接人工	30 000	58 500
燃料	6 000	21 000
其他	3 000	6 000
合　计	78 000	180 000
生产量标准（人工工时）	6 000	15 000
变动制造费用标准分配率	13	12
直接人工用量标准（人工工时）	3	2
变动制造费用标准成本	39	24
单位产品标准变动制造费用	63	

变动制造费用标准分配率的计算公式为：

$$变动制造费用标准分配率 = \frac{变动制造费用预算总数}{直接人工标准总工时}$$

确定了数量标准和价格标准之后，两者相乘即可得出变动制造费用标准成本。

变动制造费用标准成本＝单位产品直接人工的标准工时×每小时变动制造费用的标准分配率

各车间变动制造费用标准成本确定之后，就可汇总出单位产品的变动制造费用标准成本。

2）固定制造费用标准成本

固定制造费用总数在相关范围内不因作业量的增减而有所变动，因此在制定固定制造费用标准成本时，应先确定固定制造费用总数的标准，再选定分摊固定制造费用的标准产能，通常以正常的生产能力为准。

如果企业采用变动成本计算，固定制造费用不计入产品成本，此时单位产品的标准成本中不包括固定制造费用的标准成本。在这种情况下，不需要制定固定制造费用的标准成本，固定制造费用的控制通过预算管理来进行。但是如果采用完全成本计算，则固定制造费用要计入产品成本，还需要确定其标准成本。

固定制造费用的用量标准与变动制造费用的用量标准相同，包括直接人工工时、机器工时或其他用量标准等，并且两者要保持一致，以便进行差异分析。同样，作为标准的数量在制定直接人工用量标准时已经确定。

固定制造费用的价格标准是其每小时的标准分配率，它根据固定制造费用预算和直接人工标准总工时来计算求得。

表5-4是固定制造费用标准成本的实例。

表5-4 固定制造费用标准成本 单位：元

部门	第一车间	第二车间
固定制造费用预算：		
折旧费	3 000	35 250
管理人员工资	10 500	27 000
间接人工	7 500	18 000
保险费	4 500	6 000
其他	4 500	3 750
合 计	30 000	90 000
生产量标准（人工工时）	6 000	15 000
固定制造费用分配率	5	6
直接人工用量标准（人工工时）	3	2
部门固定制造费用标准成本	15	12
单位产品固定制造费用标准成本	27	

固定制造费用标准分配率的计算公式为：

$$\text{固定制造费用标准分配率} = \frac{\text{固定制造费用预算总额}}{\text{直接人工标准总工时}}$$

确定了用量标准和价格标准以后，两者相乘即可得出固定制造费用的标准成本：

固定制造费用标准成本＝单位产品直接人工标准工时×每小时固定制造费用的标准分配率

各车间固定制造费用的标准成本确定之后，可汇总出单位产品的固定制造费用标准成本。

将以上确定了的直接材料、直接人工和制造费用的标准成本按产品加以汇总，就可确定该项产品完整的标准成本。通常，企业会为此编制"标准成本卡"（如表5-5所示），以反映产品标准成本的具体构成。并且在每项产品生产之前，它的标准成本卡应送达有关人员，包括各级生产部门、会计部门及仓库的负责人等，作为领料、派工和支出其他费用的依据。

表 5-5 单位产品标准成本卡

成本项目	用量标准	价格标准	标准成本
直接材料：			
甲材料	3.3 千克	2.09 元/千克	6.90 元
乙材料	2 千克	4.34 元/千克	8.68 元
合　计			15.58 元
直接人工：			
第一车间	2.85 小时	8.4 元/时	24 元
第二车间	1.35 小时	13.4 元/时	18.1 元
合　计			42.1 元
制造费用：			
变动费用（第一车间）	3 小时	13 元/时	39 元
变动费用（第二车间）	2 小时	12 元/时	24 元
合　计			63 元
固定费用（第一车间）	3 小时	5 元/时	15 元
固定费用（第二车间）	2 小时	6 元/时	12 元
合　计			27 元
单位产品标准成本总计			147.68 元

5.3　标准成本的差异分析

标准成本作为一种目标成本，是所设定产出标准下的应有成本，与实际活动中的实际成本必然是存在差异的。当实际成本大于标准成本时称为不利差异；当实际成本小于标准成本时称为有利差异。成本差异是反映实际成本脱离预定目标程度的信息。为了消除这种偏差，要对产生的成本差异进行分析，找出原因和对策，以便采取措施加以纠正。

5.3.1　变动成本差异的分析

直接材料、直接人工和变动制造费用都属于变动成本，其成本差异分析的基本方法相同。由于它们的实际成本高低取决于实际用量和实际价格，标准成本的高低取决于标准用量和标准价格，所以其成本差异可以归结为价格脱离标准造成的价格差异与用量脱离标准造成的数量差异两类。

成本差异＝实际成本－标准成本
　　　　＝实际数量×实际价格－标准数量×标准价格
　　　　＝实际数量×实际价格－实际数量×标准价格＋实际数量×标准价格－
　　　　　标准数量×标准价格
　　　　＝实际数量×(实际价格－标准价格)＋(实际数量－标准数量)×标准价格
　　　　＝价格差异＋数量差异

有关数据之间的关系用图 5-2 表示。

图 5-2　数据关系图

1. 直接材料成本差异分析

直接材料标准成本与实际成本之间的差额，构成直接材料成本差异。该项差异形成的基本原因有两个：一是价格脱离标准；二是用量脱离标准。前者按实际用量计算，称为价格差异；后者按标准价格计算，称为数量差异。

　　　　材料价格差异＝实际数量×(实际价格－标准价格)
　　　　材料数量差异＝(实际数量－标准数量)×标准价格
　　　　材料成本差异＝价格差异＋数量差异

例 5-1　某企业本月生产产品 300 件，使用材料 2 600 千克，材料单价为 0.57 元/千克；直接材料的单位产品标准成本为 3 元，即每件产品耗用 6 千克直接材料，每千克材料的标准价格为 0.5 元。求直接材料价格差异与数量差异及直接成本差异。

　　　　直接材料价格差异＝2 600×(0.57－0.5)＝182(元)
　　　　直接材料数量差异＝(2 600－300×6)×0.5＝400(元)

直接材料的价格差异与数量差异之和，应当等于直接计算出的直接材料成本总差异。

　　　　直接材料成本差异＝实际成本－标准成本＝2 600×0.57－300×6×0.5
　　　　　　　　　　　　＝1 482－900＝582(元)
　　　　直接材料成本差异＝182＋400＝582(元)

因为材料价格差异是标准价格和实际采购价格之间的差异，所以这种差异通常在采购时即确认，由采购部门对其负责。采购部门未能按标准价格进货的原因可能有许多，如上游产品价格变动、未按经济采购批量进货、未能及时订货造成的紧急订货、采购时舍近求远使运费和途耗增加、不必要的快速运输方式、违反合同被罚款、承接紧急订货等。

材料数量差异是在材料耗用过程中形成的，说明实际材料投入量与实际产出所计算标准投入量有差异，它反映生产部门的成本控制业绩，应由具体耗用材料的生产部门负责。同样，材料数量差异形成的具体原因也可能有许多，如操作疏忽造成废品和废料增加、工人用料不精心、操作技术改进而节省材料、新工人上岗造成多用料、其成本差异分析的工具不适用造成用料增加等。当然，有时多用料也并非生产部门的责任，如购入材料质量低劣、规格不符也会使用料超过标准；又如工艺变更、检验过严也会使数量差异加大等。

2. 直接人工成本差异分析

直接人工差异的衡量与直接材料差异的衡量采用相同的方式。直接人工成本差异，是指直接人工实际成本与标准成本之间的差额。它也被区分为"价差"和"量差"两部分。价差是指实际工资率脱离标准工资率，其差额按实际工时计算确定的金额，又称为工资率差异；量差是指实际工时脱离标准工时，其差额按标准工资率计算确定的金额，又称作人工效率差异。

工资率的高低取决于生产工人的工作性质、生产技术、熟练程度、相关经验与教育程度等因素。工资率的设定，通常是企业人力部门在一开始就和生产部门共同协议好了的。至于标准工时的设定，则主要来自于经验法则，由生产部门的主管依据各个工作的性质与难易程度，参考过去历史资料，客观决定单位产品的标准工时后，再乘以实际产量得到的。

$$工资率差异 = 实际工时 \times (实际工资率 - 标准工资率)$$
$$人工效率差异 = (实际工时 - 标准工时) \times 标准工资率$$
$$人工成本差异 = 工资率差异 + 人工效率差异$$

例 5-2 本月生产产品 500 件，实际使用工时 900h，支付工资 4 539 元；直接人工的标准成本是 12 元/件，即每件产品标准工时为 3h，标准工资率为 4 元/h。求工资率差异、人工效率差异及人工成本差异。

$$工资率差异 = 900 \times \left(\frac{4\ 539}{900} - 4\right) = 939(元)$$
$$人工效率差异 = (900 - 500 \times 3) \times 4 = (900 - 1\ 500) \times 4 = -2\ 400(元)$$

工资率差异与人工效率差异之和，同样应当等于直接人工的成本总差异，并可据此验算差异分析计算的正确性。

$$人工成本差异 = 实际人工成本 - 标准人工成本$$
$$= 4\ 539 - 500 \times 12 = -1\ 461(元)$$
$$人工成本差异 = 939 + (-2\ 400) = -1\ 461(元)$$

人工工资率的差异，应归属于人事劳动部门管理，可能会涉及生产部门和其他部门。因为工资率差异形成的原因，可能包括直接生产工人升级或降级使用、工资率调整、加班或使用临时工、出勤率变化等。

至于人工效率差异，与工人的技术熟练程度和生产安排有关，如工作环境不良、工人经验不足、劳动情绪不佳、新工人上岗太快、机器或工具选用不当、设备故障较多、作业计划安排不当等，主要是生产部门的责任，但这也不是绝对的，如材料质量不好，也会影响生产效率。有时工资率差异和效率差异两者具有相关性，所以管理者在考虑人员的安排时，要作整体的考虑，要以对企业整体最有利的方式来作决策。

3. 变动制造费用的差异分析

变动制造费用的差异，是指实际变动制造费用与标准变动制造费用之间的差额。它同样可以分解为"价差"和"量差"两部分。价差是指变动制造费用的实际小时分配率脱离标准，按实际工时计算的金额，反映耗费水平的高低，故称为耗费差异；量差是指实际工时脱离标准工时，按标准的小时费用率计算确定的金额，反映工作效率变化引起的费用节约或超支，故称为变动制造费用效率差异。

$$变动制造费用耗费差异 = 实际工时 \times (变动制造费用实际分配率 - 变动制造费用标准分配率)$$

$$变动制造费用效率差异 = (实际工时 - 标准工时) \times 变动费用标准分配率$$

例 5-3 本月实际产量 500 件，实际工时 900h，实际发生变动制造费用 1 958 元，变动制造费用标准成本为 9 元/件，即每件产品标准工时为 3h，标准的变动制造费用分配率为 3 元/h。求变动制造费用成本差异。

$$变动制造费用耗费差异 = 900 \times \left(\frac{1\,958}{900} - 3\right) = -742(元)$$

$$变动制造费用效率差异 = (900 - 500 \times 3) \times 3 = -1\,800(元)$$

$$变动制造费用成本差异 = 实际变动制造费用 - 标准变动制造费用$$
$$= 1\,958 - 500 \times 9 = -2\,542(元)$$

$$变动制造费用成本差异 = 变动制造费用耗费差异 + 变动制造费用成本差异$$
$$= -742 + (-1\,800) = -2\,542(元)$$

变动制造费用的耗费差异，是实际支出与按实际工时和标准费率计算的预算数之间的差额。因为后者是在承认实际工时是必要的前提下计算出来的弹性预算数，因此该项差异反映耗费水平即每小时业务量支出的变动制造费用脱离标准的程度。耗费差异属于部门经理的责任，因为他们有责任将变动制造费用控制在弹性预算限额之内。

变动制造费用效率差异，是因为实际工时脱离了标准，多用工时导致的费用增加，生产无效率，因此其形成原因与人工效率差异相同，应该由生产部门主管来负责。

5.3.2 固定制造费用的差异分析

在一定相关范围内,固定制造费用不会受生产活动变动而改变。固定制造费用的差异分析与各项变动成本差异分析不同,其分析方法有二因素分析法和三因素分析法。

1. 二因素分析法

二因素分析法是将固定制造费用差异分为耗费差异和能量差异。

耗费差异是指固定制造费用的实际金额与固定制造费用预算金额之间的差额。因为固定费用成本性态不因业务量的改变而改变,所以在考核时不考虑业务量的变动,以原来的预算数作为标准,实际数超过预算数即视为耗费过多。其计算公式为:

固定制造费用耗费差异＝固定制造费用实际数－固定制造费用预算数

能量差异是指固定制造费用预算与固定制造费用标准成本的差额,或者说是实际业务量的标准工时与生产能量的差额用标准分配率计算的差额。它反映未能充分使用现有生产能量而造成的损失。其计算公式为:

固定制造费用能量差异＝固定制造费用预算数－固定制造费用标准成本
　　　　　　　　　＝固定制造费用标准分配率×生产能量－
　　　　　　　　　　固定制造费用标准分配率×实际产量标准工时
　　　　　　　　　＝(生产能量－实际产量标准工时)×固定制造费用标准分配率

例5-4 本月实际产量500件,发生固定制造成本1 424元,实际工时为900h;企业生产能量为600件即1 200h;每件产品固定制造费用标准成本为3元/件,即每件产品标准工时为2h,标准分配率为1.50元/h。求固定制造费用成本差异。

固定制造费用耗费差异＝1 424－1 200×1.5＝－376(元)
固定制造费用能量差异＝1 200×1.5－500×2×1.5＝1 800－1 500＝300(元)
固定制造费用成本差异＝实际固定制造费用－标准固定制造费用
　　　　　　　　　　＝1 424－500×3＝－76(元)
固定制造费用成本差异＝耗费差异＋能量差异＝－376＋300＝－76(元)

2. 三因素分析法

三因素分析法是二因素分析法的延伸,它将固定制造费用成本差异分为耗费差异、效率差异和闲置能量差异三部分。也就是说,耗费差异的两种分析法是相同的,不同的是二因素分析法中的"能量差异"在三因素分析法中又被进一步分为两部分:一部分是实际工时未达到标准能量而形成的闲置能量差异;另一部分是实际工时脱离标准工时而形成的效率差异。其计算公式为:

固定制造费用闲置能量差异＝固定制造费用预算－实际工时×固定制造费用标准分配率

$$=（生产能量-实际工时）×固定制造费用标准分配率$$

$$固定制造费用效率差异=实际工时×固定制造费用标准分配率-实际产量标准工时×$$
$$固定制造费用标准分配率$$

$$=（实际工时-实际产量标准工时）×固定制造费用标准分配率$$

依例 5-4 资料,则:

$$固定制造费用闲置能量差异=（1\,200-900）×1.5=300×1.5=450（元）$$
$$固定制造费用效率差异=（900-500×2）×1.5=-100×1.5=-150（元）$$

三因素分析法的闲置能量差异（450元）与效率差异（-150元）之和为300元,与二因素分析法中的"能量差异"数额相同。固定制造费用的能量差异可能是未充分使用正常能力、缺少订单或无效率使用现有生产能力等原因造成的,它应该由安排生产活动的管理人员负责。

5.4 标准成本的账务处理

因为标准成本是指在正常和高效率的运转情况下制造产品的成本,毕竟不是实际发生的成本,所以有的企业将标准成本只是作为统计资料处理,而并不记入账簿,只提供成本控制的有关信息。但是,如果把标准成本纳入账簿体系,则不仅能够提高成本计算的质量和效率,使标准成本发挥更大功效,而且可以简化记账手续。

5.4.1 标准成本系统的账务处理特点

标准成本系统目的是同时提供标准成本、实际成本和成本差异三项成本资料,因此,它的账务处理具有以下特点。

1. 通过"原材料""生产成本""产成品"账户登记标准成本

一般的实际成本系统,包括从原材料到产成品的流转过程,分别通过"原材料"科目登记购买来而尚未使用的材料、"生产成本"科目登记生产过程中领用的原材料、"产成品"科目登记完工产品的成本,采用实际成本记账。但是在标准成本系统中,这些账户登记时改用标准成本,无论是借方还是贷方,均登记实际数量的标准成本,它们的期末余额也反映这些资产的标准成本。

2. 设置成本差异账户分别记录各种成本差异

既然标准成本系统中以上科目都登记的是标准成本,那么就需要按成本差异的类别设置一系列成本差异账户,如"材料价格差异""材料数量差异""直接人工效率差异""直接人工工资率差异""变动制造费用耗费差异""变动制造费用效率差异""固定制造费用耗费差异""固定制造费用效率差异""固定制造费用功能差异"来记录标准成本和实际成本的差异。差异账户的设置，要与采用的成本差异分析方法相适应，要为每一种成本差异设置一个账户。

具体方法是，在需要登记"原材料""生产成本""产成品"账户时，应将实际成本分离为标准成本和有关的成本差异，然后把标准成本数据记入"原材料""生产成本""产成品"账户，而有关的差异分别记入各成本差异账户。为了便于考核，各成本差异账户还可以按责任部门设置明细账，分别记录各部门的各项成本差异。

3. 会计期末对成本差异进行处理

各成本差异账户的累计发生额，反映了本期成本控制的业绩，在会计期末（如月末或年末），需要对成本差异进行处理，常用方法有以下两种。

（1）结转本期损益法。

按照这种方法，在会计期末将所有差异转入"本年利润"账户，或者先将差异转入"主营业务成本"账户，再随同销售的产品的标准成本一起结转至"本年利润"账户。

采用这种方法的依据是确信标准成本是真正的正常成本，成本差异是不正常的低效率和浪费造成的，应当直接体现在本期损益之中，使利润能体现本期工作成绩的好坏。此外，这种方法的账务处理较简便。但是，如果差异数额较大或者制定的标准成本不符合实际的正常水平，则不仅使存货成本严重脱离实际成本，而且还会歪曲本期经营成果，因此只有在成本差异数额不大时采用这种方法才比较适合。

（2）调整销货成本与存货成本法。

按照这种方法，在会计期末需要将成本差异按比例分配给已销售的产品成本和存货成本。

采用这种方法的依据是税法和会计制度均要求以实际成本反映存货成本和销货成本。本期发生的成本差异，应由存货和销货成本共同负担。当然，这种做法会增加一些计算分配的工作量。此外，有些费用计入存货成本不一定合理，如闲置能量差异是一种损失，并不能在未来换取收益，作为资产计入存货成本明显不合理，不如作为期间费用在当期参加损益汇总。

成本差异的处理方法要考虑许多因素，包括差异的类型（材料、人工或制造费用）、差异的大小、差异的原因、差异的时间（如季节性变动引起的非常性差异）等。因此，可以对各种成本差异采用不同的处理方法，如材料价格差异多采用调整销货成本与存货成本法，闲置能量差异多采用结转本期损益法，其他差异则可因企业具体情况而定。需要强调的是，差异处理的方法要保持一贯性，以便使前后期的成本数据保持可比性，并防止信息使用人发生误解。

5.4.2　标准成本账务处理程序

下面通过举例说明标准成本账务处理的程序。

1. 有关资料

(1) 单位产品标准成本。

直接材料（100千克×0.33元/千克）	33元
直接人工（8h×4.5元/h）	36元
变动制造费用（8h×2元/h）	16元
固定制造费用（8h×1元/h）	8元
单位产品标准成本	93元

(2) 费用预算。

生产能量	5 000小时
变动制造费用	10 000元
固定制造费用	5 000元
变动制造费用标准分配率（10 000/5 000）	2元/h
固定制造费用标准分配率（5 000/5 000）	1元/h
变动销售费用	2元/件
固定销售费用	24 000元
管理费用	3 000元

(3) 生产及销售情况。

本月初在产品存货50件。由于原材料一次性投入，在产品存货中含原材料成本1 650元（50件×33元/件）。其他成本项目采用约当产量法计算，在产品约当完工产品的系数为0.5；50件在产品的其他成本项目共1 500元〔50件×0.5×（36元/件+16元/件+8元/件）〕，本月投产450件，完工入库430件，月末在产品70件。

本月初产成品存货30件，其标准成本为2 790元（30件×93元/件）。本月完工入库430件，本月销售440件，月末产成品存货20件。销售单价125元/件。

2. 原材料的购入与领用

本月购入第一批原材料30 000千克，实际成本每千克0.27元，共计8 100元。

标准成本：30 000×0.33=9 900(元)

实际成本：30 000×0.27=8 100(元)

价格差异：30 000×(0.27−0.33)=−1 800(元)

① 借：原材料　　　　　　　　　　　　　　　　　　　9 900
　　　　贷：材料价格差异　　　　　　　　　　　　　　　　1 800
　　　　　　应付账款　　　　　　　　　　　　　　　　　　8 100

本月购入第二批原材料20 000千克，实际成本每千克0.32元，共计6 400元。

标准成本：20 000×0.33=6 600(元)

实际成本：20 000×0.32=6 400(元)

价格差异：20 000×(0.32−0.33)=−200(元)

② 借：原材料　　　　　　　　　　　　　　　　　　　　6 600
　　　贷：应付账款　　　　　　　　　　　　　　　　　　　6 400
材料价格差异：200
本月投产 450 件，领用材料 45 500 千克。
应耗材料标准成本：$450 \times 100 \times 0.33 = 14\,850$(元)
实际领料标准成本：$45\,500 \times 0.33 = 15\,015$(元)
材料数量差异：$(45\,500 - 450 \times 100) \times 0.33 = 165$(元)
③ 借：生产成本　　　　　　　　　　　　　　　　　　14 850
　　　材料数量差异　　　　　　　　　　　　　　　　　　165
　　　贷：原材料　　　　　　　　　　　　　　　　　　　15 015

3. 直接人工工资

本月实际使用直接人工 3 500h，支付工资 14 350 元，平均每小时 4.10 元。
① 借：应付工资　　　　　　　　　　　　　　　　　　14 350
　　　贷：银行存款　　　　　　　　　　　　　　　　　　14 350

为了确定应记入"生产成本"账户的标准成本数额，需计算本月实际完成的约当产量。在产品约当完工产品的系数为 0.5，月初在产品 50 件，本月完工入库 430 件，月末在产品 70 件。

本月完成的约当产品为：$70 \times 0.5 + 430 - 50 \times 0.5 = 440$(件)
标准成本：$440 \times 8 \times 4.5 = 15\,840$(元)
实际成本：$3\,500 \times 4.10 = 14\,350$(元)
人工效率差异：$(3\,500 - 440 \times 8) \times 4.5 = -90$(元)
人工工资率差异：$3\,500 \times (4.10 - 4.5) = -1\,400$(元)
② 借：生产成本　　　　　　　　　　　　　　　　　　15 840
　　　贷：直接人工效率差异　　　　　　　　　　　　　　　90
　　　　　应付工资　　　　　　　　　　　　　　　　　14 350
　　　　　直接人工工资率差异　　　　　　　　　　　　　1 400

4. 变动制造费用

本月实际发生变动制造费用 5 600 元，实际费用分配率为 1.6 元/h。
① 借：变动制造费用　　　　　　　　　　　　　　　　　5 600
　　　贷：各有关账户　　　　　　　　　　　　　　　　　5 600
将其计入产品成本：
标准成本：$440 \times 8 \times 2 = 7\,040$(元)
实际成本：$3\,500 \times 1.6 = 5\,600$(元)
变动制造费用效率差异：$(3\,500 - 440 \times 8) \times 2 = -40$(元)
变动制造费用耗费差异：$3\,500 \times (1.6 - 2) = -1\,400$(元)

② 借：生产成本　　　　　　　　　　　　　　　　　　　　　7 040
　　　贷：变动制造费用效率差异　　　　　　　　　　　　　　40
　　　　　变动制造费用　　　　　　　　　　　　　　　　5 600
　　　　　变动制造费用耗费差异　　　　　　　　　　　　1 400

5. 固定制造费用

本月实际发生固定制造费用 3 675 元，实际费用分配率为 1.05 元/h。

① 借：固定制造费用　　　　　　　　　　　　　　　　　　　3 675
　　　贷：各有关账户　　　　　　　　　　　　　　　　　　3 675

将其计入产品成本：

　　　　标准成本：440×8×1=3 520(元)

实际成本：3 500×1.05=3 675(元)

固定制造费用耗费差异：3 675−5 000=−1 325(元)

闲置能量差异：(5 000−3 500)×1=1 500(元)

固定制造费用效率差异：(3 500−440×8)×1=−20(元)

② 借：生产成本　　　　　　　　　　　　　　　　　　　　　3 520
　　　固定制造费用闲置能量差异　　　　　　　　　　　　1 500
　　　贷：固定制造费用耗费差异　　　　　　　　　　　　　1 325
　　　　　固定制造费用效率差异　　　　　　　　　　　　　　20
　　　　　固定制造费用　　　　　　　　　　　　　　　　3 675

6. 完工产品入库

本月完工产成品 430 件。

完工产品标准成本：430×93=39 990(元)

借：产成品　　　　　　　　　　　　　　　　　　　　　　39 990
　　贷：生产成本　　　　　　　　　　　　　　　　　　　39 990

上述分录过账后，"生产成本"账户余额为 4 410 元，其中材料标准成本 2 310 元（70×33），直接人工 1 260 元（70×36×0.5），变动制造费用 560 元（70×16×0.5），固定制造费用 280 元（70×8×0.5）。

7. 产品销售

本月销售 440 件，单位价格 125 元，计 55 000 元。

借：应收账款　　　　　　　　　　　　　　　　　　　　　55 000
　　贷：营业收入　　　　　　　　　　　　　　　　　　　55 000

结转已销产品成本：440×93=40 920(元)

借：产品销售成本　　　　　　　　　　　　　　　　　　　40 920
　　贷：产成品　　　　　　　　　　　　　　　　　　　　40 920

上述分录过账后，"产成品"账户期末余额为 1 860 元。它反映 20 件期末存货的标准成本（20 件×93 元/件）。

8. 发生销售费用与管理费用

本月实际发生变动销售费用 968 元，固定销售费用 2 200 元，管理费用 3 200 元。

借：变动销售费用　　　　　　　　　　　　　　　　968
　　固定销售费用　　　　　　　　　　　　　　　　2 200
　　管理费用　　　　　　　　　　　　　　　　　　3 200
　　贷：各有关账户　　　　　　　　　　　　　　　　　　6 368

9. 结转成本差异

假设本企业采用"结转本期损益法"处理成本差异，则：

借：材料价格差异　　　　　　　　　　　　　　　　2 000
　　直接人工效率差异　　　　　　　　　　　　　　90
　　变动制造费用效率差异　　　　　　　　　　　　40
　　变动制造费用耗费差异　　　　　　　　　　　　1 400
　　固定制造费用耗费差异　　　　　　　　　　　　1 325
　　固定制造费用效率差异　　　　　　　　　　　　20
　　直接人工工资率差异　　　　　　　　　　　　　1 400
　　贷：材料数量差异　　　　　　　　　　　　　　　　165
　　　　固定制造费用闲置能量差异　　　　　　　　　　1 500
　　　　主营业务成本　　　　　　　　　　　　　　　　4 610

5.5　弹性预算

5.5.1　预算概述

预算是指在未来的某一特定期间内，说明资金如何取得与运用的一种详细计划。

预算是为企业实现战略服务的，是战略计划的一部分。企业在制定战略的过程中，通常要明确组织目标，并且确定取得目标的路径。组织目标的陈述通常很宽泛，要让它变得清晰且容易理解，还必须细化目标和它的实现步骤，这些构成了企业的长期战略计划。长期战略计划下更具体的来年的战术目标就是预算，预算是定量化的表达计划的方式。

预算和标准成本作为成本管理控制的工具，都可用于与实际成本比较，但两者本质上仍有差别：一般所说的标准成本通常是针对单位成本而言，而预算则通常属于总额观念。预算为预定产量水准下的总标准成本，可用来指引企业在营业过程中应保持的产量与成本水准；标准成本为生产一个单位产品应有的目标成本，重点强调成本的最高值，当企业能将成本降至低于标准成本时，就可以增加利润。而且标准成本主要是为产品成本而设定标准，但预算范围可不限于产品成本，还可包括对收入、存货等的预算。

5.5.2 弹性预算的概念和特点

弹性预算又称变动预算，是企业在不能准确预测业务量的情况下，根据本量利之间有规律的数量关系，按照多种生产经营活动水平和收入、成本、费用同生产经营活动之间的数量关系来编制的有伸缩性的预算。

弹性预算主要用于各种间接费用的预算，有些企业也用于对利润的预算。弹性预算的特征是在企业的生产规模和业务量水平不断变化时，预算数额能够随着业务量的变化做机动的调整，使之仍然能够真实地反映某一特定生产经营规模和业务量水平上所应当发生的费用开支或应当取得的收入和利润。只要本量利之间的数量关系不变，弹性预算可以持续使用较长时期，不必每月重复编制。

表5-6是一个生产制造部门制造费用的弹性预算。它和按特定业务量水平编制的固定预算相比，有两个显著特点。

① 弹性预算按一系列业务量水平编制，扩大了预算的适用范围。

从表5-6提供的资料来看，若仅按直接人工700小时来编制，就变成了固定预算，其总额是2 610元。但是这种预算只有在实际业务量接近700小时的情况下，才能发挥作用。如果实际业务量与作为预算基础的700小时相差很多，而仍用2 610元去控制和评价成本，显然是不合适的。

表5-6　制造费用弹性预算（多水平法）　　　　　　　　单位：元

业务量（直接人工工时）	490	560	630	700	770
占正常生产能力百分比	70%	80%	90%	100%	110%
变动成本：					
运输	126	144	162	180	198
电力	630	720	810	900	990
消耗材料	63	72	81	90	99
合计	819	936	1 053	1 170	1 287
混合成本：					
修理费	440	490	544	600	746
油料	220	220	220	240	240
合计	660	710	764	840	986
固定成本：					
折旧费	450	450	450	450	450
管理人员工资	150	150	150	150	150
合计	600	600	600	600	600
总计	2 079	2 246	2 417	2 610	2 873

在表 5-6 中，分别列示了 5 种业务量水平下的成本预算数据。根据企业情况，也可以按更多的业务量水平来列示。这样，无论实际业务量达到何种水平，都有相对适用的一套成本数据来发挥控制作用。

② 编制弹性预算时按成本的不同性态分类列示，有利于在计划期终了时计算在实际业务量水平下的预算成本，使预算执行情况的评价和考核更加现实和可比。

如果固定预算是按 700h 编制，成本总额为 2 610 元。在实际业务量为 500h 的情况下，不能用 2 610 元去评价实际成本的高低，也不能按业务量变动的比例调整后的预算成本 1 864.29 元（2 610×500/700）去考核实际成本，因为并不是所有性态的成本都一定同业务量成正比例关系。

如果采用弹性预算，则需要根据各项成本与业务量之间的不同关系，采用不同方法确定实际应当发生的预算成本，去评价和考核实际成本。例如，实际业务量为 500h，运输费等各项变动成本可用实际工时数乘以单位业务量变动成本来计算，即变动总成本 835.71 元 $\left(500\times\dfrac{180}{700}+500\times\dfrac{900}{700}+500\times\dfrac{90}{700}\right)$，固定总成本不随业务量变动，仍为 600 元，混合成本可用内插法逐项计算：500h 处在 490h 和 560h 两种水平之间，修理费应该在 440 元和 490 元之间，设实际业务的预算修理费为 X 元，则：

$$\frac{500-490}{560-490}=\frac{X-400}{490-440}$$

$$X=447(元)$$

油料费用在 490h 和 560h 的水平时均为 220 元，500h 当然也应为 220 元。可见 500h 预算成本为：

$$835.71+447+220+600=2\ 102.71(元)$$

这样计算出来的预算成本，因为比较符合成本的变动规律，用以评价和考核实际成本，比较确切并容易为被考核人所接受。

5.5.3 弹性预算的编制

编制预算是预算管理工作的首要内容，是实施预算控制的基础，同时也是一项非常复杂和综合性的工作。

编制弹性预算的基本步骤是：选择业务量的计量单位；确定适用的业务量范围；逐项研究并确定各项成本和业务量之间的数量关系；计算各项预算成本，并以一定的方式来表达。

编制弹性预算，要选用一个最能代表本部门生产经营活动水平的业务量计量单位。如对手工操作为主的车间来说，就应选用人工工时；而如果是制造单一产品或零件的部门，则可选用实物数量；对于制造多种产品或零件的部门，可以选用人工工时或机器工时；如果是修理部门，可以选用直接修理工时等。

弹性预算的业务量范围，视企业或部门的业务量变化情况而定，但是一定要使实际业务量不要超过确定的范围。一般来说，可定在正常生产能力的70%～110%之间，或以历史上最高业务量和最低业务量为其上下限。

弹性预算的质量高低，在很大程度上取决于成本性态分析的水平。成本性态分析的方法在前面章节已有介绍，这里就不再重复。

弹性预算的表达方式，主要有多水平法和公式法两种。

1. 多水平法（又称列表法）

采用多水平法，首先要在确定的业务量范围内划分出若干个不同水平点，然后分别计算在该水平点上的各项预算成本，汇总列入一个预算表格。业务量的间隔大小可以调节，如果间隔大一些，水平级别就少一些，可简化编制工作。但间隔太大了就会失去弹性预算的优点；如果间隔小一些，用以控制成本较为准确，但自然会增加编制的工作量。

多水平法的优点：不管实际业务量是多少，不必经过计算即可找到与业务量相近的预算成本，用以控制成本比较方便；混合成本中的阶梯成本和曲线成本，可按其性态计算填列，不必用数学方法修正为近似的直线成本。但是，运用多水平法弹性预算进行评价和考核实际成本时，往往需要使用插补法来计算实际业务量的预算成本，比较麻烦。

2. 公式法

因为任何成本都可用公式"$y=a+bx$"来近似地表示，所以只要在预算中列示 a（固定成本）和 b（单位变动成本），便可随时利用公式计算任一业务量（x）的预算成本（y）。表 5-7 是一个公式法的弹性预算，其数据资料与前述多水平法一样，只是表达方式不同。

表 5-7　制造费用弹性预算（公式法）　　　　　　　　单位：元

业务量范围（人工工时）	490～770	
项目	固定成本（每月）	变动成本（每人工工时）
运输费		0.26
电力		1.29
消耗材料		0.13
修理费	100*	0.9
油料	120	0.25
折旧费	450	
管理人员工资	150	
合计	820	2.83

* 当业务量超过770工时后，修理费的固定部分上升为210元。

公式法的优点是便于计算任何业务量下的预算成本。但是，阶梯成本和曲线成本只能用数学方法修正为直线，以便于用"$y=a+bx$"公式来表示。必要时，需要在"备注"中说明当业务量变化到一定范围时，需要采用不同的固定成本金额和单位变动成本金额。

5.5.4 弹性预算的运用

预算是企业战略计划的一个组成部分，它的根本目的在于保证战略目标完成。弹性预算的主要用途就是作为控制成本支出的工具。在计划期开始时，提供控制成本所需要的数据；在计划期结束后，可用于评价和考核实际成本。

1. 控制支出

因为成本支出不可挽回，因此只有事先提出成本限额，使有关人员在限额内花钱用物，才能有效地控制支出。根据弹性预算和每月的生产计划，可以确定各月的成本控制限额。这个事先确定的限额并不要求十分精确，所以采用多水平法时可选用与计划业务量水平最接近的一套成本数据，作为控制成本的限额。如果是采用公式法，则可根据计划业务量逐项计算成本数额，编制成本限额表，作为当月控制成本的依据。

2. 评价和考核成本控制业绩

每个计划期结束后，需要编制成本控制情况的报告，对各部门成本预算执行情况进行评价和考核。表 5-8 是部门成本控制报告的一种形式。

表 5-8　部门成本控制报告

××年××月××日　　　　　实际业务量：590 小时　　　　　　　　　　单位：元

项目	实际成本	预算成本	差异	
			差异额	差异率
变动成本：				
运输费	162	149.14	+12.86	+8.62%
电力	760	745.71	+14.29	+1.92%
消耗材料	77	74.57	+2.43	+3.26%
合计	999	969.42	29.58	+3.05%
混合成本：				
修理费	523	505.43	+17.57	+3.45%
油料	230	220	+10	+5%
合计	753	725.43	+27.57	+3.8%
固定成本：				
折旧费	450	450	0	0
管理人员工资	120	150	−30	−20%
合计	570	600	−30	−5%
总计	2 322	2 294.85	27.15	+1.18%

在这个报告中，"实际成本"是根据实际产品成本核算资料填制的；"预算成本"是根据实际业务量和弹性预算（表 5-6）逐项填列的；"差异额"是实际成本减去预算成

本的差额,负数表示节约额,正数表示超支额;"差异率"是差异额占预算成本的百分比,表示节约或超支的相对幅度。这样计算出来的差异额和差异率,已将业务量变动的因素排除在外,用以评价实际成本比较有说服力。

【案例分析】

保利地产的目标成本管理

保利房地产股份有限公司(以下简称保利地产)成立于1992年,于2006年7月31日在上海证券交易所挂牌上市,是隶属于中国保利集团的大型国有房地产企业。截至2010年年底,公司总资产达1 514.61亿元,实现销售认购超过661.68亿元。自2008年金融危机以来,特别是2010年年初"国十一条"的出台,以及紧随其后的一系列房产调控政策,使得房地产行业利润率下降,如何加强成本管理成为房地产行业生存的关键。作为房地产行业中颇具代表性的企业,保利地产实施的目标成本管理使其一直保持着稳定的净资产收益率。

保利地产的目标成本管理主要包括:制定目标成本、明确责任成本、跟踪动态成本和评估成本业绩四部分,并分别从事前预测、事中控制、事后反馈及责任与激励机制四个方面合理减少企业成本费用,进而提高企业的经营绩效。

1. 制定目标成本

保利地产根据施工进度制定了目标成本,具体流程分为投资决策、项目策划、方案设计、初步设计以及施工图设计5个阶段。每一阶段首先根据适当的标准编制目标成本测算表,然后相关部门对各个阶段编制完成的目标成本测算表进行审批。保利地产每一阶段的目标成本均是在上一阶段的基础上制定的,即上一阶段的目标成本对下一阶段存在制约作用。保利地产在制定目标成本时,要求相关部门均参与目标成本的制定过程,并充分利用专业端口的成本清单、建造成本清单等成本数据库的信息,保证目标成本的制定依据科学和可靠。

2. 明确责任成本

明确责任成本主要在于明确各部门的成本管理职责,即根据经济指标的反馈,对各部门成本管理的履行结果进行评价。保利地产的成本管理职责分为三个层次:一是成本总负责中心,主要由经理层负责。二是成本费用发生中心,包括开发部(地价费用中心)、技术部(设计费用中心)、项目部(主体建安费用中心)、销售部、企划部(营销费用中心)以及财务部(期间费用中心),主要任务是按照目标成本的预算与相关制度开展业务活动,接受并配合成本费用考核与监控中心的指导与监控,对每单成本费用的失控肩负主要责任。三是成本费用考核与监控中心,主要包括成本管理部与财务部,主要任务是组织编制开发项目的目标成本以及成本费用的总指标,并将其细化,然后将具体的明细指标落实到各专业部门，并跟踪、指导、监控目标成本的执行情况。保利地产通过划分不同层次的成本管理职责，构建了相对完善的责任成本体系，从制度层面上保证了目标成本的执行及对目标成本的控制。

3. 跟踪动态成本

房地产企业的动态成本由合同成本、非合同性成本及待发生成本构成，是项目实施的预期成本。保利地产通过"一个中心，三条线"来构建动态成本体系。一个中心即以合同为中心。"三条线"是指动态成本、实际发生成本及实付成本。在动态成本中，合同成本所占比重最大，是成本控制中的重点。合同变更及款项超付等情况会造成合同成本的不确定性，为防止此现象的发生，保利地产以合同为中心将目标成本分解到合同中，使用公司标准的文本合同，并且自己撰写补充条款，全面约定价格组成及风险分担等问题，形成严格、准确的合同条款。保利地产还通过比较动态成本与实际发生成本，了解项目的整体进度并对其进行控制，预防拖延工期、赶工期造成质量下降等现象的发生。通过对比实际发生成本与实付成本，掌握款项支付进度，预防款项超付等现象的发生。同时，保利地产还要求对动态成本做到"一月一清"，每月编制成本信息月报，严格控制动态成本。

4. 评估成本业绩

成本业绩评估是针对各部门成本控制执行情况进行的绩效考核。在制定目标成本、明确责任成本、跟踪动态成本的基础上，保利地产对目标成本的执行情况进行了严格的评估，以确保目标成本的落实。在进行成本业绩评估时，保利地产主要采取三种手段来进行：一是利用完善的成本数据库，根据目标成本数据及动态成本数据的归档，提炼出关键的成本考核指标，并且针对项目生命周期中成本失控处查找原因，界定责任。二是通过编写《保利地产成本控制指导书》，使绩效指标体系化。成本控制指导书中明确规定了各项费用的主要内容、明细分类及责任部门，完善了绩效考核指标体系，为进行成本业绩评估建立标准。三是加强成本绩效考核的奖惩力度，使项目成本与每个岗位、每个员工都息息相关。此外，保利地产分别从流程绩效、业务绩效及岗位绩效三个层次进行绩效考核。通过流程绩效评估，考核与流程活动相关部门相互协作的成果；通过业务绩效评估，将各部门以及员工的行动与企业战略联系起来，为实现公司战略提供保证；通过岗位绩效评估，可以基于非战略目标对员工进行事务性考核。这种从上到下的绩效考核方式，培养了协作共赢的企业文化，帮助每个员工树立了成本控制的理念，培养了成本控制意识。

保利地产通过构建责任成本体系及进行成本业绩评估两种方式，分别从管控体系及绩效考核两个方面保证了目标成本的执行和控制，在保证开发进度及产品质量的基础上，达到了实现盈利及创造成本优势等更高层次的成本管理目标。

资料来源：王艺凝. 保利地产的目标成本管理 [J]. 财务与会计，2012（2）.

习 题

1. 某企业采用标准成本制度计算产品成本。直接材料单位产品标准成本为258元，其中：用量标准6千克/件，价格标准43元/千克。本月购入A材料一批4 700千克，实际价格每千克40元，共计188 000元。本月投产甲产品700件，领用A材料4 500千克。

要求：
(1) 计算购入材料的价格差异，并编制有关会计分录；
(2) 计算领用材料的数量差异，并编制有关会计分录；
(3) 采用"结转本期损益法"计算月末结转材料价格差异和数量差异。

2. 某产品的变动制造费用标准成本为：工时消耗4小时，变动制造费用小时分配率6元。本月生产产品600件，实际使用工时2 500小时，实际发生变动制造费用16 500元。

要求：分析计算变动制造费用的耗费差异和效率差异并编制会计分录。

3. 某公司本期生产A产品500件，实际耗用工时8 000小时，实际固定制造费用78 000元，单位产品的工时耗用标准14小时。本期预算固定制造费用72 500元，预计工时为8 500小时。

要求：采用三因素分析法计算固定制造费用差异，并编制结转差异的会计分录。

本 章 小 结

本章的主要内容是成本控制，其中涉及成本控制中的两个主要成本类型，即标准成本和定额成本，成本控制主要通过实际成本和标准成本或者定额成本的比较来计算成本的变动情况；在进行成本控制时除了直接材料的控制外，还包括制造费用和人工成本费用的控制，三者缺一不可。各节内容之间没有明显的独立性，彼此之间相互联系，彼此印证。

本章的重点在于成本项目中各个差异的计算，尤其是成本差异的账务处理是本章的重中之重。本章的难点在于固定制造费用的差异分析，这其中涉及两种分析方法，即二因素分析法和三因素分析法。

学 习 资 料

[1] 焦跃华. 现代企业成本控制战略研究. 北京：经济科学出版社，2001.
[2] 王伟，麦强盛. 企业成本控制实务. 广州：广东经济出版社，2003.
[3] 刘恩，陈琳. 企业财务成本控制技术. 北京：经济科学出版社，2003.

[4] 许拯声. 成本控制制度设计. 北京：高等教育出版社，2002.
[5] http：//www.chinaqg.cn.
[6] http：//www.51kj.com.cn.

中英文关键术语

1. 成本控制　　　　　　　　　cost control
2. 标准成本　　　　　　　　　standard cost
3. 理想标准　　　　　　　　　ideal standard
4. 理论标准　　　　　　　　　theoretaical standard
5. 最高标准　　　　　　　　　maximum standard
6. 现时可达成标准　　　　　　current attainable standard
7. 规划成本　　　　　　　　　planned cost
8. 直接成本　　　　　　　　　direct cost
9. 成本计算　　　　　　　　　costing
10. 成本差异　　　　　　　　　cost variance
11. 材料　　　　　　　　　　　material
12. 人工　　　　　　　　　　　manpower
13. 制造费用　　　　　　　　　manufacture fee
14. 价格差异　　　　　　　　　price variance
15. 固定成本　　　　　　　　　fixed cost
16. 分配率　　　　　　　　　　distributing rate
17. 半成品　　　　　　　　　　semi-manufactured goods
18. 产成品　　　　　　　　　　manufactured goods
19. 预算　　　　　　　　　　　budget
20. 弹性预算　　　　　　　　　flexible budget
21. 纯粹数量差异　　　　　　　pure volume variance, quantity variance
22. 不利差异　　　　　　　　　unfavorable variance
23. 有利差异　　　　　　　　　favorable variance
24. 例外管理　　　　　　　　　management by exception
25. 工资率的差异　　　　　　　labor rate variance
26. 人工效率差异　　　　　　　labor efficiency variance
27. 变动制造费用耗费差异　　　variable overhead spending variance
28. 变动制造费用效率差异　　　variable overhead efficiency variance

第 6 章 业绩评价

> **学习目标**
>
> 1. 理解实施责任会计的基础和条件;
> 2. 理解成本中心的含义、责任成本和考核指标;
> 3. 理解利润中心的含义和考核指标;
> 4. 掌握部门利润的计算;
> 5. 理解转让价格含义及其定价方法;
> 6. 理解投资中心的含义及其考核指标;
> 7. 理解部门业绩的报告。

6.1 分权管理与责任中心

6.1.1 分权管理与责任中心的特点

1. 分权管理

随着企业经营的日益复杂化和多样化,企业规模不断扩大。而在一个规模较大的企业里,企业高层管理者既不可能了解企业组织的所有生产经营活动的情况,也不可能代替基层经理者员作出所有决策。据此,许多企业组织实行了某种形式的分权管理制度,即将决策权随同相应的责任下放给基层经理者,许多关键性的决策应由接近这些问题的经理者作出。实施分权管理的优点如下。

① 在分权管理的条件下,基层管理者可以迅速地对客观情况做出反应,从而可以作出更为有效的决策。

② 实行分权管理,可以将日常管理问题交给基层管理者处理,从而可以减轻高层管理者的工作负担,把工作重点放在长远战略规划上。

③ 分权管理可以为基层管理者提供培训机会。

④ 实行分权管理有利于激励基层管理者。

然而，分权一方面使各分权单位之间具有某种程度的互相依存性，主要表现为各分权单位间的产品或劳务的相互提供；另一方面又不允许各分权单位在所有方面像一个独立的组织那样进行经营。由此，某一分权单位的行为不仅会影响其自身的经营业绩，有时各分权单位为了其自身业绩，还会采取一些有损于其他分权单位经营业绩甚至有损于企业整体利益的行为。由此可见，在实行分权管理条件下，为了解决分权管理带来的弊端，需要建立责任中心，并明确其责、权、利，使各分权单位之间及企业与分权单位之间在工作和目标上达成一致，防止各个部分为了片面地追求局部利益，致使企业整体利益受到损害等行为的发生。

2. 责任中心

责任中心是指承担一定经济责任，并拥有相应受理权限和享受相应利益的企业内部责任单位的统称。

企业为了保证预算的贯彻落实和最终实现，必须把总预算中确定的目标和任务，按照责任中心逐层进行指标分析分解，形成责任预算，使各个责任中心据以明确目标和任务；在此基础上，进一步考核和评价责任预算的执行情况。责任中心通常同时具备以下特征。

① 责任中心是一个责权利结合的实体。每个责任中心都要对一定的财务指标承担完成的责任；同时，赋予责任中心与其所承担责任的范围和大小相适应的权力，并规定出相应的业绩考核标准和利益分配标准。

② 责任中心具有承担经济责任的条件。所谓具有承担经济责任的条件，有两方面的含义：一是责任中心具有履行经济责任中各条款的行为能力；二是责任中心一旦不能履行经济责任，能对其后果承担责任。每个责任中心所承担的具体经济责任必须能落实到具体的管理者头上。

③ 责任中心所承担的责任和行使的权力都应是可控的，每个责任中心只能对其责权范围内可控的成本、收入、利润和投资等相应指标负责，在责任预算和业绩考核中也只应包括他们能控制的项目。可控是相对于不可控而言的，不同的责任层次，其可控的范围不同。一般而言，责任层次越高，其可控范围也就越大。

④ 责任中心具有相对独立的经营业务和财务收支活动。确定经济责任的客观对象，是责任中心得以存在的前提条件。

⑤ 责任中心便于进行责任核算、业绩考核与评价。责任中心不仅要划清责任，而且要能够进行单独的责任核算。划清责任是前提，单独核算是保证。只有既划清责任又能进行单独核算的企业内部单位，才能作为一个责任中心。

6.1.2 不同类型的责任中心

根据企业内部责任单位权责范围及业务活动的特点不同，可将企业生产经营上的责任中心划分为成本中心、利润中心和投资中心三类。

1. 成本中心

成本中心是指只对其成本或费用承担责任的责任中心，处于企业的基础责任层次。由于成本中心不会形成可以用货币计量的收入，因而不应当对收入、利润或投资负责。

成本中心的范围最广，一般来说，凡是企业内部有成本发生，需要对成本负责、并能实施成本控制的单位，都可以成为成本中心。工业企业上至工厂一级，下至车间、工段、班组，甚至个人都有可能成为成本中心。总之，成本中心一般包括负责产品生产的生产部门、劳务提供部门及给予一定费用指标的管理部门。

成本中心的规模大小不一，各个较小的成本中心可以共同组成一个较大的成本中心，各个较大的成本中心又共同构成一个更大的成本中心，从而在企业内部形成一个逐级控制并层层负责的成本中心体系。规模大小不一和层次不同的成本中心，其控制和考核的内容也不相同。

2. 利润中心

利润中心是指对利润负责的责任中心。由于利润是收入扣除成本费用之差，因而利润中心既要对成本负责，还要对收入负责。利润中心往往处于企业内部的较高层次，是对产品或劳务生产经营决策权的企业内部部门。如分厂、分店、分公司等具有独立的经营权的部门。

与成本中心相比，利润中心的权力和责任都相对较大，它不仅要绝对地降低成本，而且更要寻求收入的增长，并使之超过成本的增长。通常利润中心对成本的控制是结合对收入控制进行的，它强调成本的相对节约。因此它不但要对成本收入负责，而且也要对收入与成本差额即利润负责。

利润中心有两种形式。

（1）"自然的"利润中心。

这种利润中心虽然是企业内部的一个责任单位，但它既可向企业内部其他单位提供产品或劳务，又可像一个独立经营的企业那样，直接向企业外界市场销售产品或提供劳务。

（2）"人为的"利润中心。

这种利润中心仅对本企业内部各单位提供产品或劳务，不直接对外销售。利润中心业绩的评价与考核，主要是通过一定期间实际实现的利润同"责任预算"所确定的预计利润数进行比较，并进而对差异形成的原因和责任进行具体剖析，借以对其经营上的得失和有关人员的功过做出全面而正确的评估。

3. 投资中心

投资中心是指对投资负责的责任中心。其特点是不仅要对成本、收入和利润负责，又对投资效果负责，它不仅在产品的生产和销售上享有较大的自主权，而且能够相对独立地运用其所掌握的资金。投资中心有权购建和处理固定资产，扩大或缩小生产能力，因而它既要对成本利润负责，又要对资金地合理运用负责。

6.2 成本中心的业绩评价

对各级主管人员的业绩评价，应以其对企业完成目标和计划中的贡献及履行职责中的成绩为依据。他们所主管的部门和单位有不同的职能，按其责任和控制范围的大小，这些责任单位分为成本中心、利润中心和投资中心。

6.2.1 成本中心

一个责任中心，如果不形成或者不考核其收入，而着重考核其所发生的成本和费用，这类中心称为成本中心。

成本中心往往是没有收入的。如一个生产车间，它的产成品或半成品并不由自己出售，没有销售职能，没有货币收入。有的成本中心可能有少量收入，但不成为主要的考核内容。如生产车间可能会取得少量外协加工收入，但这不是它的主要职能，不是考核车间的主要内容。一个成本中心可以由若干个更小的成本中心所组成。如一个分厂是成本中心，它由几个车间所组成，而每个车间还可以划分若干个工段，这些工段是更小的成本中心。任何发生成本的责任领域都可以确定为成本中心，大的成本中心可能是一个分公司，小的成本中心可能是一台卡车和两个司机组成的单位。成本中心的职责，是用一定的成本去完成规定的具体任务。

成本中心有两种类型：标准成本中心和费用中心。

标准成本中心必须是所生产的产品稳定而明确，并且已经知道单位产品所需要的投入量的责任中心。通常，标准成本中心的典型代表是制造业工厂、车间、工段、班组等。在生产制造活动中，每个产品都可以有明确的原材料、人工和间接制造费用的数量标准和价格标准。实际上，任何一种重复性的活动都可以建立标准成本中心，只要这种活动能够计量产出的实际数量，并且能够说明投入与产出之间可望达到的函数关系。因此，各种行业都可能建立标准成本中心。例如，银行业根据经手支票的多少，医院根据接受检查或放射治疗的人数，快餐业根据售出的盒饭多少，都可建立标准成本中心。

费用中心适用于那些产出物不能用财务指标来衡量，或者投入和产出之间没有密切关系的单位。这些单位包括一般行政管理部门，如会计、人事、劳资、计划等；研究开发部门，如设备改造、新产品研制等；以及某些销售部门，如广告、宣传、仓储等。一般行政管理部门的产出难以度量，研究开发和销售活动的投入量与产出量之间没有密切的联系。对于费用中心，唯一可以准确计量的是实际费用，无法通过投入和产出的比较来评价其效果和效率，从而限制无效费用的支出，因此有人称之为"无限制的费用中心"。

6.2.2　成本中心的考核指标

一般说来，标准成本中心的考核指标，是既定产品质量和数量条件下的标准成本。标准成本中心不需要作出价格决策、产量决策或产品结构决策，这些决策由上级管理部门作出或授权给销货单位作出。标准成本中心的设备和技术决策，通常由职能管理部门作出，而不是由成本中心的管理人员自己决定。因此，标准成本中心不对生产能力的利用程度负责，而只对既定产量的投入量承担责任。如果采用全额成本法，成本中心不对闲置能量的差异负责，他们对于固定成本的其他差异要承担责任。

值得强调的是，如果标准成本中心的产品没有达到规定的质量，或没有按计划生产，则会对其他单位产生不利的影响。因此，标准成本中心必须按规定的质量、时间标准和计划产量来进行生产。这个要求是"硬性"的，很少有伸缩余地。完不成上述要求，成本中心要受到批评甚至惩罚。过高的产量，提前产出造成积压，超产以后销售不出去，同样会给企业带来损失，也应视为未按计划进行生产。

确定费用中心的考核指标是一件困难的工作。由于缺少度量其产出的标准，以及投入和产出之间的关系不密切，运用传统的财务技术来评估这些中心的业绩非常困难。费用中心的业绩涉及预算、工作质量和服务水平。工作质量和服务水平的量化很困难，并且与费用支出关系密切。这正是费用中心与标准成本中心的主要差别。标准成本中心的产品质量和数量有良好的量化方法，如果能以低于预算水平的实际成本生产出相同的产品，则说明该中心业绩良好。而对于费用中心则不然，一个费用中心的支出没有超过预算，可能该中心的工作质量和服务水平低于计划的要求。

通常，使用费用预算来评价费用中心的成本控制业绩。由于很难依据一个费用中心的工作质量和服务水平来确定预算数额，一个解决办法是考察同行业类似职能的支出水平。例如，有的公司根据销售收入的一定百分比来确定研究开发费用预算。尽管很难解释为什么研究开发费与销售额具有某种因果关系，但是百分比法还是使人们能够在同行业之间进行比较。另外一个解决办法是零基预算法，即详尽分析支出的必要性及其取得的效果，确定预算标准。还有许多企业依据历史经验来编制费用预算。这种方法虽然简单，但缺点也十分明显。管理人员为在将来获得较多的预算，倾向于把能花的钱全部花掉。预算的有利差异只能说明比过去少花了钱，既不表明达到了应有的节约程度，也不说明成本控制取得了应有的效果。因此，依据历史实际费用数额来编制预算并不是个好办法。从根本上说，决定费用中心预算水平有赖于了解情况的专业人员的判断。上级主管人员应信任费用中心的经理，并与他们密切配合，通过协商确定适当的预算水平。在考核预算完成情况时，要利用有经验的专业人员对该费用中心的工作质量和服务水平做出有根据的判断，才能对费用中心的控制业绩做出客观评价。

6.3 利润中心的业绩评价

6.3.1 利润中心

成本中心的决策权力是有限的。标准成本中心的管理人员可以决定投入，但产品的品种和数量往往要由其他人员来决定；费用中心为本企业提供服务或进行某一方面的管理；收入中心负责分配和销售产品，但不控制产品的生产。当某个责任中心被同时赋予生产和销售职能时，该中心的自主权就会显著地增加，管理人员能够决定生产什么，如何生产，产品质量的水平，价格的高低，销售的办法，以及生产资源如何在不同产品之间进行分配等。这种责任中心出现在大型分散式经营的组织中，小企业很难或不必采用分散式组织结构，如果大企业采用集权式管理组织结构也不会使下级具有如此广泛的决策权。这种具有几乎全部经营决策权的责任中心，可以被确定为利润中心或投资中心。

一个责任中心，如果能同时控制生产和销售，既要对成本负责又要对收入负责，但没有责任或没有权力决定该中心资产投资的水平，因而可以根据其利润的多少来评价该中心的业绩，那么，该中心称为利润中心。

利润中心有两种类型。一种是自然的利润中心，它直接向企业外部出售产品，在市场上进行购销业务。例如，某些公司采用事业部制，每个事业部均有销售、生产、采购的职能，有很大的独立性，这些事业部就是自然的利润中心。另一种是人为的利润中心，它主要在企业内部按照内部转移价格出售产品。例如，大型钢铁公司分成采矿、炼铁、炼钢、轧钢等几个部门，这些生产部门的产品主要在公司内部转移，它们只有少量对外销售，或者全部对外销售由专门的销售机构完成，这些生产部门可视为利润中心并称为人为的利润中心。再如，企业内部的辅助部门，包括修理、供电、供水、供气等部门，可以按固定的价格向生产部门收费，它们也可以确定为人为的利润中心。

通常，利润中心被看成是一个可以用利润衡量其一定时期业绩的组织单位。但是，并不是可以计量利润的组织单位都是真正意义上的利润中心。利润中心组织的真正目的是激励下级制定有利于整个公司的决策并努力工作。仅仅规定一个组织单位的产品价格并把投入的成本归集到该单位，并不能使该组织单位具有自主权或独立性。从根本目的上看，利润中心是指管理人员有权对其供货的来源和市场的选择进行决策的单位。一般说来，利润中心要向顾客销售其大部分产品，并且可以自由地选择大多数材料、商品和服务等项目的来源。根据这一定义，尽管某些企业也采用利润指标来计算各生产部门的经营成果，但这些部门不一定就是利润中心。把不具有广泛权利的生产或销售部门定为利润中心，并用利润指标去评价它们的业绩，往往会引起内部冲突或次优化，对加强管理反而是有害的。

6.3.2 利润中心的考核指标

建立利润中心的主要目标，是通过授予必要的经营权和确立利润这一综合指标来推动和促进各责任中心扩大销售、节约成本，努力实现自己的利润目标，促使企业有限的资金得到最有效的利用。

对于利润中心进行考核的指标主要是利润。但也应当看到，任何一个单独的业绩衡量指标都不能够反映出某个组织单位的所有经济效果，利润指标也是如此。因此，尽管利润指标具有综合性，利润计算具有强制性和较好的规范化程度，但仍然需要一些非货币的衡量方法作为补充，包括生产率、市场地位、产品质量、职工态度、社会责任、短期目标和长期目标的平衡等。

6.3.3 部门利润的计算

在计量一个利润中心的利润时，需要解决两个问题：第一，选择一个利润指标，包括如何分配成本到该中心；第二，为在利润中心之间转移的产品或劳务规定价格。在这里先讨论第一个问题，后一个问题将单独讨论。

利润并不是一个十分具体的概念，在这个名词前边加上不同的定语，可以得出不同的概念。在评价利润中心业绩时，至少有4种选择：边际贡献、可控边际贡献、部门边际贡献和税前部门利润。

边际贡献＝销售收入－变动成本
可控边际贡献＝贡献边际－可控的固定成本
部门边际贡献＝可控边际－不可控的固定成本
税前部门利润＝部门边际贡献－分配来的共同固定成本

例如：某公司的某一部门的数据如下（单位：元）：

部门销售收入	18 000
已销商品变动成本和变动销售费	12 000
部门可控固定间接费用	1 000
部门不可控固定间接费用	1 500
分配的公司管理费用	1 200

假设该部门的利润如下：

收入	18 000
变动成本	12 000
① 边际贡献	6 000

可控固定成本	1 000
② 可控边际贡献	5 000
不可控固定成本	1 500
③ 部门边际贡献	3 500
公司管理费用	1 200
④ 部门税前利润	2 300

以边际贡献 6 000 元作为业绩评价依据不够全面。部门经理至少可以控制某些固定成本，并且在固定成本和变动成本的划分上有一定的选择余地。以边际贡献为评价依据，可能导致部门经理尽可能多地支出固定成本以减少变动成本支出，尽管这样做并不能降低总成本。因此，业绩评价时至少应包括可控制的固定成本。

以可控边际贡献 5 000 元作为业绩评价依据可能是最好的，它反映了部门经理在其权限和控制范围内有效使用资源的能力。部门经理可控制收入，以及变动成本和部分固定成本，因而可以对可控边际贡献承担责任。这一衡量标准的主要问题是可控固定成本和不可控固定成本的区分比较困难。例如，折旧、保险等，如果部门经理有权处理这些有关的资产，那么，它们就是可控的；反之，则是不可控的。又如，雇员的工资水平通常是由企业集中决定的，如果部门经理有权决定本部门雇用多少职工，那么，工资成本是他的可控制成本；如果部门经理既不能决定工资水平，又不能决定雇员人数，则工资成本是不可控成本。

以部门边际贡献 3 500 元作为业绩评价依据，可能更适合评价该部门对企业利润和管理费用的贡献，而不适合于部门经理的评价。如果要决定该部门的取舍，部门边际贡献是有重要意义的信息。如果要评价部门经理的业绩，由于有一部分固定成本是过去最高管理阶层投资决策的结果，现在的部门经理已很难改变，部门边际贡献则超出了经理人员的控制范围。

以税前部门利润 2 300 元作为业绩评价的依据通常是不合适的。公司总部的管理费用是部门经理无法控制的成本，由于分配公司管理费用而引起部门利润的不利变化，不能由部门经理负责。不仅如此，分配给各部门的管理费用的计算方法常常是任意的，部门本身的活动和分配来的管理费用高低并无因果关系。普遍采用的销售百分比、资产百分比、工资百分比等，会使其他部门分配基数的变化影响本部门分配管理费用的数额。许多企业把所有的总部管理费用分配给下属部门，其目的是提醒部门经理注意各部门提供的边际贡献必须抵补总部的管理费用，否则企业作为一个整体就不会盈利。其实，通过给每个部门建立一个期望能达到的可控边际贡献标准，可以更好地达到上述目的。这样，部门经理可集中精力增加收入并降低可控制成本，而不必在分析那些他们不可控的分配来的管理费用上花费精力。

对利润中心的评价往往以销售收入、贡献边际及税前利润为重点，看其是否达到目标销售额、目标成本和目标利润。然而，为了获得较好的评价，利润中心可以采用大量的赊销来推动销售，给以后的经营活动带来隐患。

值得注意的是，虽然有时利润中心主体没有付出额外的努力，但由于国家政策或整个行业的变化使得整个市场变得繁荣，责任者同样会获得好评。相反，虽然有时责任主体付出了更大的努力，但由于国家政策或行业的变化使得整个市场变得萧条，这种损失也会不公平地转嫁给责任者。

为了反映不同赊销政策对业绩评价的影响，可以用销售收入收到的现金比率来反映，即销售收到的现金除以销售收入，这仅适用于利润中心对赊销政策有选择权的情况；为了消除外部因素对业绩评价的影响，可以引进市场占有率指标，因为销售量的上升或下降可能是整个行情或政策的变化引起的，这对所有的同类企业都起作用，而市场占有率的变化则能反映利润中心的努力程度。

6.4 投资中心的业绩评价

6.4.1 投资中心

投资中心是指某些分散经营的单位或部门，其经理所拥有的自主权不仅包括制定价格、确定产品和生产方法等短期经营决策权，而且还包括投资规模和投资类型等投资决策权。投资中心的经理不仅能控制除公司分摊管理费用外的全部成本和收入，而且能控制占用的资产，因此不仅要衡量其利润，而且要衡量其资产并把利润与其所占用的资产联系起来。

6.4.2 投资中心的考核指标

评价投资中心业绩的指标通常有以下两种选择。

1. 投资报酬率

这是最常见的考核投资中心业绩的指标。投资报酬率是部门边际贡献占该部门所拥有的资产额的百分比。

假设某个部门的资产额为 60 000 元，部门边际贡献为 12 000 元，那么投资报酬率为

$$投资报酬率 = \frac{12\ 000}{60\ 000} \times 100\% = 20\%$$

投资报酬率作为业绩评价指标，无论是对企业整体还是对企业内部各投资中心来说，都是公认的评价业绩的主要评价比率，得到了广泛的运用。其优点主要如下。

① 在评价部门业绩时，能同时兼顾利润与投资，计量企业资产使用的效率水平，

可以反映投资中心的综合盈利能力。投资者可以根据投资报酬率的高低,将资本由一个国家转入另一个国家,由一个行业转入另一个行业,由一个企业转入另一个企业。

② 可促使部门经理将其注意力集中于利润最大的投资。鼓励充分运用其现有资产,并鼓励取得足以增进投资报酬率的资源,有利于调整资本流量和存量。

③ 作为业绩评价工具,对各分部的经营业绩具有客观可比性,也可与外界的业绩成果比较,具有横向可比性。

④ 可以协助部门经理评价与改进本身的业绩,企业的战略财务目标常被表述为投资报酬率的增加。该指标也有助于投资中心业绩评价的纵向可比性。

⑤ 与会计系统紧密相连,数据可从各分部利润表和资产负债表中直接取得。

投资报酬率指标的不足也是十分明显的,具体体现在以下几个方面。

① 过分集中于报酬率极大化,而不集中于利润金额的增加。例如,可通过降低分部可运用资产账面净值及压缩酌量成本开支的方法提高该项指标。

② 投资报酬率的计算与长期投资分析时所用的现金流量分析方法不一致,从而不便于投资项目建成投产后与原定目标的比较。

③ 易造成职能失调行为,从而影响企业的整体利益。部门经理可能制定短期内对部门投资报酬率有利但对企业长期获利能力有害的决策。当某一部门的新投资机会可使整个企业的投资报酬率提高,但却使该部门的报酬率降低时,该部门经理可能仅凭自己的业绩评价作考虑,而决定放弃该项目,致使整个企业的利润失去改进的机会。

④ 由于约束性固定成本这一不可控因素的存在,使投资报酬率难于为分部经理所控制,从而为区分经理人员业绩与分部本身的业绩带来困难。

⑤ 由于会计方法等存在多种选择,经理人员对它有一定的粉饰能力,从而影响投资报酬率的客观性。

为弥补以上这些缺陷,已有许多企业采用了市场占有率、新产品开发、生产能力提高、应收账款周转率、存货周转率等多种指标进行业绩评价,而不依靠单一的投资报酬率进行业绩评价和考核。

假设前边提到的企业资金成本为15%。部门经理面临一个投资报酬率为18%的投资机会,投资额为40 000元,每年部门边际贡献7 200元。尽管对整个企业来说,由于投资报酬率高于资本成本,应当利用这个投资机会,但是它却使这个部门的投资报酬率有所下降,即:

$$投资报酬率 = \frac{12\ 000 + 7\ 200}{60\ 000 + 40\ 000} \times 100\% = 19.2\%$$

同样道理,当情况与此相反,假设该部门现有一项资产价值10 000元,每年获利1 800元,投资报酬率为18%,超过了资金成本,部门经理却愿意放弃该项资产,以提高部门的投资报酬率,此时投资报酬率为:

$$投资报酬率 = \frac{12\,000 - 1\,800}{60\,000 - 10\,000} \times 100\% = 20.4\%$$

2. 剩余收益

为了克服由于使用比率来衡量部门业绩带来的次优化问题,许多企业采用绝对数指标来实现利润与投资之间的联系,这就是剩余收益指标。

$$剩余收益 = 部门边际贡献 - 部门资产应计报酬$$
$$= 部门边际贡献 - 部门资产 \times 资本成本$$

剩余收益的主要优点是可以使业绩评价与企业的目标协调一致,引导部门经理采纳高于企业资本成本的决策。

根据前边的资料,有:

目前部门剩余收益 = $12\,000 - 60\,000 \times 15\% = 3\,000$(元)
采纳增资方案后剩余收益 = $(12\,000 + 7\,200) - (60\,000 + 40\,000) \times 15\% = 4\,200$(元)
采纳减资方案后剩余收益 = $(12\,000 - 1\,800) - (60\,000 - 10\,000) \times 15\% = 2\,700$(元)

部门经理会采纳增资的方案而放弃减资的方案,这正是与企业总目标相一致的。

采用剩余收益指标还有一个好处,就是允许使用不同的风险调整资本成本。从现代财务理论来看,不同的投资有不同的风险,要求按风险程度调整其资本成本。因此,不同行业部门的资本成本不同,甚至同一部门的资产也属于不同的风险类型。例如,现金、短期应收款和长期资本投资的风险有很大区别,要求有不同的资本成本。在使用剩余收益指标时,可以对不同部门或者不同资产规定不同的资本成本百分数,使剩余收益这个指标更加灵活。而投资报酬率评价方法并不区别不同资产,无法分别处理风险不同的资产。

当然,剩余收益是绝对数指标,不便于不同部门之间的比较。规模大的部门容易获得较大的剩余收益,而它们的投资报酬率并不一定很高。因此,许多企业在使用这一方法时,事先建立与每个部门资产结构相适应的剩余收益预算,然后通过实际与预算的对比来评价部门业绩。

6.5 部门业绩的报告与考核

业绩的考核涉及成本控制报告、差异调查和奖惩等问题。考核的目的是纠正偏差,改进工作。

6.5.1 成本控制报告

成本控制报告是责任会计的重要内容之一,也称为业绩报告。其目的是将责任中心的实际成本与限额比较,以判别成本控制业绩。

1. 控制报告的目的

① 形成一个正式的报告制度,使人们知道他们的业绩将被衡量、报告和考核,会使他们的行为与没有考核时大不一样。当人们明确知道考核标准并肯定知道面临考核时,会尽力为达到标准而努力。

② 控制报告显示过去工作的状况,提供改进工作的线索,指明方向。

③ 控制报告向各级主管部门报告下属的业绩,为他们采取措施纠正偏差和实施奖惩提供依据。

2. 控制报告的内容

① 实际成本的资料。它回答"完成了多少"。实际资料可以通过账簿系统提供,也可以在责任中心设置兼职核算员,在账簿系统之外搜集加工。

② 控制目标的资料。它回答"应该完成多少"。控制目标可以是目标成本,也可以是标准成本,一般都要按实际业务量进行调整。

③ 两者之间的差异和原因。它回答"完成得好不好,是谁的责任"。

3. 良好的控制报告应满足的要求

① 报告的内容应与其责任范围一致。

② 报告的信息要适合使用人的需要。

③ 报告的时间要符合控制的要求。

④ 报告的列示要简明、清晰、实用。

6.5.2 差异调查

成本控制报告将使人们注意到偏离目标的表现,但它只是指出问题的线索。只有通过调查研究,找到原因,分清责任,才能采取纠正行动,收到降低成本的实效。

发生偏差的原因很多,可以分为三类。

① 执行人的原因,包括过错、没经验、技术水平低、责任心差、不协作等。

② 目标不合理,包括原来制定的目标过高或过低,或者情况变化使目标不再适用等。

③ 实际成本核算有问题,包括数据的记录、加工和汇总有错误,故意的造假等。

只有通过调查研究,才能找到具体原因,并针对原因采取纠正行动。

6.5.3 奖励与惩罚

奖励是对超额完成目标成本行为的回报,是表示赞许的一种方式。目前奖励的方式主要是奖金,也会涉及加薪和提升等。奖励的原则是:奖励的对象必须是符合企业目标、值得提倡的行为;要让职工事先知道成本达到何种水平将会得到何种奖励;避免奖励华而不实的行为和侥幸取得好成绩的人;奖励要尽可能前后一致。

惩罚是对不符合期望的行为的回报。惩罚的作用在于维持企业运转所要求的最低标准，包括产量、质量、成本、安全、出勤、接受上级领导等。如果达不到最低要求，企业将无法正常运转。达不到成本要求的惩罚手段主要是批评和扣发奖金，有时涉及降级、停止提升和免职等。惩罚的目的是避免类似的行为重复出现，包括被惩罚人的行为和企业里其他人的行为。惩罚的原则是：在调查研究的基础上，尽快采取行动，拖延会减弱惩罚的效力；预先要有警告，只有重犯者和违反尽人皆知准则的人才受惩罚；惩罚要一视同仁，前后一致。

6.5.4 纠正偏差

纠正偏差是成本控制系统的目的。如果一个成本控制系统不能揭示成本差异及其产生的原因，不能揭示应由谁对差异负责从而保证采取某种纠正措施，那么这种控制系统仅仅是一种数字游戏，白白浪费了职能人员的许多时间。

纠正偏差是各责任中心主管人员的主要职责。如果成本控制的标准是健全的且是适当的，评价和考核也是按这些标准进行的，则产生偏差的操作环节和责任人已经指明。具有责任心和管理才能的称职的主管人员就能够通过调查研究找出具体原因，并有针对性地采取纠正措施。

纠正偏差的措施通常包括：第一，重新制订计划或修改目标；第二，采取组织手段重新委派任务或明确职责；第三，采取人事管理手段增加人员，选拔和培训主管人员或者撤换主管人员；第四，改进指导和领导工作，给下属以更具体的指导和实施更有效的领导。

成本指标具有很强的综合性，无论哪一项生产作业或管理作业出了问题都会引起成本失控。因此，纠正偏差的措施必须与其他管理职能结合在一起才能发挥作用，包括计划、组织、人事及指导与领导。

纠正偏差最重要的原则是采取行动。一个简单的道理是不采取行动就不可能纠正偏差。由于管理过程的复杂性和人们认识上的局限性，纠正行动不一定会产生预期的效果，从而会出现新的偏差。这种现象不是拒绝采取行动的理由，反而表明需要不断地采取行动。

【案例分析】

天津港的 KPI 管理模式

天津港是我国第一大人工港，也是北方重要的航运枢纽。自 2004 年完成企业化改制以来，天津港经济效益快速提升。2008 年，天津港以 3.56 亿吨的年度总吞吐量跻身世界 5 强之列。作为天津港的经营开发主体，目前天津港集团总资产逾 500 亿元，在 2009 年全国企业 500 强评选中，天津港集团居第 366 位，在港口类企业中位居第 2。并且，此次是其连续第 8 年入选全国企业 500 强。天津港集团旗下 2 家上市公司通过易股对价并购，正式起动资源整合。资源的优化配置和现代化的经营管理，使天津港集团逐渐跨入世界一流港口企业的行列。

为进一步提高经营效益，确保天津港集团对其附属单位的有效管控，提升自身战略管理水平，天津港集团明确战略方向，选取KPI考核管理方式，搭建绩效管理平台。天津港集团的考核管理体系设置利润总额、业务量、应收账款、营业收入、净资产利润率等系列指标，并且针对天津港建设世界一流大港的要求，增设市场开发、综合能源单耗、安全稳定等指标。这些指标共同组成天津港绩效管理的KPI体系。

在统一考核体系下，评价采用计分制，考核方法概述为：

被考核单位的考核得分＝起评分数＋应加分数－应扣分数

经营管理者的应得奖金额＝总得分×单位分数奖励标准

其中，应加分数、应扣分数由主营业务收入、应收账款周转天数、净资产利润率、成本费用利润率等指标的完成情况确定。

之所以采用综合指标体系量化评价模式，是因为天津港集团下属企业众多，这些企业的主营业务和盈利模式各有不同，使用定性方法或单一指标很难对其战略贡献度进行有效区分。使用统一的综合评价体系并实施量化考核，可使计算过程相对简单，便于操作。

天津港绩效管理体系的综合定量分析方法具有以下特点。

1. 设置考核起评分

对所有的生产经营单位设置起评分，起评分满分为100分。考核年度终了后，实际完成的年度利润额和业务量：不低于上一年度水平的单位，起评分得满分；低于上一年度水平的单位，按照下降比例和考核办法扣分。在起评分基础上，考核管理委员会根据考核管理体系中各项指标的完成情况，计算应加或应扣分数。

起评分制度是天津港集团绩效管理的独到之处。只有业务量和利润额不低于上一年度的单位才能获取满分的起评分。这种业绩增长的压力与天津港集团特有的团队企业文化相融合，不仅体现于领导班子和员工个人的经济利益，更体现在团队荣誉方面。从实际运营效果来看，这种起评分制度对于天津港集团绩效管理起到重要作用。

2. 确保对外投资效率

天津港绩效管理体系对各单位的对外投资一律进行单项核算。各项投资年度内实现的投资收益一律按与该投资额对应的同期银行贷款利息核定投资收益指标，达不到该项指标的，按照绩效管理办法扣分。对部分根据集团发展战略要求进行的功能性投资作除外考虑。这样的设计旨在加强长期投资管理，在力保主业的基础上实施集约式管理，提高投资效率，防止无效投资。

3. 重视应收账款

全球经济危机给港口企业的资金管理敲响警钟，应收账款的管理对于港口企业经营的稳定性意义重大。在应收账款管理方面，天津港集团重点考核应收账款周转天数，每超过标准1天，考核得分扣1分。这对于不注重现金流管理，忽视收入实现率的经营管理者而言是很大的挑战。

在账龄较长的应收账款清欠方面，规定资金到账后，按照收回金额的5%~20%对经营管理者计奖。这样的设计有效提升各单位清理应收账款的积极性。天津港集团重点考核应收账款周转天数，每超过标准1天，考核得分扣1分。这对于注重现金流管理，忽视收入实现率的经营管理者而言是很大的挑战。

4. 设置动态调整机制

在标准化考核管理的基础上，为推动天津港集团持续健康发展，确保港口主要经济指标稳步增长，绩效管理体系中特别设定3项考核结果调整机制。

(1) 由于股东单位向企业增加投资、企业超过正常规定增加留利、企业合并与分立以及集团政策性战略调整或不可抗力等客观因素的影响，使企业生产经营发生重大变化的，由考核管理委员会根据具体情况另行核定受影响单位的考核指标。

(2) 对当年为集团公司开展重点工作，特别是拓展新兴产业、拓展港区外市场，以及为集团公司长期稳定发展作出突出贡献的单位，通过特殊加分方式给予奖励；

(3) 每个考核年度终了后，集团公司根据生产经营总体情况，调整分值标准。

这3项调整模式预留动态调整机制，大大增强考核管理办法的灵活性和包容性。

5. 绩效管理与完善

考核结果公布后，天津港集团召开若干次专题会议，分析总结考核指标的设置和各单位指标完成情况。对于新建项目单位考核指标实行逐年调整；对于未完成指标的单位，在修正明显不合理指标的同时，对其运营状况出具诊断报告，引导其纠正经营思路，改善管理方法。

本案例改编自姚志刚. 基于KPI方法的天津港绩效管理体系 [J]. 水运管理, 2010 (2).

习 题

1. 某公司有甲、乙两个分公司，均为自然利润中心：

(1) 甲分公司本期实现内部销售收入为500 000元，变动成本率为80%，该中心负责人可控固定成本为30 000元，中心负责人不可控但应由该中心负担的固定成本为50 000元。

(2) 乙分公司部门边际贡献为60 000元，而确实不能由甲、乙两分公司负担的公司管理费用为15 000元，财务费用10 000元。

要求：

(1) 计算甲利润中心边际贡献总额；

(2) 计算甲利润中心可控边际贡献总额；
(3) 计算甲利润中心部门边际贡献；
(4) 计算该公司税前部门利润。

2. 华达公司下设 A、B 两个投资中心。A 投资中心的投资额为 100 万，投资报酬率为 15%；B 投资中心的投资报酬率为 17%，剩余收益为 10 万元。华达公司要求的平均最低投资报酬率为 12%。华达公司决定追加投资 50 万元，若投向 A 投资中心，每年可增加利润 10 万元；若投向 B 投资中心，每年可增加利润 7.5 万元。

要求：
(1) 计算追加投资前 A 投资中心的剩余收益；
(2) 计算追加投资前 B 投资中心的投资额；
(3) 计算追加投资前华达公司的投资报酬率；
(4) 若 A 投资中心接受追加投资，计算其剩余收益；
(5) 若 B 投资中心接受追加投资，计算其投资报酬率。

本章小结

本章主要介绍了实施责任会计的企业如何对各责任中心进行业绩评价。第 6.1 节介绍了分权管理的必然性、实施责任会计的基础和条件，并对成本中心、利润中心和投资中心做了区分。6.2～6.4 节分别介绍了成本中心、利润中心和投资中心的划分、考核指标，以及如何具体地评价和控制各责任中心。业绩评价的目的是纠正各责任中心的责任偏差，以更好地改进工作。6.5 节重点介绍了业绩的考核，涉及成本控制报告、差异调查和奖惩等问题。

本章的重点是成本中心、利润中心，以及投资中心的考核指标、部门利润的计算。

中英文关键术语

中国注册会计师协会. 财务成本管理. 北京：经济科学出版社，2006.

中英文关键术语

1. 业绩评价　　　　　performance evaluation
2. 责任中心　　　　　responsibility center
3. 成本中心　　　　　cost center
4. 利润中心　　　　　profit center

5. 投资中心　　　　　investment center
6. 效果　　　　　　　effectiveness
7. 效率　　　　　　　efficiency
8. 目标一致性　　　　goal congruence
9. 转移价格　　　　　transfer price
10. 绩效报告　　　　　performance reports

参 考 文 献

[1] 余绪缨. 会计理论与现代管理会计研究. 北京：中国财政经济出版社，1989.
[2] 徐政旦，石人瑾，林宝璨，等. 成本会计. 上海：上海三联书店，2002.
[3] 孙茂竹，文光伟，杨万贵. 管理会计学. 北京：中国人民大学出版社，2002.
[4] 林万祥. 中国成本管理发展论. 北京：中国财政经济出版社，2004.
[5] 孙菊生，曹玉珊. 目标成本规划：兼议邯钢与目标成本规划. 会计研究，2000（5）.
[6] 齐默尔曼. 决策与控制会计. 邱寒，译. 大连：东北财经大学出版社，2000.
[7] 莫尔斯，戴维斯，哈特格雷夫斯. 管理会计：侧重于战略管理. 张鸣，译. 上海：上海财经大学出版社，2005.
[8] 亨格瑞，达塔，福斯特. 成本与管理会计. 王立彦，译. 北京：中国人民大学出版社，2004.
[9] 于春晖. 管理经济学. 上海：立信会计出版社，2002.
[10] 王艳梅. 两种成本管理方法的比较与思考. 财会通讯，2002（8）.
[11] 林文雄，胡奕明. 华能集团内部控制、业绩考核与激励制度. 财会与会计，2002（1）.
[12] 陈良华，韩静. 成本管理. 北京：中信出版社，2006.
[13] 中国注册会计师协会. 财务成本管理. 北京：经济科学出版社，2006.
[14] 都甲和幸，白土英成，侯庆轩. 图解成本计算. 北京：科学出版社，2003.
[15] 王卫平. 成本会计学. 北京：经济科学出版社，2000.
[16] HORNGREN. 成本会计学：以管理为重心. 姚海鑫，译. 北京：机械工业出版社，2000.
[17] MAHER. 成本会计：为管理创造价值. 姚海鑫，译. 北京：机械工业出版社，1999.
[18] 张涛. 管理成本会计. 北京：经济科学出版社，2001.
[19] 成晓红. 管理运筹学. 北京：国防工业出版社，2004.
[20] 吴祈宗. 运筹学. 北京：机械工业出版社，2004.
[21] ADAM J H. 朗文英汉双解商业英语词典. 上海：上海译文出版社，2000.
[22] 焦跃华. 现代企业成本控制战略研究. 北京：经济科学出版社，2001.
[23] 王伟，麦强盛. 企业成本控制实务. 广州：广东经济出版社，2003.
[24] 刘恩，陈琳. 企业财务成本控制技术. 北京：经济科学出版社，2003.
[25] 许拯声. 成本控制制度设计. 北京：高等教育出版社，2002.
[26] 董辉. 谈企业的成本预测分析. 辽宁经济，2004（2）.
[27] 刘亚平. 本量利分析法在北重安东机械制造有限公司应用的研究［J］. 赤峰学院学报（自然科学版），2016（16）.
[28] 模拟市场，实施成本核算：邯郸钢铁股份公司成本管理经验. http：//www.openedu.com.cn/modules/netcourse/cbgl/03＿tzzs/alfx/index.html.

[29] 许金叶,郑帆.从沉没成本到机会成本:会计转型中核算内容的转变[J].财务与会计(理财版),2014(12).

[30] 王满,王艺凝.保利地产的目标成本管理[J].财务与会计,2012(2).

[31] 姚志刚.基于KPI方法的天津港绩效管理体系[J].水运管理,2010(2).